不动产研究

第 1 卷第 1 辑

世界华人不动产学会

上海财经大学出版社

图书在版编目(CIP)数据

不动产研究.第1卷第1辑/世界华人不动产学会.—上海:上海财经
大学出版社,2014.4
ISBN 978-7-5642-1940-6/F·1940

Ⅰ.①不… Ⅱ.①世… Ⅲ.①不动产-研究 Ⅳ.①293.3

中国版本图书馆 CIP 数据核字(2014)第 133334 号

□ 责任编辑 袁春玉
□ 封面设计 张克瑶
□ 责任校对 王从远

BUDONGCHAN YANJIU

不 动 产 研 究
第 1 卷第 1 辑
世界华人不动产学会

上海财经大学出版社出版发行
(上海市武东路 321 号乙 邮编 200434)
网 址:http://www.sufep.com
电子邮箱:webmaster @ sufep.com
全国新华书店经销
上海叶大印务发展有限公司印刷装订
2014 年 4 月第 1 版 2014 年 4 月第 1 次印刷

787mm×1092mm 1/16 9.75 印张(插页:1) 213 千字
定价:25.00 元

《不动产研究》介绍

　　《不动产研究》是世界华人不动产学会（Global Chinese Real Estate Congress，GCREC）的官方中文学术出版物。本出版物是同行匿名审稿的专业性学术图书，致力于推进不动产领域具有原创性、创新性的严谨科学研究，本书覆盖不动产及相关理论与实证问题的广泛研究领域。本书的目标是成为世界不动产研究思想、理论与方法的前沿论坛。

编辑委员会联系方式

电话:(0086) 21－35325062 21－65908835

传真:(0086) 21－35325062 21－65104294

E-mail:JRE@shufe.edu.cn;chen.jie@mail.shufe.edu.cn

网址:http://jre.shufe.edu.cn

地址:上海市杨浦区武川路111号凤凰楼503室

邮编:200433

不 动 产 研 究

目　录

房地产投资组合中流动性风险的理论分析和应用

程　平　林振国　刘迎春*

摘　要: 房地产在投资组合中所应占有的比例是一个长期争论的问题。很多研究者都意识到这个问题的根子就在于如何正确地计算房地产的投资风险。传统的风险计算方法,实际上是把房地产和金融资产同样对待的,因此,它只考虑价格的波动性,对房地产所特有的流动性风险则忽略不计。这样计算出来的房地产的风险过低,从而导致了现代投资组合理论的优化过程给予房地产过高的比例。本文从理论上提出了一个比较简单的流动性风险系数,专门用于修正传统的风险计算由于忽略流动性风险所产生的偏差,从而得到一个新的风险度量——事前风险。我们进一步发现流动性风险不能够通过增加投资规模被分散掉。新增一幢资产对流动性风险系数的边际效果可正、可负,也可以为零,这取决于新增资产和现有资产的流动性的比较。如果新增资产的流动性比现有资产低,即需要更长的待售时间,那么,这个新增资产将会增加整个组合的流动性风险系数;反之,就会降低。如果二者没有差别的话,其对整个组合的流动性风险系数的影响也为零。这个结论意味着房地产投资组合并非越大越好。如何在增加规模的同时有效地控制总体的流动性风险,可能是更重要的考虑。从这个意义上讲,经典的投资组合理论是不适用于房地产的,因为它所针对的仅仅是金融资产。因此,房地产投资分析需要自己的组合理论,流动性风险的分析在这个新的理论中应该占据中心位置。

关键词: 流动性风险　房地产投资组合　待售时间　事前风险　现代投资组合理论

一、问题的提出

　　过去二十多年来,在房地产研究领域有一个广泛争论的问题,即房地产(主要指商用地产)究竟应该在机构投资的优化组合中扮演一个怎样的角色?尽管在投资人和研究者中早已存在这样一个共识,即一般而言,在传统的金融证券投资组合中加入房地产能够有效地分散总体的投资风险;但是,多大的比例效果最优却是众说纷纭。在这个问题上,学术界和投资业界之间长期存在着较大的分歧。比方说,20 世纪 80～90 年代美国的很多研

　　* 作者简介:程平,副教授,佛罗里达大西洋大学商学院金融系。林振国,教授,加州州立大学富尔顿分校商学院金融系。刘迎春,教授,加拿大拉瓦尔大学管理学院金融保险与房地产系。

究者运用经典的现代投资组合理论(modern portfolio theory)发现,房地产在包括股票和债券等多种资产组合中的比例理论上应该占 15％～45％。[①] 但是,实际调研却发现房地产在绝大多数机构投资者的总资产中仅占 3％～5％,极少有机构持有超过 10％的房地产份额,而为数不少的机构甚至根本不投资房地产。

造成这个分歧的原因是众所周知的。简单地讲,在现有理论框架下,房地产是一项"超级"投资,其收益和风险的比率要远远优于金融资产。这里我们先看一组简单的数据。

表 1　　　　　美国主要资产指数的收益和风险比较(季度数据,1978～2008 年)

	收益率(%)	标准方差(%)	收益/风险
标准普尔 500 指数	3.258	9.987	0.326
纳斯达克	2.656	7.600	0.349
道琼斯工业指数	2.680	7.040	0.381
NCREIF 商用地产(综合)	2.480	1.699	1.460
工业用房	2.570	1.652	1.555
写字楼	2.328	2.582	0.902
商铺	2.522	1.648	1.531
公寓	2.879	1.624	1.773
OFHEO 住宅价格指数	1.350	0.940	1.436

表 1 列举了美国市场上的几个主要资产指数在 1978～2008 年这 30 年里的季度收益率及其标准方差(也就是传统上的风险度量)。其中,NCREIF 是美国最广泛关注的商用房地产收益指数,它包括一个综合指数和几个分类指数。OFHEO 住宅价格指数是美国政府定期公布的一个重要的住宅市场的标杆,2010 年后改名为 FHFA 住宅指数。从表 1 中可以看到,无论是住宅还是商用房,其收益率和股市都是相当的,但房地产收益率的波动(标准方差)却小很多,也就是说,收益的风险很低,或者说其收益和风险的比率远高于股票指数。更准确地讲,房地产单位风险的收益回报几乎是股票资产的 3～5 倍。这些数据表明房地产是一个"超级"投资。这样一个"超级"资产如果与金融资产在同一个投资组合中进行优化分配,它显然就会占很大的比例,而不会仅仅为 3％～5％。那么,房地产真是表现这样卓越的"超级"资产吗? 很少有人相信这是真的。然而,为什么在过去几十年中,不同的研究者在不同的时间里使用不同的数据来源,却不断地发现相似的结果呢? 对这个问题的解释大体有以下两种:

---

① 部分这类研究可参见:Fogler(1984);Hartzell, Hekman and Miles(1986); Webb, Curico and Rubens(1988); Firstenberg, Ross and Zisler(1988); Ziering and Mclntosh(1997);Cheng and Ziobrowski(1997)。

第一种流行的解释是所谓的"估价平滑效应"（appraisal smoothing effect），这个理论最早由 Geltner（1989）提出，其基本的概念是说 NCREIF 的收益率并不是从实际的交易价格中得来的，而是根据地产评估师估计的价值计算而来的，而评估师在其估价过程中通常会把过去的价格信息和现有的信息做某种加权平均，从长期来看，这种"加权平均"方法产生的价值波动性要比真实的市场交易价格的波动性低，这就是所谓的"平滑效应"，也是我们观察到的房地产风险低的原因。以此推断，如果交易价格存在的话，我们观察到的"真实"的风险也应该要高很多。那么，怎样从观察到的"平滑"的数据来反推出"真实"的风险呢？众多的研究者提出了五花八门的方法，但迄今为止，尚没有一个为多数人所接受的有效而合理的方法。尽管如此，这个理论在过去二十多年里还是吸引了众多的追随者。当然也遇到了严重的挑战。Lai 和 Wang（1998）可能是最早质疑这个理论的研究者，他们指出 Geltner 的理论中一些关键的假设与实际并不相符，并有自相矛盾之处，而且按照其假设，评估数据的波动性应该是增加而不是减少。换言之，所谓的平滑效应并不存在。另一篇最近的文章（Cheng、Lin 和 Liu，2011a）对 Geltner 的理论做了进一步的分析，指出这个平滑理论的事实基础是片面的，理论模型的推导是有问题的，并且与新近观测到的数据也是矛盾的。这篇研究用住宅市场的数据显示，不受评估数据影响，单纯的交易价格的波动性实际上比评估数据的波动性更小，而不是更大。换言之，表 1 中 NCREIF 指数的标准方差尽管已经很低，却可能比其真实的波动还要大。这就完全无助于澄清房地产的令人难以置信的"超级"表现了。

另外一种观点认为，表 1 中的标准方差反映的仅仅是房地产的投资风险的一部分，而房地产投资者还要承受另一个风险，即流动性风险。房地产和股票是截然不同的两种资产，最大的不同就在于房地产是一种非流动或难流动的投资。通俗地讲，需要卖时卖不掉，或必须被迫降低价格才能卖掉，这是房地产与股票最大的不同，也是投资者要面对的一个重要的风险，我们称之为流动性风险（liquidity risk）。当然，股票市场上也存在流动性风险，但与房地产比起来，任何金融资产的流动性风险都是微不足道的。而对于房地产，这个风险却是无法忽略的。如果把房地产的这两部分风险（即价格风险和流动性风险）叠加起来，那么，房地产的总体风险可能并不比股票小。也就是说，它并非那么"超级"，在现代投资组合理论的优化组合中所占的比例也就可能更接近实际。这种观点从概念上讲是正确的，但要将这两种不同的风险通过定量的方法叠加，首先必须对房地产的流动性风险有一个明确的定义和量化方法。因此，下面我们先就这个问题做一点澄清。

二、流动性风险的概念

前面提到，一般的投资者对于流动性风险的理解有两层意思：一个是资产需要变现的时候不能马上变现，而是需要寻找并等待买家的到来；另一个就是如果必须要马上变现，那就只能降价出售，从而承受利润甚至是本金的损失。从这两层意思就引申出两个不同的流动性的度量：一个是用卖出所需要的等待时间（或待售时间）的长短作为流动性风险的度量，待售时间越长，流动性越差；另一个就是用立刻卖出所需要的降价幅度来度量，降幅越大则流动性越差。后一个概念在金融资产的研究中被广泛采用，如股票资产降价的幅度通常就用买入与卖出的价差(bid-ask spread)来衡量。早期的研究者如 Demsetz (1968)、Kraus 和 Stoll(1972)、Glosten 和 Milgrom(1985)、Constantinides(1986)等,以及较近期的如 Acharya 和 Pedersen(2005)、Vayanos 和 Wang(2009)、Huang 和 Wang (2009)、Lagos(2010)等,使用的都是类似这样的一个度量。然而,这个度量在房地产的研究中无法应用,一是由于买卖差价(bid-ask spread)在房地产市场中无法观测到,数据不存在;二是交易方法不同。正常的投资者都不会试图通过大幅降价来立刻卖出一幢不动产;相反,大多数人都会通过等待以寻求接近其资产市值的出售价格。因此,房地产的流动性应该用其待售时间(time-on-market)来衡量,即一幢房产从放在市场上出售到售出所需要的这段时间。Lippman 和 McCall (1986)对这个概念做了更严格的定义,即一幢资产按照投资者的最优策略交易所需要的时间。最优交易策略是问题的关键。显然,证券市场与房地产市场中的最优交易策略是完全不同的。在证券市场中,由于新的信息已经迅速、充分地反映到资产的价格中,额外的等待是没有意义的,因为当前的价格就是合理的价格。在这样的市场中,最优交易策略就是接受市价立刻卖出。但是,在房地产市场中,由于信息的流通相对缓慢,其充分扩散需要一定时间,所以,最先出现的价格不一定代表合理的市场价格,适度的等待因而是必须的,也是有价值的;而所谓适度的等待可以理解为满足这样一个条件:等待的边际收益大于或等于它的边际成本。

由此可见,上述这两个流动性风险的度量是不能互换使用的。以往的研究中有一种观点,即认为所有资产都存在非流动性,房地产和股票只是程度不同,所以,证券市场的概念可以简单地应用于房地产。这种观点忽略了这两个资产市场的本质特点,因而是不正确的。房地产与证券资产的流动性风险不仅存在量的差异,更存在质的不同。

对于有些读者,用待售时间作为流动性的度量可能还带来一个疑问,那就是这段时间似乎可以由卖家根据各自的境况通过降价或提价来操纵,①由此产生的五花八门的待售时间所反映的是卖家的主观愿望,而非市场的客观结果。这里的关键是看到这一点,即市场中绝大多数卖家属于所谓正常的卖家,他们可以做到在当前市场条件下需要等多久就等多久,他们的最优交易策略就是充分等待,直到得到一个最高的报价并成功交易,因此,这些没有压力的、正常的卖家所需要的充分等待时间是由市场条件决定的。市场好的时候待售时间通常都会比较短;反之,则比较长。基于这个观察,Cheng、Lin 和 Liu(2010a)提出了一个正常待售时间(normal selling time,NST)的概念用来代表正常卖家在给定市场条件下的平均待售时间。NST 随着市场条件的不同而变化,那么,一个迫于某种压力而必须在较短的时间内交易的卖家虽然可以通过操纵其要价来影响待售时间,但并不能影响市场的 NST。换言之,NST 是市场的客观现实而并非投资者的主观意愿。这个概念明确之后,本文在随后的讨论中仍然沿用待售时间这个术语,读者可以从上下文中清楚地看到市场的正常待售时间与个体的待售时间的区别。

三、研究的中心问题

既然流动性风险是由市场条件决定的,而当一个投资者决定购买房地产时,未来的市

---

① Leung 和 Zhang (2011)对这个问题有一个比较正式的讨论,有兴趣的读者可以进一步研读。

场条件是不确定的,因此他不仅不知道未来这幢资产的价值,也不知道需要等多少时间才能得到接近那个价值的价格。我们把前者称为价格风险,把后者称为流动性风险。由于价格风险和时间风险不能简单相加,如何将这两个性质不同的风险叠加为一个统一的房地产的风险度量呢?

Lin 和 Vandell(2007)把这个统一的风险称为事前风险(ex-ante risk);相对而言,传统的风险,即表 1 中收益率的标准方差,由于是从历史观测到的数据得到的,被称为事后风险(ex-post risk)。事后风险只反映价格波动;事前风险则是叠加流动性风险后的统一的风险度量。Lin 和 Vandell(2007)基于一些常见的假设推导出了一套公式,用于把事后风险修正为事前风险,并讨论了影响事前风险的各种因素。Lin 和 Liu(2008)进一步探讨了投资者的出售压力对于事前风险的影响,并推导出了各种出售压力下的投资者和正常投资者的事前风险之间的关系。Cheng、Lin 和 Liu(2010b)把事前风险分为三部分:价格波动、待售时间长短、待售时间的不确定性,并定量地分析了价格风险和流动性风险随持有时间(holding period)的转化。

与上述研究不同,本文的重点在于分析房地产投资组合(portfolio)的流动性风险及其影响因素。我们具体研究以下几个问题:

(1)如何计算房地产投资组合的流动性风险?如何分析流动性风险和价格风险的叠加效应?它与传统的事后风险之间的关系是什么?能否通过传统风险推算出组合的总体(事前)风险?

(2)流动性风险和投资规模的关系。分散风险是组合投资的重要目的,那么流动性风险能否通过增加投资规模被分散掉?

(3)资产数量对流动性风险的边际效应为正?为负?或为零?

(4)投资者的个人压力对上述三个问题的影响是什么?压力下的组合投资者与正常的投资者面对的风险有何不同?如何推算?

下面我们就针对这些问题逐步展开分析。在第四部分我们先描述一个房地产交易过程的理论模型并讨论相关的假定,从而奠定一个基本的理论分析框架;随后的第五部分我们就上述几个问题做出理论推导并归纳为几个定理;第六部分使用真实的数据和模拟计算来验证并演示前面理论推导的应用;第七部分概括出几点一般的结论并结尾。

四、房地产交易过程的理论模型

实际中的房地产交易过程尽管各有不同,但有一点是共通的,即买卖双方都必须要寻找最佳交易对象,而这段寻找的时间以及最后达成的交易价格都是事先无法确定的。从卖方的角度,我们可以把这个过程简单地抽象成如图 1 所示的一个模型。假定一位投资者在初始时间点($t=0$)的时候购买了一处房产,持有一段时间后决定在 $t=T_H$ 的时候将该房产上市出售。此后,不定数量的买家会随机出现并报价,卖家将会根据个人的财务境况来决定自己的底价并拒绝所有低于底价的报价,直到最终碰到一个高于其底价的报价并成交。整个交易过程到此结束,该房产随新的业主退出市场。我们用 $\tilde{s}_i$ 来代表第 i 处房产从上市到成交所经历的时间,称其为该房产的待售时间(time-on-market,TOM)。然

后我们用 $\tilde{P}_{\tilde{s}_i}^{\eta_i} | \tilde{s}_i$ 来代表在 $\tilde{s}_i$ 处的成交价格。η_i 在这里代表的是卖家的个人财务境况(这点随后我们会详细讨论)。

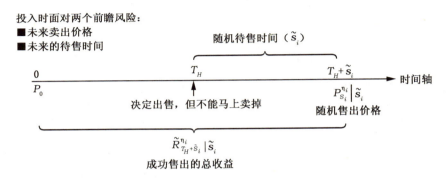

图 1 房地产交易过程的简单模型

这个模型中最重要的一点是房产的待售时间($\tilde{s}_i$)和成交价格($\tilde{P}_{\tilde{s}_i}^{\eta_i} | \tilde{s}_i$)都是随机变量,也就是说,当卖家决定出售的时候,他将面对两个市场的不确定性:他不知道需要等多久才能碰到一个可接受的报价,也不知道最终的成交价到底是什么。更加复杂的一点是这两个不确定性都受到他个人财务状况的影响。因此,当同样的房产同时同地上市时,因为卖家的处境不同(比如一个急卖另一个不急卖),二者最终的待售时间和成交价格可能就会有很大的不同。

进一步分析这样一个模型我们需要做出下述基本假定:

(1)买家出现的概率分布。这里我们假定买家的出现时间遵从泊松随机过程,并用 λ_i 代表单位时间内出现的次数。在此前相关的研究中,这是一个十分常见的假设[有兴趣的读者可参阅 Arnold (1999),Glower、Haruin 和 Hendershott (1998)以及 Miceli (1989)]。

(2)买家报价随时间变化的概率分布。这里我们利用图 2 来描述这一过程。假定第 i 处房产在初始时间点($t=0$)的购买价格为 P_0^i。为图示方便,再假定房屋的货币价格总体上是随时间增长的[①]。市场上的买家的报价是根据各自对该房产的价值判断做出的,判断不同导致报价不同,而且随着时间的推移,买家之间判断的分歧会越来越大,导致其报价也是多种多样。换言之,买家报价的分布区间也是随时间增加的。为简化起见,沿用 Lin 和 Vandell (2007)的研究,我们可以根据图 2 假定买家报价(P_τ^{bid})在任一时间点 τ 上的均匀分布区间为 $[\tau \underline{p}^i + P_0^i, \tau \overline{p}^i + P_0^i]$。其概率密度函数可以表达为:

$$f(P_\tau^{bid}) = \begin{cases} \dfrac{1}{(\overline{p}^i - \underline{p}^i)\tau}, & P_i^{bid} \in [\tau \underline{p}^i + P_0^i, \tau \overline{p}^i + P_0^i] \\ 0, & \text{否则} \end{cases} \tag{1}$$

在成交的时刻,$t = T_H + \tilde{s}_i$,即卖家的持有时间加上其待售时间。

---

① OFHEO 住宅价格显示美国住宅价格在最近一次金融危机之前 30 多年间一直是呈增长趋势的。

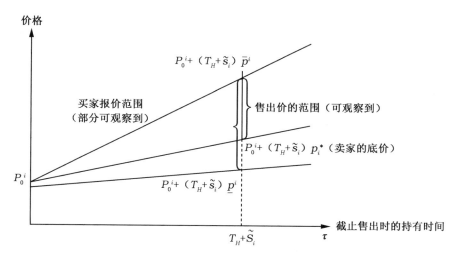

图 2　买家报价和成交价随时间变化的概率分布

　　现在来讨论成交价。在买家的报价区间里，只有那些高于卖家底价的报价才有可能成交，而低于底价的报价都会被拒绝。也就是说，成交价格的概率分布应该是买家报价分布的一部分，其区间的下限就是卖家的底价。因此，在买家报价区间给定的情况下，成交的概率就取决于卖家底价的高低，而底价的高低是由卖家的个人境况及出售压力决定的。压力大则底价低；反之，底价就会相对高一些。在成交时，卖家的底价可以在图 2 中表示成 $p_i^*(T_H + \tilde{s}_i) + P_0^i$。

　　基于上述讨论，一幢房屋需要多长时间才能卖出，也就是其待售时间（$\tilde{s}_i$）取决于两个随机过程：一个是买家的随机出现；另一个是其报价高于卖家的底价的概率。前面我们假定买家的出现时间遵从泊松随机过程，并用 λ_i 代表单位时间内出现的次数。在图 2 中，成交价高于底价的概率可以表示为 $\eta_i = \dfrac{\bar{p}^i - p_i^*}{\bar{p}^i - \underline{p}^i}$。因此，单位时间内其报价高于底价的买家出现的次数就是 $\lambda_i \eta_i$。这个概率每次出现所需时间应该遵从一个指数分布，因而其出现一次所需时间（即成交时的待售时间）的均值和方差就是：

$$E[\tilde{s}_i] = \frac{1}{\eta_i \lambda_i} \tag{2}$$

$$Var(\tilde{s}_i) = \left(\frac{1}{\eta_i \lambda_i}\right)^2 \tag{3}$$

　　下面我们再来讨论售出时的价格收益率。如果我们不考虑在持有过程中的其他收入，而单就资产的增值而言，价格收益率可以简单地计算为：

$$\widetilde{R}_{TH+\widehat{s_i}}^{\eta_i} = \frac{P_{TH+\widehat{s_i}}^{\eta_i} - P_0^i}{P_0^i} \tag{4}$$

其中，成交价格 $P_{TH+\widehat{s_i}}^{\eta_i}$ 是买家报价的一部分，满足

$$P_{T_H+\tilde{s_i}}^{\eta i} = \begin{cases} P_{T_H+\tilde{s_i}}^{bid} & \text{如果 } P_{T_H+\tilde{s_i}}^{bid} \geqslant p_i^*(T_H+\tilde{s_i})+P_0^i \\ \text{无法观测} & \text{如果 } P_{T_H+\tilde{s_i}}^{bid} < p_i^*(T_H+\tilde{s_i})+P_0^i \end{cases} \tag{5}$$

因此,成交价格也遵从如下均匀分布:

$$P_{T_H+\tilde{s_i}}^{\eta i} \sim [(T_H+\tilde{s_i})p_i^*+P_0^i,\ (T_H+\tilde{s_i})\bar{p^i}+P_o^i] \tag{6}$$

由等式(4)可知,总的价格收益率 $\widetilde{R}_{T_H+\tilde{s_i}}^{\eta i}$ 必然遵从如下均匀分布:

$$\widetilde{R}_{T_H+\tilde{s_i}}^{\eta i} \sim [(T_H+\tilde{s_i})p_i^*/P_o^i,\ (T_H+\tilde{s_i})\bar{p^i}/P_0^i] \tag{7}$$

而均匀分布的特征意味着这个总收益率的均值和方差分别为:

$$\begin{aligned} E(\widetilde{R}_{T_H+\tilde{s_i}}^{\eta i}) &= \frac{1}{2}[(T_H+\tilde{s_i})p_i^*/P_0^i+(T_H+\tilde{s_i})\bar{p^i}/P_0^i] \\ &= (T_H+\tilde{s_i})\frac{p_i^*+\bar{p^i}}{2P_0^i}=(T_H+\tilde{s_i})u_{\eta i} \end{aligned} \tag{8}$$

以及

$$\begin{aligned} Var(\widetilde{R}_{T_H+\tilde{s_i}}^{\eta i}) &= \frac{1}{12}\{[(T_H+\tilde{s_i})\bar{p^i}/p_0^i]-[(T_H+\tilde{s_i})p_i^*/p_0^i]\}^2 \\ &= (T_H+\tilde{s_i})^2\frac{(\bar{p^i}-p_i^*)^2}{12P_0^{i^2}}=(T_H+\tilde{s_i})^2\sigma_{\eta i}^2 \end{aligned} \tag{9}$$

因此,其标准方差为:

$$\sigma_{T_H+\tilde{s_i}}^{\eta i}=(T_H+\tilde{s_i})\sigma_{\eta i} \tag{10}$$

在这里,$u_{\eta i}=\dfrac{p_i^*+\bar{p^i}}{2P_0^i}$ 和 $\sigma_{\eta i}^2=\dfrac{(\bar{p^i}-p_i^*)^2}{12P_0^{i^2}}$ 分别代表单位时间(通常为一年或一个季度)收益率的均值与方差。这里有必要重申一下前面提到的成交价高于底价的概率 $\eta_i=\dfrac{\bar{p^i}-p_i^*}{\bar{p^i}-\underline{p^i}}$。注意 η_i 和卖家的底价 p_i^* 是密切相关的,由于底价的高低实际取决于卖家的售出压力(急于成交的程度),η_i 的大小可以用来反映卖家的紧迫感。因此,一个重要的概念就是:房地产投资的收益率不仅取决于资产本身和市场条件,还取决于卖家在上市时的个人处境和售出压力。这是房地产交易和证券交易的一个重要的不同点。

如果我们用 $u_{\eta i^*}$ 和 $\sigma_{\eta i^*}^2$ 分别代表正常投资者的收益和风险,Lin 和 Liu (2008) 发现压力下的投资者所能期望的收益和风险满足下列关系:[①]

$$u_{\eta i}=u_{\eta i^*}-\sqrt{3}(\theta_i-1)\sigma_{\eta i^*} \tag{11}$$

$$\sigma_{\eta i}=\theta_i\sigma_{i^*} \tag{12}$$

其中,$\theta_i=\dfrac{E[\tilde{s_i^*}]}{E[\tilde{s_i}]}$(或$=\dfrac{\eta_i}{\eta_i^*}$),并且 $\tilde{s_i}$ 和 $\tilde{s_i^*}$ 分别代表压力下的投资者和正常投资者能够等待的时间。由于 $\eta_i^* < \eta_i \leqslant 1$,可知 $\theta_i > 1$。等式(11)和等式(12)显示压力下的投资者所

———————————

① 证明见本文附录。

能期望的收益要比正常投资者小,而面对的价格风险却要大。

　　另一个重要的不同点是等式(10)所揭示的关系。基于图2描述的模型和假设,我们推导出房地产的投资风险是随时间线性增长的,即 $\sigma_\tau = \tau\sigma$,其中, $\tau = (T_H + \tilde{s}_i)$ 是从购买到卖出的实际持有时间(比如10年),而 σ 是单位时间(比如1年)的风险。比较而言,我们知道传统的金融理论中一个重要的假定就是资产(比如股票)的价格具有布朗运动的特征,因而价格的变化率,即资产的收益率呈现所谓的独立同分布(independent and identically-distributed,IID),这意味着在一定持有期中的总的投资风险满足 $\sigma_\tau = \sqrt{\tau}\sigma$ 而不是如等式(10)所展示的线性关系 $\sigma_\tau = \tau\sigma$ 。独立同分布是经典金融资产评估理论中广泛借助的一个假定。现在我们发现,房地产的价格违反了这一广泛采用的假定。新近发表的一些研究,比如Lin和Liu(2008)以及Cheng等(2010b,2011b)用实际观察到的房地产的数据与证券市场的数据做详细的对比,结果都发现房地产的价格表现更接近上述等式(10)的关系,而距离独立同分布很远,并且持有期越长其距离也越远。在此仅举一例做一说明。图3引自Cheng、Lin和Liu(2010b),研究者选择了标准普尔500和NCREIF指数,并就二者的投资风险随资产持有期的变化做了直接的比较。结果表明,股票指数总体上是接近独立同分布的假定(尤其是持有期比较短的情况下,比如8个季度以下),但是,房地产指数则完全不同,它明显更接近线性增长的途径,并且随着持有季度的增长,与独立同分布的偏离也越大。[①] 在随后的理论推导中,本文将会采用等式(10)的结论,而不采用独立同分布的假定。

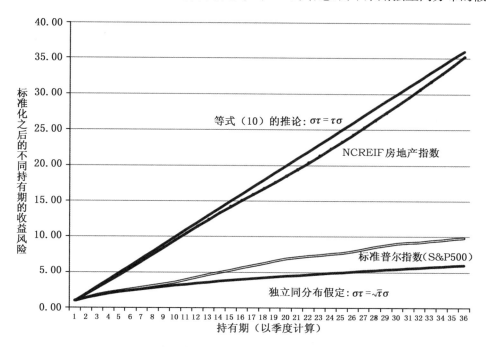

图3　房地产价格风险偏离独立同分布的证据

---

　　① 原文对计算方法和数据做了详尽的描述与讨论,此处不再赘述,感兴趣的读者可以参阅原文深究。

五、投资组合中的流动性风险

为了数学上的简化,本文所讨论的投资组合假定投资者的资金总额平均分配于 N 个地产中。这 N 个地产在同一时间购得并在同一时间出售。假定每个地产的投资表现都是彼此独立的,其上市后的待售时间 $\tilde{s}_i$ 也是各自不同的(有的卖得快,有的卖得慢),即对于任何 $i \neq j$,它们的待售时间 $\tilde{s}_i$ 和 $\tilde{s}_j$ 是独立不相关的,并且最终的投资收益率 $\widetilde{R}^{\eta}_{T_H+\tilde{s}_i} \mid \tilde{s}_i$ 也是不相关的。这样一来,该投资组合的收益率就是所有个体地产收益率的简单平均,即

$$\tilde{r}^{\eta}_{p,N} = \sum_{i=1}^{N} \frac{1}{N} \widetilde{R}^{\eta}_{T_H+\tilde{s}_i} \tag{13}$$

如前所述,与 $\tilde{r}^{\eta}_{p,N}$ 相关的风险主要来自两个不确定性,即待售时间 $\tilde{s}_i$ 和最终的售出价格都是事先不能确定的,但它们之间有密切的联系,并都受投资者个人处境的影响。传统的投资分析通常只观察既成的(或事后的)交易价格或投资收益率,这种事后收益率(ex-post return)是在给定的(或已知的)待售时间下得到的。因此,观察到的波动性(也就是传统意义上的风险)只反映了价格的波动性。但是,在售出之前,待售时间并不是给定的。这个不定性和价格的互动会产生一个叠加效应,这才是投资者在房屋售出之前所面对的全部风险,也就是所谓的事前收益和风险(ex-ante return and risk),这个概念最本质的特点就是其前瞻性(forward-looking),这也是它与传统的事后收益和风险的本质区别。我们知道所有的投资决策本质上都是前瞻性的,是根据对未来的判断来决定当下的行动。因此,事前风险从概念上讲更正确。当然,事前风险与事后风险之间有密切的联系。下面我们将围绕这个概念就投资组合中的几个问题展开讨论。

(一)事前风险与事后风险之间的关系

简而言之,事后风险(ex-post variance)反映的仅仅是从已有数据中观察到的价格(或收益率)的波动(比如过去某段时间里某种资产年度收益率的标准方差)。事前风险(ex-ante variance)则是在价格的波动上叠加一个(待售)时间的不确定性。换言之,收益率 $\widetilde{R}^{\eta}_{T_H+\tilde{s}_i}$ 是在某个待售时间 $\tilde{s}_i$ 下获得的,但 $\tilde{s}_i$ 本身也是一个随机变量,那么根据条件方差的基本公式,事前风险可以表达为

$$Var^{ex\text{-}ante}\left(\sum_{i=1}^{N} \frac{1}{N} \widetilde{R}^{\eta}_{T_H+\tilde{s}_i}\right) = Var\left(E\left[\sum_{i=1}^{N} \frac{1}{N} \widetilde{R}^{\eta}_{T_H+\tilde{s}_i} \mid \tilde{s}_i\right]\right) + E\left[Var\left(\sum_{i=1}^{N} \frac{1}{N} \widetilde{R}^{\eta}_{T_H+\tilde{s}_i} \mid \tilde{s}_i\right)\right] \tag{14}$$

如前假定, $\widetilde{R}^{\eta}_{T_H+\tilde{s}_i} \mid \tilde{s}_i = (T_H + \tilde{s}_i)\tilde{r}^{\eta}_{T_H+\tilde{s}_i,i}$,其中, $\tilde{r}^{\eta}_{T_H+\tilde{s}_i,i}$ 作为单位时间的收益率其分布的均值和方差分别为 $u_{\eta i}$ 和 $\sigma^2_{\eta i}$,那么相应地, $\widetilde{R}^{\eta}_{T_H+\tilde{s}_i} \mid \tilde{s}_i$ 的分布的均值和方差就应该分别是 $(T_H + \tilde{s}_i)u_{\eta i}$ 和 $[(T_H + \tilde{s}_i)\sigma_{\eta i}]^2$ (见前述等式(10)的结论)。因此,等式(14)右边的第一项可以简化为

$$Var\left(E\left[\sum_{i=1}^{N} \frac{1}{N} \widetilde{R}^{\eta}_{T_H+\tilde{s}_i} \mid \tilde{s}_i\right]\right) = Var\left(\sum_{i=1}^{N} \frac{1}{N}(T_H + \tilde{s}_i)u_{\eta i}\right)$$
$$= \frac{1}{N^2}\sum_{i=1}^{N} Var(\tilde{s}_i)u^2_{\eta i} \tag{15}$$

类似地,第二项也可以简化为

$$
E\left[Var\left(\sum_{i=1}^{N}\frac{1}{N}\widetilde{R}_{T_H+\tilde{s_i}}^{\eta i}\mid\tilde{s_i}\right)\right]=E\left[\sum_{i=1}^{N}\frac{1}{N^2}(T_H+\tilde{s_i})^2\sigma_{\eta i}^2\right]
$$
$$
=\sum_{i=1}^{N}\frac{\sigma_{\eta i}^2}{N^2}E[(T_H+\tilde{s_i})^2] \tag{16}
$$

由于 $Var(T_H+\tilde{s_i})=E[(T_H+\tilde{s_i})^2]-(E[T_H+\tilde{s_i}])^2$,$Var(T_H+\tilde{s_i})=Var(\tilde{s_i})$,以及 $E[T_H+\tilde{s_i}]=T_H+E[\tilde{s_i}]$,等式(16)可以进一步简化为:

$$
E\left[Var\left(\sum_{i=1}^{N}\frac{1}{N}\widetilde{R}_{T_H+\tilde{s_i}}^{\eta i}\mid\tilde{s_i}\right)\right]=\sum_{i=1}^{N}\frac{1}{N^2}[Var(\tilde{s_i})+(T_H+E[\tilde{s_i}])^2]\sigma_{\eta i}^2 \tag{17}
$$

其中,待售时间的均值 $E[\tilde{s_i}]$ 和方差 $Var(\tilde{s_i})$ 满足等式(2)和等式(3)。

据此,等式(14)可以写为

$$
Var^{ex\text{-}ante}\left(\sum_{i=1}^{N}\frac{1}{N}\widetilde{R}_{T_H+\tilde{s_i}}^{\eta i}\right)=\frac{1}{N^2}\sum_{i=1}^{N}\left[(T_H+E[\tilde{s_i}])^2\sigma_{\eta i}^2+(\sigma_{\eta i}^2+u_{\eta i}^2)Var(\tilde{s_i})\right] \tag{18}
$$

注意,这个事前风险的公式包含了两个不确定性:价格的波动 $\sigma_{\eta i}^2$ 和时间的不确定性 $Var(\tilde{s_i})$。比较而言,传统的事后风险在于它不考虑时间的不确定性,即 $Var(\tilde{s_i})=0$。代入上式后即得到

$$
Var^{ex\text{-}post}\left(\sum_{i=1}^{N}\frac{1}{N}\widetilde{R}_{T_H+\tilde{s_i}}^{\eta i}\right)=\frac{1}{N^2}\sum_{i=1}^{N}(T_H+E[\tilde{s_i}])^2\sigma_{\eta i}^2 \tag{19}
$$

把等式(18)和等式(19)结合起来得到

$$
\frac{Var^{ex\text{-}ante}(\tilde{r}_{p,N}^{\eta i})}{Var^{ex\text{-}post}(\tilde{r}_{p,N}^{\eta i})}=1+\frac{\displaystyle\sum_{i=1}^{N}(\sigma_{\eta i}^2+u_{\eta i}^2)Var(\tilde{s_i})}{\displaystyle\sum_{i=1}^{N}(T_H+E[\tilde{s_i}])^2\sigma_{\eta i}^2} \tag{20}
$$

上述等式(20)将事前风险与事后风险联系了起来。其右边第二项反映出待售时间的不确定性($Var[\tilde{s_i}]$)或流动性风险的影响,这一项也可以被看作一个流动性风险系数(liquidity risk factor,LRF)。传统的事后风险经过这个系数的放大即得到我们所要的事前风险。为强调这个系数的重要性,我们提出如下定理:

定理1: 如果一个投资组合的收益率为 $\tilde{r}_{p,N}^{\eta i}=\sum_{i=1}^{N}\frac{1}{N}\widetilde{R}_{T_H+\tilde{s_i}}^{\eta i}$,那么其事前风险与事后风险的关系可以表达为以下等式:

$$
Var^{ex\text{-}ante}(\tilde{r}_{p,N}^{\eta i})=[1+\text{LRF}_N]\times Var^{ex\text{-}post}(\tilde{r}_{p,N}^{\eta i}) \tag{21}
$$

其中,LRF_N 被称为流动性风险系数并满足

$$
\text{LRF}_N=\frac{\displaystyle\sum_{i=1}^{N}(\sigma_{\eta i}^2+u_{\eta i}^2)Var(\tilde{s_i})}{\displaystyle\sum_{i=1}^{N}\sigma_{\eta i}^2(T_H+E[\tilde{s_i}])^2} \tag{22}
$$

由定理1我们可以看出,房地产投资的风险要比金融资产的风险复杂得多,它不仅受

价格波动的影响,同时还与持有时间(T_H)、待售时间的长短和不确定性($E[\tilde{s_i}]$,$Var[\tilde{s_i}]$)以及投资者的个人状况(η)有密切关系。具体而言,由于 $\dfrac{\partial LRF_N}{\partial T_H} < 0$ 以及 $\dfrac{\partial LRF_N}{\partial Var(\tilde{s_i})} > 0$,我们可以看到 LRF_N 随持有时间的增长而递减,但随着待售时间波动性的增加而增加。由于传统的风险计算只考虑事后的价格波动性而忽略流动性风险,因此会过低地估计房地产的全部风险。持有时间越短,或待售时间越不确定,传统风险的偏差也就越大。另一方面,持有时间越长,LRF_N 就会越小,也就是说,长期持有房地产可以有效降低其流动性风险,这也是为什么我们通常认为房地产更适合那些能够长期持有的投资者。此外,投资者的个人状况也会影响 LRF_N,也就是说,房地产投资风险因人而异,这是与证券投资非常不同的一点。

(二)LRF_N 和投资规模的关系

某些投资风险随着投资规模和多样性的增加可以互相抵消,这是投资组合的一个基本原理。那么,流动性风险是否也属于这类风险呢?我们可以通过考察等式(21)中的 LRF_N 来看,当一个投资组合中的资产数量 N 足够大时,LRF_N 是否会逐渐接近于零。一个简单的做法就是当分子取最小值而分母取最大值时,我们来看 LRF_N 是否随 N 的增加而减小到零。为简化计,我们采用如下符号:

$$\sigma^2_{\min} = \min\{\sigma^2_{\eta i}, i = 1, 2, \cdots, N\} \ , \ \sigma^2_{\max} = \max\{\sigma^2_{\eta i}, i = 1, 2, \cdots, N\}$$

$$u^2_{\min} = \min\{u^2_{\eta i}, i = 1, 2, \cdots, N\} \ , \ E^{\max}[\tilde{s}] = \max\{E[\tilde{s_i}], i = 1, 2, \cdots, N\} \quad (23)$$

$$Var^{\max}[\tilde{s}] = \max\{Var[\tilde{s_i}], i = 1, 2, \cdots, N\}$$

对于 LRF_N 的分子而言,如果我们假定所有资产的收益率和风险以及流动性风险都等于该组合中这些值都最小的那项资产,那么我们可以得到:

$$\sum_{i=1}^{N} (\sigma^2_{\eta i} + u^2_{\eta i}) Var(\tilde{s_i}) \geqslant N(\sigma^2_{\min} + u^2_{\min}) Var^{\min}(\tilde{s}) \quad (24)$$

对于分母而言,我们则假定所有资产的持有期加上其待售时间以及收益率风险都等于该组合中这两个值最大的那个资产,那么我们可以得到:

$$\sum_{i=1}^{N} \sigma^2_{\eta i} (T_H + E[\tilde{s_i}])^2 \leqslant N\sigma^2_{\max} (T_H + E^{\max}[\tilde{s}])^2 \quad (25)$$

结合等式(24)和等式(25)可以得到:

$$LRF_N = \frac{\sum_{i=1}^{N} (\sigma^2_{\eta i} + u^2_{\eta i}) Var(\tilde{s_i})}{\sum_{i=1}^{N} \sigma^2_{\eta i} (T_H + E[\tilde{s_i}])^2} \geqslant \frac{(\sigma^2_{\min} + u^2_{\min}) Var^{\min}(\tilde{s})}{\sigma^2_{\max} (T_H + E^{\max}[\tilde{s}])^2} > 0 \quad (26)$$

等式(26)表明流动性风险系数(LRF_N)并不会随着资产数量的增加而趋近于零。也就是说,与某些风险不同,流动性风险不能通过加大投资的多样性使其分散掉。我们把这个结论归纳为定理 2。

定理 2:流动性风险系数(LRF_N)恒大于零,即:

$$\text{LRF}_N \geqslant \frac{(\sigma_{\min}^2 + u_{\min}^2) Var^{\min}(\tilde{s})}{\sigma_{\max}^2 (T_H + E^{\max}[\tilde{s}])^2} > 0 \tag{26}$$

其中,$\sigma_{\min}^2 = \min\{\sigma_{\eta i}^2, i = 1, 2, \cdots, N\}$,$\sigma_{\max}^2 = \max\{\sigma_{\eta i}^2, i = 1, 2, \cdots, N\}$

$u_{\min}^2 = \min\{u_{\eta i}^2, i = 1, 2, \cdots, N\}$,$E^{\max}[\tilde{s}] = \max\{E[\tilde{s}_i], i = 1, 2, \cdots, N\}$

$Var^{\max}[\tilde{s}] = \max\{Var[\tilde{s}_i], i = 1, 2, \cdots, N\}$

(三)增加投资规模对流动性风险系数的边际效果

如果流动性风险不能通过增大投资规模来分散掉,那么每增加一项资产对现有的投资组合的流动性风险有怎样的效果呢?

我们假定一个组合含有 N 项资产,并假定所有的资产的单期收益和风险是相同的,即对于所有的 i($i = 1, 2, \cdots, N$),我们有 $u_{\eta i} = u_\eta$,$\sigma_{\eta i} = \sigma_\eta$,以及 $\lambda_i = \lambda$。根据前面讨论过的等式(2)和等式(3),我们有 $Var(\tilde{s}_i) = E[\tilde{s}_i]^2 = \frac{1}{(\lambda \eta)^2}$。这样,等式(22)可以改写为:

$$\text{LRF}_N = \frac{\text{TOM}_P^2}{(T_H + \text{TOM}_P)} \times \frac{u_\eta^2 + \sigma_\eta^2}{\sigma_\eta^2} \tag{27}$$

其中,整个投资组合的待售时间 $\text{TOM}_p = \frac{1}{\lambda \eta}$。

下面我们来看增加一项资产,即第 $N+1$ 项资产后的情况。为了数学上的简化,我们假定 $\frac{u_{\eta N+1}}{\sigma_{\eta N+1}} = \frac{u_\eta}{\sigma_\eta}$,那么,这个新的组合的 LRF 可以表达为:

$$\text{LRF}_{N+1} = \frac{N \times \text{TOM}_P^2 + \text{TOM}_{N+1}^2}{N \times (T_H + \text{TOM}_P)^2 + (T_H + \text{TOM}_{N+1}^2)^2} \times \frac{u_\eta^2 + \sigma_\eta^2}{\sigma_\eta^2} \tag{28}$$

由等式(27)和等式(28)可得到增加一项资产对 LRF 的边际效果:

$$\text{LRF}_{N+1} - \text{LRF}_N = G \times \left\{ \left(\frac{\text{TOM}_{N+1}}{\text{TOM}_P}\right)^2 - \left(\frac{T_H + \text{TOM}_{N+1}}{T_H + \text{TOM}_P}\right)^2 \right\} \tag{29}$$

其中,$G = \dfrac{\text{TOM}_P^2 \times (T_H + \text{TOM}_P)^2}{(T_H + \text{TOM}_P)^2 \times \{N(T_H + \text{TOM}_P)^2 + (T_H + \text{TOM}_{N+1})^2\}} \times \dfrac{u_\eta^2 + \sigma_\eta^2}{\sigma_\eta^2} > 0$。

由此,可以得出以下结果:

$$\text{LRF}_{N+1} - \text{LRF}_N = \begin{cases} > 0, & \text{当 } \text{TOM}_{N+1} > \text{TOM}_P \\ = 0, & \text{当 } \text{TOM}_{N+1} = \text{TOM}_P \\ < 0, & \text{当 } \text{TOM}_{N+1} < \text{TOM}_P \end{cases} \tag{30}$$

等式(30)显示,新增一项资产对 LRF 的边际效果可正、可负,也可为零,这取决于新增资产与现有资产的流动性的比较。如果新增资产的流动性比现有资产低,即需要更长的待售时间($\text{TOM}_{N+1} > \text{TOM}_P$),那么这项新增资产将会增加整个组合的流动性风险系数;反之,就会降低。如果 TOM_{N+1} 与 TOM_P 没有差别的话,其对整个组合的流动性风险系数的影响也为零。

(四)销售价格和待售时间的关系

前面的讨论主要针对的是流动性对事前风险的影响,现在我们来看流动性对收益率的影响。如等式(13)所示,一个投资组合的总的收益率可以表示为:

$$\tilde{r}_{p,N}^{\eta} = \sum_{i=1}^{N} \frac{1}{N} \tilde{R}_{TH+\tilde{s}}^{\eta i}$$

利用条件均值得公式,我们可以得到:

$$
\begin{aligned}
E^{ex\text{-}ante}(\tilde{r}_{p,N}^{\eta}) &= E\Big[E\Big(\sum_{i=1}^{N} \frac{1}{N} \tilde{R}_{TH+\tilde{s_i}}^{\eta i} \mid \tilde{s_i}\Big)\Big] \\
&= E\Big[\sum_{i=1}^{N} \frac{1}{N}(T_H + \tilde{s_i}) u_{\eta i}\Big] \\
&= \sum_{i=1}^{N} \frac{1}{N}(T_H + E[\tilde{s_i}]) u_{\eta i}
\end{aligned}
\tag{31}
$$

其中, $u_{\eta i}$ 满足等式(11),即 $u_{\eta i} = u_{\eta i^*} - \sqrt{3}\left[\dfrac{E[\tilde{s_i^*}]}{E[\tilde{s_i}]} - 1\right]\sigma_{\eta i^*}$,并且 $E[\tilde{s_i}] \leqslant E[\tilde{s_i^*}]$ 。

进一步可得到收益率与待售时间之间的关系:

$$\frac{\partial E^{ex\text{-}ante}(\tilde{r}_{p,N}^{\eta})}{\partial E[\tilde{s_i}]} = \frac{\sqrt{3}\,E[\tilde{s_i^*}]}{(E[\tilde{s_i}])^2}\sigma_{\eta i^*} > 0 \tag{32}$$

$$\frac{\partial^2 E^{ex\text{-}ante}(\tilde{r}_{p,N}^{\eta})}{\partial E[\tilde{s_i}]^2} = -\frac{2\sqrt{3}\,E[\tilde{s_i^*}]}{(E[\tilde{s_i}])^3}\sigma_{\eta i^*} < 0 \tag{33}$$

等式(32)表明收益率和待售时间是正相关的,也就是说,等待时间越长,收益率的期望值也越高。但是,等式(33)又显示待售时间对收益率增加的速度呈现递减的边际效应。在已有的研究中,价格或收益率和待售时间之间的正相关性是有广泛实证基础的,本文的理论推导深化了我们对这一关系的理解,即二者虽然是正相关,但并不是简单的线性关系,而是呈边际效果递减。

六、应用实例

本节我们将演示前面理论推导的一些应用。利用实际观察到的数据,我们主要来看投资规模、持有时间和投资者个人状况对一个投资组合的流动性风险的影响,目的是利用前面推导的公式来计算房地产投资组合的“真实”风险和回报,即事前风险和收益率。

(一)投资规模对流动性风险系数的影响

我们先假定一个投资组合在开始时包含 5 项资产①。为了观察添加更多资产对流动性风险系数的影响,我们考虑一种简单的情况,即新增资产和现有组合的单位风险的收益率是相同的,但它们的流动性(以待售时间衡量)可能是不同的。具体而言,我们假定对于所有的 $i(i=1,2,\cdots,N+5)$, $\dfrac{u_{\eta i}}{\sigma_{\eta i}} = \dfrac{u}{\sigma}$ 。此外,对于 i ($i=1,2,\cdots,5$), $E[\tilde{s_i}] = \text{TOM}_P$,对于 i ($i=6,7,\cdots,N+5$), $E[\tilde{s_i}] = \text{TOM}_{Add}$,并且 TOM_P 和 TOM_{Add} 是可能不同的。据此,由等式(22)我们可以得到:

---

① 5 项资产是随意假定的,不影响分析结果。

$$\text{LRF}_{N+5} = \frac{5\text{TOM}_P^2 + N \times \text{TOM}_{Add}^2}{5\,(T_H + \text{TOM}_P)^2 + N \times (T_H + \text{TOM}_{Add})^2} \times \left(\frac{1}{2} + \left[\frac{u}{\sigma}\right]^2\right) \quad (34)$$

为了计算流动性风险系数,我们首先需要量化等式(34)中除了 N 之外的其他参数。详细讨论如下:

(1)资产在单位时间(一年)的收益 u 和风险 σ。这里我们利用美国广泛流行的 NCREIF商用建筑指数来取一对参考数据。从 1980 年第一季度到 2006 年第一季度,该指数的年平均收益率及其标准方差分别为 9.07% 和 3.30%,但我们需要的是单项资产收益的均值和方差。根据 Cauley 和 Pavlov(2002)的研究,一个平均权重的组合其标准方差基本是其中的个体资产的 2.5 倍,由此可以推断 NCREIF 指数中的个体资产的标准方差大约为 $1.32\%(=3.3\% \div 2.5)$,所以 $\dfrac{u}{\sigma} = \dfrac{9.07}{1.32} = 6.9$。

(2)持有时间(T_H)。这个参数因投资人而异,我们仅以 5 年为例。

(3)TOM_P 和 TOM_{Add} 的选择。待售时间取决于当时的市场状况。总体来讲,市场较热时待售时间相对较短;反之,则较长。另外,商用建筑的待售时间通常会比普通住宅要长。美国的住宅中介协会报告显示,在 $1989 \sim 2006$ 年这段时间,普通住宅的待售时间平均约为 6 个月,合理推定,商用建筑的待售时间应该更长。因此,我们假定 TOM_P 为 8 个月,对于新增资产,我们相应地假定 TOM_{Add} 可以是 6 个月、8 个月或 10 个月。

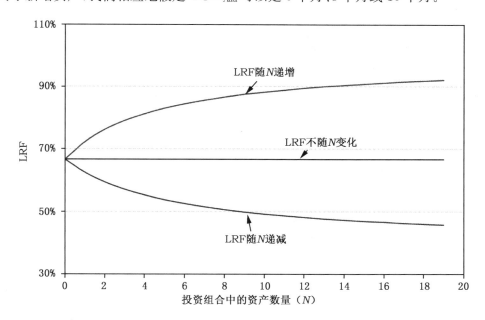

图 4   投资组合规模对流动性风险系数的影响

根据上述设定的参数,我们把等式(34)的计算结果显示在图 4 中,该图形描述了新增资产对现有的投资组合的流动性风险系数的影响。从中我们可以得到两个结论:第一,一个组合在加入新增资产后,它的流动性风险系数可以增加、减少或保持不变。具体而言,当 $\text{TOM}_{Add} > \text{TOM}_p$ 时,流动性风险系数会增加;反之,则减少。如果 $\text{TOM}_{Add} = \text{TOM}_p$,

那么流动性风险系数就保持不变。这个结论在前面推导等式(30)时就得到了,此处不过用数据再确认一次。第二,流动性风险系数可能变小,但不会为零。也就是说,增加投资规模无法把这类风险完全分散掉。这也就意味着流动性风险是不能忽略不计的。传统的(事后)风险因为不考虑流动性风险,势必会低估房地产真实的投资风险,而利用流动性风险系数公式我们可以方便地修正这一风险估计的偏差。

(二)持有时间和待售时间对流动性风险的影响

这里我们仍然假定一个包含 N 项资产的组合 P,其中每项资产的收益分布都是相同的,即对于所有 i($i=1,2,3,\cdots,N$),$u_{\eta i}=u_\eta$,$\sigma_{\eta i}=\sigma_\eta$,并且 $E[\tilde{s_i}]=\mathrm{TOM}_P$,那么,由等式(22),我们可以得到:

$$\mathrm{LRF}_N = \frac{(\sigma_\eta^2 + u_\eta^2)\mathrm{TOM}_P^2}{\sigma_\eta^2(T_H + \mathrm{TOM}_P)^2} \tag{35}$$

由等式(21),我们可以把事前风险和事后风险联系起来:

$$\sigma_{p,N}^{ex\text{-}ante} = \sqrt{1 + \mathrm{LRF}_N} \times \sigma_{p,N}^{ex\text{-}post} \tag{36}$$

利用等式(35)和等式(36)我们可以模拟在不同的持有时间(T_H)和待售时间(TOM_P)条件下事前风险与事后风险之间的关系。在表 2 的计算中,我们以三种不同的持有时间为例,同时考虑一系列不同的待售时间(6~16 个月)。注意事后风险,也就是传统方法估计的风险是不考虑持有时间和待售时间的影响的,因而,它保持恒定的 3.3%。然而,流动性风险系数是随着这两个变量的变化而变化的,并导致事前风险的相应变化。从总体来看,表 2 显示,在给定的待售时间下,持有时间越短,流动性风险系数就越大;而在给定持有时间的条件下,待售时间越短(也即市场条件越好),流动性风险系数就越小。所以当持有时间较短而待售时间较长时,流动性风险系数可能会很大,也就是说,传统的事后风险会严重低估房地产投资的前瞻性风险(即事前风险)。另一方面,当持有时间较长而出售时的市场条件较好(即待售时间较短)时,流动性风险系数就会比较小。

表 2　　　　　　　　　　持有时间和待售时间对流动性风险的影响

待售时间（月）	持有时间								
	1 年			5 年			10 年		
	事后风险	事前风险	流动性风险系数	事后风险	事前风险	流动性风险系数	事后风险	事前风险	流动性风险系数
16	3.30%	13.50%	1 574.3%	3.30%	5.84%	213.7%	3.30%	4.26%	66.7%
14	3.30%	12.77%	1 397.9%	3.30%	5.45%	172.6%	3.30%	4.08%	52.6%
12	3.30%	11.92%	1 205.3%	3.30%	5.05%	133.9%	3.30%	3.90%	39.8%
10	3.30%	10.93%	996.1%	3.30%	4.65%	98.4%	3.30%	3.74%	28.5%
8	3.30%	9.74%	771.4%	3.30%	4.26%	66.7%	3.30%	3.60%	18.8%
6	3.30%	8.32%	535.7%	3.30%	3.90%	39.8%	3.30%	3.48%	10.9%

(三)投资者的处境和持有时间对流动性风险的影响

在前面的讨论中我们暂且假定投资者的个人处境都是一样的,但现实的情况可能并非如此。一般的投资者往往会由于各种原因而受到不同程度的限制。有些人受限制很少或没有明显的压力要卖掉其资产,他们就能够从容地等待最理想的价钱;有些人则面对必须在一定时间里卖出的压力,因而更愿意接受低于理想的报价。换言之,如果我们假定NCREIF观察到的收益率能够反映那些没有压力的投资者的投资期望,那么,在压力之下的投资者所能够期望的收益将会更低,而且按照下面的计算显示,其面对的风险还会更大。在表 3 的计算中,我们假定在某个市场条件下正常的待售时间为 9 个月。那么一个迫于压力而出售的投资者不能等待这样长的时间,而必须在少于 9 个月的时间(比如 4~8个月)里卖出。在这种情况下,要估计投资者所面对的事前风险则需要分两步计算:第一步是用等式(11)和等式(12)来推算出不同待售时间下的事后风险。注意这里与表 2 不同的地方在于,表 2 中的各种待售时间模拟的是不同市场条件下的正常的待售时间,而表 3模拟的是在一个特定的市场条件下正常的待售时间为 9 个月,其他低于 9 个月的待售时间模拟的是投资者个人"等得起"的时间。结果表明,"等得起"的时间越短,其面对的事后风险(反映价格的波动)也越大。第二步是把第一步得到的事后风险用等式(35)和等式(36)对流动性风险做进一步调整,以得到相应的事前风险。

表 3 投资者的出售压力和持有时间对事前风险的影响

"等得起"的待售时间	持有时间									事前收益率
	1 年			5 年			10 年			
	事后风险	事前风险	流动性风险系数*	事后风险	事前风险	流动性风险系数	事后风险	事前风险	流动性风险系数	
9	3.30%	10.36%	885.6%	3.30%	4.45%	82.0%	3.30%	3.67%	23.5%	9.07%
8	3.71%	9.82%	599.9%	3.71%	4.63%	55.6%	3.71%	4.00%	15.9%	8.36%
7	4.24%	9.21%	371.1%	4.24%	4.92%	34.4%	4.24%	4.45%	9.8%	7.44%
6	4.95%	8.56%	199.2%	4.95%	5.39%	18.4%	4.95%	5.08%	5.3%	6.21%
5	5.94%	8.06%	84.2%	5.94%	6.17%	7.8%	5.94%	6.01%	2.2%	4.50%
4	7.43%	8.34%	26.1%	7.43%	7.51%	2.4%	7.43%	7.45%	0.7%	1.93%

注:事前收益率是通过等式(31)和等式(11)得到的。

表 3 的结果显示,相对于正常所需的待售时间(这里为 9 个月),投资者"等得起"的时间越短,其面对的出售压力越大,那么,他所能期望的事前收益率也越低。比如,在上面的结果中我们看到,当正常的投资者等待 9 个月可以期望 9.07% 的年收益率时,一个只能够等待 5 个月的投资者所能期望的收益率则只有一半,约 4.5%。然而,他面对的事前风险却要高很多,比如同样持有 10 年的情况下,他所面对的事前风险为 6.01%,相比较而言,一个正常的投资者面对的风险仅为 3.67%。

七、结论

房地产在投资组合中所应该占有的比例是一个长期争论的问题。很多研究者都意识到这个问题的根本就在于如何正确地计算房地产的投资风险。传统的风险计算方法实际是把房地产与金融资产同样对待的,因此,它只考虑价格的波动性,而对房地产所特有的流动性风险忽略不计。这样计算出来的房地产的风险过低,从而导致现代投资组合理论的优化过程给予房地产过高的比例。流动性风险对于房地产的重要性少有争议,但如何在计量分析中将其量化,多年来进展不大。本文的目的就是在最近的一些研究成果的基础上提出一套简单可行的方法来正确估计房地产组合的投资风险。本文主要的贡献有以下几点:

第一,我们推导出了一个比较简单的流动性风险系数(liquidity risk factor,LRF)专门用于修正传统的风险计算由于忽略流动性风险所产生的偏差,从而得到一个新的风险度量,我们称之为事前风险。分析表明,流动性风险系数与投资者的持有时间、个人处境以及市场条件(即平均待售时间)是有密切联系的。在同等条件下,持有时间越长,流动性风险在整个事前风险中的分量也就越小;反之,就比较大。一个重要的引申概念就是流动性风险和价格的波动风险是随持有时间转化的。长期持有,价格波动是主要风险;短期持有,流动性风险则为主导。因此,风险的估算是不能不考虑持有时间的。持有时间长短不同,风险也不同。这也就是传统风险估算的主要弊端:不管持有时间多长,只用观测到的平均年收益率来衡量房地产的投资表现。这是不对的,因为从统计学的角度看,这样的年平均收益率只能反映持有期为一年时的期望收益,而房地产的实际持有期远远不止一年。况且,如果真的只能持有一年(即必须在一年之内卖掉),流动性风险会极高,忽略这部分风险而只看年度的价格波动并不能反映房地产的真实风险。

第二,我们发现流动性风险不能够通过增加投资规模被分散掉。分散风险本来是组合投资的一大优势,但我们的分析表明增加投资规模不但不一定能分散流动性风险,甚至有可能使其增加。究其原因,其实很简单,流动性风险在很大程度上是由市场条件决定的,市场好的时候所有的房子都卖得快,而市场不好的时候所有房子的待售时间都会拖得很长。换言之,流动性风险在很大程度上属于市场风险或系统风险,因此它不能单靠增加资产的数量来彼此抵消掉各自的流动性风险。

第三,我们进一步揭示了增加资产数量对于一个投资组合的流动性风险系数的边际效果。具体而言,新增一项资产对流动性风险系数的边际效果可正、可负,也可以为零。这取决于新增资产和现有资产的流动性的比较。如果新增资产的流动性比现有资产低,即需要更长的待售时间,那么,这个新增资产将会增加整个组合的流动性风险系数;反之,就会降低。如果二者没有差别的话,其对整个组合的流动性风险系数的影响也为零。这个结论的重要性在于,房地产投资组合并非越大越好。这与传统的投资组合理论不同,传统理论根据资产之间价格走势的不一致性认为价格的波动可以在很大程度上互相抵消,从而有效降低组合的总体风险。资产数量越多,分散效果就越明显,因此,投资组合的规模总是越大越好。对于房地产来说,如果价格波动是投资的唯一风险,那么这个推论也是对的。但是,如果我们以前瞻性的眼光考察事前风险的话,显然价格波动仅仅是投资风险的一部分。另外一部分的流动性风险却有可能随着投资规模的增加而增加。如果这个增加的幅度超过了规模对价格波动的分散效果,总体风险就会不降反升。因此,投资规模不能够盲目增加,如何在增加规模的同时有效地控制总体的流动性风险可能是更重要的考虑。从这个意义上讲,经典的投资组合理论是不适用于房地产的,因为它所针对的仅仅是金融资产。因此,房地产投资分析需要自己的组合理论,而对于流动性风险的分析在这个新的理论中应该占据中心位置。

附录：等式(11)和等式(12)的证明

如果我们用 $\tilde{r}^{M}_{T_H+t}$ 表示买家报价所带来的收益率，那么：

$$\tilde{r}^{M}_{T_H+t} = \frac{p^M}{P_0} \tag{A1}$$

其中，p^M 在 $[\underline{p}, \overline{p}]$ 区间均匀分布。这里，代表资产 i 的脚标被省略掉以方便书写。

根据等式(4)和等式(5)，处在出售压力（η）下的投资者的收益可以表示为：

$$\tilde{r}^{\eta}_{T_H+t} = \frac{p^\eta}{P_0} \tag{A2}$$

其中，p^η 在 $[p^*, \overline{p}]$ 区间内均匀分布。

由上得到：

$$u_M = E\left[\frac{p^M}{P_0}\right] = \frac{\overline{p} + \underline{p}}{2P_0} \tag{A3}$$

$$u_\eta = E\left[\frac{p^\eta}{P_0} \mid p^\eta \geqslant p^*\right] = \frac{p^* + \overline{p}}{2P_0} \tag{A4}$$

$$\sigma_M^2 = Var\left[\frac{p^M}{P_0}\right] = \frac{(\overline{p} - \underline{p})^2}{12P_0^2} \tag{A5}$$

$$\sigma_\eta^2 = Var\left[\frac{p^\eta}{P_0} \mid p^\eta \geqslant p^*\right] = \frac{(\overline{p} - p^*)^2}{12P_0^2} \tag{A6}$$

因为 $\eta = \dfrac{\overline{p} - p^*}{\overline{p} - \underline{p}}$，所以：

$$\frac{1}{\eta} - 1 = \frac{p^* - \underline{p}}{\overline{p} - p^*} \tag{A7}$$

由于

$$\frac{\overline{p} + \underline{p}}{2P_0} = \frac{\overline{p} + p^*}{2P_0} - \sqrt{3}\,\frac{p^* - \underline{p}}{\overline{p} - p^*}\sqrt{\frac{(\overline{p} - p^*)^2}{12P_0^2}} \tag{A8}$$

以及

$$\sqrt{\frac{(\overline{p} - \underline{p})^2}{12P_0^2}} = \left[1 + \frac{p^* - \underline{p}}{\overline{p} - p^*}\right]\sqrt{\frac{(\overline{p} - p^*)^2}{12P_0^2}} \tag{A9}$$

与等式(A3)至等式(A7)结合，我们可以得到：

$$u_M = u_\eta - \sqrt{3}\left(\frac{1}{\eta} - 1\right)\sigma_\eta \tag{A10}$$

$$\sigma_M = \frac{1}{\eta}\sigma_\eta \tag{A11}$$

同样也可得到：

$$u_M = u_{\eta^*} - \sqrt{3}\left(\frac{1}{\eta^*} - 1\right)\sigma_{\eta^*} \tag{A12}$$

$$\sigma_M = \frac{1}{\eta^*}\sigma_{\eta^*} \tag{A13}$$

那么，从等式(A10)至等式(A13)以及 $\dfrac{E[\text{TOM}_{\eta^*}]}{E[\text{TOM}_\eta]} = \dfrac{\frac{1}{\eta^*\lambda}}{\frac{1}{\eta\lambda}} = \dfrac{\eta}{\eta^*}$，我们就得到：

$$u_\eta = u_{\eta^*} - \sqrt{3}(\theta - 1)\sigma_{\eta^*} \tag{A14}$$
$$\sigma_\eta = \theta\sigma_{\eta^*} \tag{A15}$$

其中，$\theta = \dfrac{E[\text{TOM}_{\eta^*}]}{E[\text{TOM}_\eta]}$。

证毕。

参考文献：

[1]Acharya, V. and L.H. Pedersen (2005). "Asset pricing with liquidity risk," *Journal of Financial Economics*, Elsevier, Vol. 77(2):375—410, August.

[2]Arnold, M. (1999)."Search, Bargaining and Optimal Asking Prices," *Real Estate Economics*, 27:453—481.

[3]Cauley, S. and Pavlov, A. (2002)."Rational Delays: The Case of Real Estate," *Journal of Real Estate Finance and Economics*, 24: 153—165.

[4]Cheng, P., Lin, Z. and Liu, Y. (2008)."A Model of Time-on-market and Real Estate Price under Sequential Search with Recall," *Real Estate Economics*, Vol.36:813—843.

[5]Cheng, P., Z. Lin, Y. Liu. (2010a)."Home Price, Time-on-market, and Seller Heterogeneity under Changing Market Conditions," *Journal of Real Estate Finance and Economics*,Vol. 41:272—293.

[6]Cheng, P., Z. Lin, Y. Liu. (2010b). "Illiquidity and Portfolio Risk of Thinly-traded Assets," *Journal of Portfolio Management*, Vol. 36 (2):126—138.

[7]Cheng, P., Z. Lin, Y. Liu (2011a). "Heterogeneous Information and Appraisal Smoothing," *Journal of Real Estate Research*, Vol. 33:443—469.

[8]Cheng, P., Z. Lin, Y. Liu (2011b)."Illiquidity, Transaction Cost, and Optimal Holding Period for Real Estate: Theory and Application," *Journal of Housing Economics*,Vol.19:109—118.

[9]Constantinides, G. M.(1986)."Capital Market Equilibrium with Transaction Costs,"*Journal of Political Economy*,94:842—862.

[10]Demsetz,H.(1968)."The Cost of Transacting,"*Quarterly Journal of Economics*,82:33—53.

[11]Firstenberg, P., Ross, S. and Zisler, R. (1988)."Real Estate: The Whole Story", *Journal of Portfolio Management*,14(3):22—34.

[12]Fogler, H. (1984)."20% in real estate: can theory justify it?" *Journal of Portfolio Management*, Winter: 6—13.

[13]Geltner, D. (1989)."Bias in Appraisal-Based Returns,"*AREUEA*,17(3):338—352.

[14]Glower, M., Haurin, D.and Hendershott,P. (1998)."Selling Price and Selling Time: The Im-

pact of Seller Motivation," *Real Estate Economics*, 26:719—740.

[15]Glosten, L., and P. Milgrom(1985)."Bid, Ask and Transaction Prices in a Specialist Market with Heteroge-neously Informed Traders," *Journal of Financial Economics*, 14:71—100.

[16]Hartzell, D., Hekman J. and Miles M. (1986)."Diversification Categories in Investment Real Estate", *Journal of the American Real Estate and Urban Economics Association*, 14(2):617—637.

[17]Huang, J. and J. Wang (2009). "Liquidity and Market Crashes,"*Review of Financial Studies, Society for Financial Studies*, Vol. 22(7):2407—2443, July.

[18]Kraus, A. and H. Stoll(1972)."Price Impacts of Block Trading on the New York Stock Exchange", *Journal of Finance*, 27:569—588.

[19] Lagos, R. (2010)."Asset prices and liquidity in an exchange economy,"*Journal of Monetary Economics*, Elsevier, Vol. 57(8):913—930, November.

[20] Lai, T-Y. and K. Wang (1998)."Appraisal Smoothing: The Other Side of the Story," *Real Estate Economics*, 26:511—536.

[21] Leung, C. and J. Zhang (2011)."Fire Sales" in Housing Market: Is the House-Search process similar to a Theme Park visit? *International Real Estate Review*, 14:311—329.

[22] Lin, Z. and Vandell, K. (2007)."Illiquidity and Pricing Biases in the Real Estate Market," *Real Estate Economics*, 35(3):291—330.

[23] Lin, Z. and Liu Y. (2008)."Real Estate Return and Risk with Heterogeneous Investors," *Real Estate Economics*, Vol. 36:753—776.

[24] Lippman, S. and McCall, J. (1986)."An Operational Measure of Liquidity," *American Economic Review*, 76:43—55.

[25] Miceli, T.(1989)."The Optimal Duration of Real Estate Listing Contracts," *Journal of the American Real Estate and Urban Economics Association*, 17:267—277.

[26] Vayanos, D. and J. Wang (2009). "Liquidity and Asset Prices: A Unified Framework,"NBER Working Papers 15215, *National Bureau of Economic Research*, Inc.

[27] Webb, J., Curico R. and Rubens J. (1988)."Diversification Gains from Including Real Estate in Mixed-Asset Portfolios," *Decision Sciences*, (19):434—452.

[28] Ziering, B. and McIntosh W. (1997). "Revisiting the Case for Including Real Estate in a Mixed-Asset Portfolio," *The Journal of Real Estate Finance and Economics*, 13(4):14—22.

[29] Ziobrowski, A., P. Cheng P. and B. Ziobrowski (1997). "Using a Boot-strap to Measure Optimum Mixed-Asset Portfolio Composition: A Comment,"*Real Estate Economics*, 25(4):695—704.

Liquidity Risk and Real Estate Portfolio Analysis—Theory and Application

Ping Cheng Zhenguo Lin Yingchun Liu

(Ping Cheng, Associate Professor, Department of Finance, Florida Atlantic University, 777 Glades Road, Boca Raton, FL 33431. E-mail: pcheng@fau.edu. Zhenguo Lin, Professor, Department of Finance, Mihaylo College of Business and Economics, California State University, Fullerton. CA 92834－6848. E-mail: zlin@fullerton.edu. Yingchun Liu, Professor, Department of Finance, Insurance and Real Estate, Laval University. Quebec, G1V 0A6, Canada. E-mail: yingchun. Liu@fsa. ulaval. ca.)

Abstract: The appropriate role of real estate in mixed-asset portfolio is a long-standing controversy. Many researchers understands the cause of the controversy lies in the way we compute real estate returns and risks, which essentially treat real estate the same as financial assets. Therefore the only risk being accounted for is the volatility of the price. Liquidity risk, on the other hand, is ignored for lack of proper computational tool. Because price volatility alone understates the total risk of real estate investment, when it is applied to Modern Portfolio Theory, the results typically suggest the optimal real estate allocations to be too high to make any practical sense. This paper attempts to correct the real estate risk estimation by developing a Liquidity Risk Factor (LRF), by which the price volatility and liquidity risk are integrated into a new risk metric known as Ex-ante Risk. Further analyses suggest that portfolio's liquidity risk cannot be diversified away by simply increasing the portfolio size. Adding properties into an existing portfolio can increase, decrease, or has no impact on the portfolio's overall liquidity risk. The implication is that real estate portfolio is not necessarily the bigger the better. How to effectively control for liquidity risk while increasing portfolio size is an important consideration. From this perspective, the classical financial theory is not necessarily applicable to real estate. Real estate portfolio analysis requires its own theory and liquidity risk analysis should be at the center of such development.

Key words: Liquidity risk　Real estate portfolio　Time-on-market　Ex-ante risk　Modern portfolio theory

中国大陆中大城市住宅需求弹性
的差异性分析

林祖嘉　林素菁　游士仪 *

摘　要：住宅需求的所得以及价格弹性,对于住宅经济学的理论与政策都有很重要的含义。然而与国外文献相比,估计中国大陆中大城市的住宅需求弹性研究仍属少数,且研究结果有很大的差异,而造成文献上估计结果差异很大的原因可能在于中国属发展中国家,经济和住宅市场都正处于快速膨胀期,因此,整体的房屋需求会有不断调整的现象。有鉴于此,本研究使用 2008~2011 年 35 个中大城市的季度数据,应用非线性的门槛模型,探讨不同房价所得比之下房屋需求弹性的变化。实证结果显示:第一,中国大陆 35 个中大城市的住宅的所得弹性与价格弹性会随着房价所得比的增加而下降。第二,部分城市的需求弹性会受到季节性的影响,然而不同地区的城市受到的季节性影响周期并不完全相同。第三,本文比较了东部、中部以及西部中大城市的住宅需求弹性,发现东部地区民众的购屋负担最重,因此,住宅需求弹性也比较小,由此可推得当中国政府在所有地区实施相同的住宅政策时,东部地区的民众会受到较大的影响。

关键词：住宅需求弹性　门槛回归模型　地区差异

中图分类号：C23　R10　R21

一、绪言

2009 年 11 月,北京电视台首度播放了电视剧《蜗居》,剧情描述在房价不断攀升的时代里,小人物在大城市挣扎求生的故事。由于故事贴近当下一般的大陆人民面临的房市问题,因此,该剧在短时间内便成了"两岸三地"的热门话题。电视剧毕竟是虚构的故事,一般人民在大城市居有所地真的有那么辛苦吗? 就统计数据的观察来说,我们很难否定这个问题,根据中国国家统计局公告的资料,中国大陆 35 个大中城市,在 2002~2010 年间,尽管人均可支配所得以平均 12.58% 的速度增长,但每平方米的住宅单价也有平均 10.82% 的增长速度,如果再把中国大陆目前所得分配恶化的问题考虑进来,不难想象一般人民购房所面临的痛苦。

---

* 作者简介:林祖嘉(通讯作者),教授,台湾政治大学经济学系;台湾台北市指南路二段 64 号;E-mail:nccut001@nccu.edu.tw。林素菁,副教授,台湾龙华科技大学国企系;台湾桃园县龟山乡万寿路一段 300 号;E-mail:sjlin@mail.lhu.edu.tw。游士仪,台湾政治大学经济学系;台湾台北市指南路二段 64 号;E-mail:96258507@ncu.edu.tw。

有人说,中国大陆城市高度的竞争力所展现的迷人魅力吸引了无数的地方民众蜂拥至大城市,这是近年中国大陆各大城市房价飙涨的原因之一;然而,也有人认为,房价若再继续飙涨,将使得城市中的人才流失,因而削弱城市的竞争力。无论双方见解之正确与否,不可否认的是,若住宅市场因供需失衡而造成房价暴涨暴跌,长期而言,对经济体系会有不良的影响,此时政府适时进场调控的作为就变得相对重要。

房市问题其实是在一连串复杂的经济环境以及社会背景下的结果,因此,房屋需求弹性的评估就变得相当重要。Ermisch 等(1996)曾提到,在政策当局评估房屋政策时,如住房补贴与财产税等,住宅需求的价格弹性往往是相当重要的政策评估依据,而在过去的文献中,已经有许多学者对已开发国家的住宅需求弹性进行估计。一般来说,住宅被视为一个正常财货,并符合需求法则,即所得弹性大于 0,价格弹性小于 0,而早期国际文献所估计的所得弹性介于 0.008~2.05,价格弹性则介于 -0.17~-1.28。[①]

相较于已开发国家的住宅需求研究,中国大陆住宅需求弹性的估算和解释仍属少数,各研究之间的结果也相差极大,且在估计上也与国外研究有不一致的情况,其比较见表 1。表 1 显示,在 2000 年以前的相关研究中,中国大陆住宅的所得弹性介于 0.32~1.5,与过去文献的估计值相差不大;然而,在 2000 年后的相关研究中,住宅需求所得弹性介于 -0.14~4.93,价格弹性则介于 -40.10~10.80,范围相当大,且与过去文献的估计值相去甚远。

表 1   **中国大陆房屋需求弹性的相关比较**

作者	样本	资料期间	所得弹性	价格弹性
Houthakker(1957)	北京	1929~1930 年	0.94	—
Houthakker(1957)	上海	1929~1930 年	0.71	—
Lim 和 Lee(1993)	中国大陆城镇	1952~1987 年	0.32~1.50	—
郑思齐、刘洪玉(2005)	北京	2000 年	0.64~1.05	—
姜春海(2005)	中国大陆	1988~2004 年	—	-40.10~10.80
高波、王斌(2008)	中大城市	1999~2006 年	-0.14~4.93	-1.04~-12.83
程岳荣(2012)	中国大陆城镇	2003~2010 年	1.38	—

注:部分资料整理自 Lim 和 Lee(1993)。

Mayo(1981)曾归纳出造成估计结果差异的原因,不外乎来自各研究的模型设置以及取得或计算数据的方式有所不同而造成。然而,还可能存在若干因素能解释过去文献在估计中国大陆的房屋需求弹性时结果颇有不同的结果。本研究认为,最可能的因素在于,住宅需求弹性可能非单一值,而为时变(time-varying)的变量,即家计单位会因在不同的时间点面临不同的情况,而不断地调整房屋需求。早期文献如 Harrington(1989)即提出单一的弹性并不存在的看法,因为弹性会随着许多因素的不同而调整,如时间与空间。

---

① 见 de Leeuw(1971)与 Mayo(1981)。近年来探讨房屋需求弹性的文献多将重点放在个体的特定行为因素上分析,如邻居选择(neighborhood selection)与多屋持有(multiple-home ownership)等,而本文是以宏观的角度研究房屋需求弹性,因此,此处就不再另做比较。

对于造成房屋需求调整的因素,文献上的讨论有三种可能。第一,房屋报酬率的改变。Seslen(2003)与 Disney 等(2010)提出家计单位对于房价报酬率的上升和下降有不对称的反应,当面临房屋升值时,家计单位的预期行为会促使他们调整房屋的需求,然而面对房屋贬值时,家计单位却不会有所行动。Abelson 等(2005)则提出当期本来没有购屋计划的家计单位会因为房价调升而提前进入房地产市场。第二,房地产市场处于快速膨胀期。Kim 和 Bhattacharya(2009)指出,当经济体系处于不动产市场快速膨胀期且动荡频率很高时,市场的行为会跟着改变。第三,高额的房屋交易成本。Muellbauer 和 Murphy(1997)提出,当房价升值时,家计单位会广泛地增加房屋需求,因而拉动房市的交易成本,最后将导致整体的房屋需求有非线性的门槛效应;而 Posedel 和 Vizek(2009)又指出,由于转型中国家的财产权保障较差,加上金融市场不发达以及房市的流动性不高,因此造成房地产的交易成本很高。

中国属于发展中国家,房屋市场正处于快速膨胀期,并且从数据上也可以观察到其房价波动程度很大,所以,中国大陆地区的整体房屋需求行为不时地在调整,房屋需求弹性应是时变的系数,这可能也是造成我们从表1所观察到的不同资料期间研究的实证结果差异很大的原因之一。也就是说,到目前为止,我们在许多研究住宅弹性的文献中看到估计价格弹性与所得弹性相差很大的结果,可能是一个正常的现象。

一个简单的方式可同时解决"房屋需求弹性应是时变参数",即利用 Teräsvirta(1994,1995)、González 等(2005)以及 Fouquau(2008)所发展的面板平滑移转回归模型(panel smooth threshold regression,PSTR)。使用非线性的 PSTR 模型有两个优点:第一,面板数据(panel data)结合了横断面(cross section)数据与时间序列(time series)的形式,可提供更完整的统计信息,但一般使用面板模型(panel model)估计时,常忽略横断面存在异质性(heterogeneity)的问题,Hsiao(2003)曾提出若忽略此问题,会使得估计结果存在误差,而使用 PSTR 模型估计不但可保有追踪数据的优点,也可以解决"横断面存在异质性"的问题。第二,在 PSTR 模型结构下,房屋需求会因个体在不同时间面临的状况不同而调整其房屋需求,此时估计出来的弹性将是一个随着时间而变动的变量(时变变量)。

在已有文献中有许多非线性的门槛模型,如 Tsay(1989)的自我相关门槛模型(threshold autoregressive model,TAR)、Hamilton(1989)发展的马尔可夫移转模型(Markov switching model)或者 Luukkonen 等(1988)的平滑自我相关移转模型(smooth transition regression model,STR)。在 TAR 以及马尔可夫移转模型中,状态之间的移转是以单点跳动的方式,而在 STR 模型中是以平滑移转的方式。一般认为,家计单位在面临房价或所得变动时,住宅需求应是缓慢调整,而非瞬时调整,因此,在几种非线性门槛模型中,我们采用了 Teräsvirta(1994,1995)和 González 等(2005)以及 Fouquau(2008)所发展的 PSTR 模型来重新估计中国大陆中大城市的房屋需求弹性。

本研究的结构如下:第二部分将以理论模型说明房屋需求弹性的调整因素,并解释本文使用 PSTR 作为估计中国内地中大城市住宅需求弹性的主要原因;第三部分则针对PSTR 模型的估计与检验和本研究的资料内容有详细的说明;第四部分为结论。

二、住宅需求理论模型

在过去估计住宅需求的文献中,最常使用的实证模型为对数线性需求函数(log-linear demand function),因为这一函数容易估计。然而,使用对数线性需求函数所估计出来的住宅需求所得弹性以及价格弹性往往与实际经济情况有所出入,在这一部分我们首先针对对数线性需求函数做讨论,最后再说明为何在本研究中我们要以 PSTR 模型作为实证模型。

(一)对数线性住宅需求函数

在本文中,我们将经济体系中的所有财货划分为住宅(H)以及除了住宅之外的其他财货(X),以下称为组合性商品(composite commodity)。在消费者为理性消费者的假设下,会在其预算限制之下追求效用极大。我们将消费者的目标函数与限制式表现如下:

$$\max U(H,X)$$
$$\text{s.t. } P_H H + X = Y \tag{1}$$

其中,P_H 为实质住宅价格,Y 是实质所得。[①] 由以上最适化问题我们可知对于消费者而言,住宅需求会是实质住宅价格以及所得的函数,也即 $H = H(P_H, Y)$。在既有文献中,通常直接假设住宅需求函数的形式如下:

$$H = H(P_H, Y) = e^{\alpha^l} Y^{\eta^l} P_H^{\varphi^l} e^{\varepsilon} \tag{2}$$

由于本文的研究目的是要估计出中国内地中大城市的住宅需求弹性,根据林祖嘉与林素菁(1994),在讨论房屋需求函数时,应该要将"居住支出"代替"购屋数量",因为房屋存在相当程度的异质性,不易找出衡量住宅需求量的标准单位,因此若是将住宅价值作为自变量衡量房屋需求函数将有失代表性。此外,我们一般所说的"购屋",购买的是一个存量的财货,其涉及未来的使用;在讨论住宅需求的时候,我们指的是住宅所提供的服务,这是一个流量的观念。[②] 有鉴于此,我们令 HE 为房屋支出,[③]利用房屋支出来衡量住宅需求,因此由(2)式我们可以得到:

$$\ln(HE) = \alpha^l + \eta^l \ln(Y) + (1 + \varphi^l)\ln(P_H) + \varepsilon \tag{3}$$

为了简化分析,令 he_{it}、y_{it} 以及 $p_{h_{it}}$ 为取对数后的实质房屋支出、可支配所得以及住宅价格,因此式(3)可改写为:

$$he_{it} = \alpha^l + \eta^l y_{it} + (1 + \varphi^l) p_{h_{it}} + \varepsilon_{it}; t = 1, \cdots, T, i = 1, \cdots, N \tag{4}$$

式(4)中,i 表示所属城市,t 为时间。由式(4)的函数型态可以了解为何在多数文献中最常使用对数线性需求函数为估计模型,因为此函数容易估计,且其参数可以直接表示为所得弹性(η^l)以及价格弹性(φ^l)。然而,使用(4)式估计住宅需求弹性还是存在某些限制以及缺失,Mayo(1981)曾提出使用对数线性需求函数作为住宅需求弹性的估计式,背后隐含其直接假设样本内全部地区居民的住宅支出对于住宅价格以及所得都会有同样的反

---

① 令 P_X 为组合性商品价格,则:实质住宅价格(P_H)=名目住宅价格/组合性商品价格(P_X),实质所得(Y)=名目所得/组合性商品价格(P_X)。

② de Leeuw(1971)也提到在估计住宅需求弹性时,应该以住宅价值的比例替代住宅价值作为自变量。

③ 即 $HE = P_H \cdot H$。

应,即 $\eta_i = \eta, \varphi_i = \varphi, \forall_i = 1, \cdots, N$,然而这与现实情况并不符合,[①]因为住宅需求的价格弹性以及所得弹性会因不同的住宅价格以及所得而有所调整。[②]

住宅需求弹性随着房价以及所得而变动似乎比较符合现实情况,然而,若是利用对数线性需求函数为估计模型,则很难将此特性纳入考虑,因此,过去中国大陆住宅需求弹性的文献在估计时会采取以下两种方法:第一,将所得分成几个级距,估计不同级距所得的住宅需求弹性(郑思齐和刘洪玉,2005);第二,依地理区位的划分分别估计不同地理区位的住宅需求弹性(高波和王斌,2008)。这两种估计方式在某种程度上的确可以解决使用对数线性需求函数估计时的缺失,然而,使用这两种方法在估计前都必须要先武断地(ad-hoc)将数据进行分组,因此,在估计结果时可能会因为分组上的失准而有误差。

此外,使用对数线性住宅需求函数作为估计模型,估计结果仅能揭露长期静止均衡下的住宅需求行为,然而,Mayo(1981)曾提到,当家计单位面临有住宅交易成本的状况时,就不得不将家计单位对住宅需求的短期动态调整行为纳入考虑。

已有文献对于住宅交易成本的产生有诸多的讨论,如 Muellbauer 和 Murphy(1997)提出当房价升值时,会拉动房市的交易成本;此外,Posedel 和 Vizek(2009)也指出转型中国家的房地产交易成本相对于已开发国家来得高。中国属于发展中国家,且近年来在中大城市地区的所得与房市都有明显的增长,因此,中国大陆中大城市居民的整体房屋需求很可能存在短期动态的行为,然而,无论是使用对数线性函数或是侥用 Stone-Geary 效用函数所推导的住宅需求函数作为估计模型,都无法由估计结果窥探出这些动态调整过程。有鉴于此,接下来我们将 PSTR 模型运用于住宅需求函数上,并说明使用 PSTR 模型不仅容许我们探究不同中大城市居民在不同房价与所得下住宅需求所得弹性及价格弹性的差异,也可以同时将家计单位面临房价与所得同时变动下的短期动态调整行为纳入估计。

(二)PSTR 模型下的住宅需求函数

根据 Teräsvirta(1994,1995)、González 等(2005)以及 Fouquau(2008),我们可以将

---

① Mayo(1981)曾针对过去文献中在估计住宅需求弹性时如果使用不同的数据型态或不同的模型估计式会对估计结果造成什么样的影响进行研究,该文中提出 Carliner(1973)、Fenton(1974)以及 Lee 和 Kong(1977)这三篇文章在估计住宅需求弹性时都是使用对数线性需求函数,并且使用相同数据源的房屋支出、所得以及房价数据,然而因为这三篇文章使用的人口变量都不相同,以至于三篇文章所估计的租赁者价格弹性存在相当大的差异,Carliner(1973)的统计结果判定租赁者的住宅价格弹性并不显著,Fenton(1974)估计的租赁者的住宅价格为 -1.28,而 Lee 和 Kong(1977)所估计的租赁者的住宅价格为 -0.56,出现这样的结果主要是因为住宅需求的价格弹性会随不同的住宅价格、不同的所得以及不同的人口特征而变动,然而在使用对数线性需求函数来估计住宅需求弹性时,却完全忽略了这些特性。

② 根据 Mayo(1981)的文章,在估计住宅需求弹性时,使用 Stone-Geary 的效用函数型式所推导出来的住宅需求函数会比较符合实际状况。我们可以将 Stone-Geary 的效用函数表示如下:

$$U = (H - H_0)^\beta (X - X_0)^{(1-\beta)}$$

其中,H_0 与 X_0 分别为满足个人最低生活水平的住宅以及其他财货需求量,β 是住宅需求效用的弹性。同样地,我们可以由一阶条件求得住宅需求函数并将 Stone-Geary 的效用函数下的住宅需求所得弹性(η^{st})以及价格弹性(φ^{st})表示如下:

$$\eta^{st} = \frac{\beta Y}{(1-\beta) P_H H_0 + \beta (Y - P_X X_0)}$$

$$\varphi^{st} = -\frac{\beta (Y - P_X X_0)}{(1-\beta) P_H H_0 + \beta (Y - P_X X_0)}$$

上式结果显示,住宅的所得及价格弹性并非固定的常数,而是随所得以及房价的变动而改变。

式(4)重新改写为 PSTR 模型的型式:

$$he_{it} = \alpha_i + \eta_0 \, y_{it} + \varphi_0 \, p_{h_{it}} + \sum_1^r (\eta_j \, y_{it} + \varphi_j \, p_{h_{it}}) \cdot g\left(\left(\frac{p_h}{y}\right)_{it}; \gamma_j, c_j\right) + \varepsilon_{it} \quad (5)$$

$$g\left(\left(\frac{p_h}{y}\right)_{it}; \gamma_j, c_j\right) = \left\{1 + exp\left[-\gamma \prod_{j=1}^m \left(\left(\frac{p_h}{y}\right)_{it} - c_j\right)\right]\right\}^{-1}; \gamma > 0, c_1 \leqslant c_1 \cdots \leqslant c_m$$

$$(6)$$

从之前的讨论可知房价或所得的变动都会影响住宅需求弹性,因此,在式(5)表现的住宅需求 PSTR 模型中,将房价所得比(p_h / y)设定为模型的转换变量所要表达的是家计单位的住宅需求会因为转换变量状态的改变而有所调整;c 为待估计的门槛值,即行为发生调整的转折点;参数 γ 为行为变化的转换速度,γ 值越大,表示转换函数 $g(\cdot)$ 的转换斜率越陡峭,也代表行为发生改变的速度越快,若 $\gamma \to \infty$ 时,表示行为的转换是以单点跳跃的方式,模型将会和 Hansen(1999)的门槛模型相同,若 $\gamma \to 0$ 时,代表估计参数将不会因转换变量改变而有所变动,因此式(5)的 PSTR 模型将退化回式(4)的线性模型。j 代表可能存在平滑转换函数的个数。式(6)为转换函数的一般式,m 决定了转换函数的型式,通常我们只会考虑到 $m=1$ 或 $m=2$ 的转换函数。当 $m=1$ 时,称之为罗吉斯模型(Logistic model);$m=2$ 时,称之为指数型模型(exponential model)。[1]

根据上面讨论,我们可以将 PSTR 模型下的住宅所得弹性(e_{it}^y)以及价格弹性(e_{it}^{ph})重新表示如下:

$$e_{it}^y = \eta_0 + \sum_1^r \eta_j \cdot g\left(\left(\frac{p_h}{y}\right)_{it}; \gamma_j, c_j\right) \quad (7a)$$

$$1 + e_{it}^{ph} = \varphi_0 + \sum_1^r \varphi_j \cdot g\left(\left(\frac{p_h}{y}\right)_{it}; \gamma_j, c_j\right) \quad (7b)$$

上式显示,使用 PSTR 模型最大的特色在于,住宅需求弹性将可借由转换变量($p_h / y)_{it}$,同时反映个体 i 与时间 t 的变化,因此估计出来的所得弹性与价格弹性将不只是一个单一值,而且是一个函数。[2]

由式(7a)以及式(7b)可归纳出我们使用 PSTR 模型重新估计中国大陆 35 个中大城市房屋需求弹性的优点:第一,由先前的分析,我们得知住宅需求弹性会因房价以及所得的不同而改变,因此我们可通过将"房价所得比"作为 PSTR 模型的转换变量来探究不同城市之间的住宅需求弹性的差异,以提出一个合适的政策建议。第二,有别于传统文献仅能估计出长期静止均衡下的住宅需求弹性,使用 PSTR 模型可以估计出住宅需求弹性的短期调整过程。第三,在 PSTR 模型的估计方式下,行为的转折点是估计出来的,而非武断地将数据分组得来的,因此可以解决数据错误分组造成的估计误差。

三、模型估计与检验

在对式(5)的 PSTR 模型进行估计之前,必须先说明本研究的数据来源以及检验方

---

① 在 Van Dijk 等(2002)的文章中有所提及,一般而言,我们最多讨论到 $m \leqslant 2$ 以及 $r \leqslant 3$ 的情况。

② 由于房屋价格弹性的定义为房价变动所引起的房屋消费量变动的敏感度指标;房屋支出为 $HE = P_H \cdot Q_H(P_H)$,因此:$\varphi = \dfrac{\partial \ln\left[P_H \cdot Q_H(P_H)\right]}{\partial \ln P_H} = 1 + \dfrac{P_H}{Q_H(P_H)} \dfrac{\partial Q_H(P_H)}{\partial P_H} = 1 + e^{PH}$,以此类推可得式(4b)。

式,现将内容详述如下:

（一）变量定义以及数据来源

各地区的消费者对房屋的需求都不同,如果我们仅用时间序列数据估计房屋需求弹性,将忽略其个体的差异;如果是仅用横断面估计,又会忽略时间对住宅需求的影响。有鉴于此,本文将利用中国大陆 35 个中大城市[①]从 2008 年第一季度至 2011 年第四季度的追踪数据,重新估算其房屋需求弹性。本文使用季数据估算房屋需求弹性的原因有二:第一,相较于年资料,本文所用的季资料涵盖较多的统计信息,以利于提升本研究实证分析的有效性;第二,中国大陆的中央房地产政策,由一周召开一次的国务院常务会议依据当前房屋市场做出预调以及微调。因此,本研究认为,若使用年数据估算房屋需求弹性,将会忽略房屋需求受到政策微调后的调整。有鉴于以上两点因素,本文采用季数据作为估算 35 个中大城市房屋需求弹性的依据。

本研究的数据主要来自中国总体经济数据库(China Economic Information Center,CEIC)以及中国国家统计局。现将数据源以及变量定义说明如下,并将各变量的基本统计量列于表 2:

（1）房屋支出(HE):以中国总体经济数据库所公告的"人均消费者支出:居住类"为依据。目前,此项统计所包含的项目包括水电燃料费、住房装潢支出、维修用建筑材料支出、租赁房租、取暖费、物业管理费、维修服务费等。

（2）所得(Y):以中国总体经济数据库中所公告的"人均可支配所得"为依据。

（3）房屋价格(P_H):以中国总体经济数据库所公告的"住宅类商品房每单位平方米价格"为依据。

（4）组合性商品价格(P_x):以中国总体经济数据库所公告的"消费者物价指数",以及中国国家统计局所公告的"消费者物价指数:居住类"为依据,并以林祖嘉与林素菁(1994)所提出的算法重新计算。[②]

表 2   **基本统计量**

	居住类支出 HE （人民币元）	可支配所得 Y （人民币元）	每平方米 住宅单价 P_H （人民币元）	组合性商品 价格指数 P_x （%）	房价所得比 P_H/Y
全部地区	355.712 (155.321)	5 289.442 (1 553.145)	6 306.530 (3 671.737)	100.132 (0.439)	1.147 (0.389)
东部地区	422.915 (163.361)	6 308.306 (1 531.092)	8 710.033 (4 136.282)	100.122 (0.339)	1.343 (0.429)

---

① 这 35 个城市包括北京、天津、石家庄、太原、呼和浩特、沈阳、大连、长春、哈尔滨、上海、南京、杭州、宁波、合肥、福州、厦门、南昌、济南、青岛、郑州、武汉、长沙、广州、深圳、南宁、海口、重庆、成都、贵阳、昆明、西安、兰州、西宁、银川与乌鲁木齐。根据中国社科院的研究,这 35 个城市 2005 年的房地产投资额占全国的 60.5%,施工面积占全国的 52.2%,商品房销售面积占全国的 50.6%,因此,利用这 35 个城市分析住宅需求弹性可以反映出大部分中国住宅需求的现象。

② 中国消费者物价指数的组成包含八大类产品,即食品、烟酒及用品、衣着、家庭设备、医疗保健、交通通信、娱乐教育文化、居住,而此处的"组合性商品物价指数"指的是排除掉居住类商品后的价格指数,而按照林祖嘉与林素菁(1994)的算法,其计算方式为:［(CPI 总指数－CPI 居住类)×权数］/(1－权数),其中,权数＝居住类支出/总支出。

续表

	居住类支出 HE (人民币元)	可支配所得 Y (人民币元)	每平方米 住宅单价 P_H (人民币元)	组合性商品 价格指数 P_x (%)	房价所得比 P_H/Y
中部地区	326.270 (123.165)	4 683.066 (803.009)	4 537.282 (1 157.723)	100.126 (0.658)	0.976 (0.226)
西部地区	283.281 (119.690)	4 284.675 (966.262)	4 133.919 (1 230.026)	100.148 (0.398)	0.986 (0.271)

注:(1)以上数据皆为季数据。(2)括号内为标准偏差。(3)东部地区城市包括:北京、天津、沈阳、大连、长春、哈尔滨、上海、南京、杭州、宁波、福州、厦门、济南、青岛、广州、深圳;中部地区城市包括:石家庄、太原、合肥、南昌、郑州、武汉、长沙;西部地区城市包括:呼和浩特、南宁、海口、重庆、成都、贵阳、昆明、西安、兰州、西宁、银川、乌鲁木齐。

数据来源:中国国家统计局、中国总体经济数据库。

由表2的基本统计量可知,尽管东部地区城市所得相较于中部及西部地区城市所得高,但是,其每平方米房价相对于中部及西部地区城市的每平方米房价来得更高;而西部地区城市平均每平方米房价的两倍皆不及东部地区城市的平均每平方米房价,可见,中国大陆区域之间的住宅价格差异很大。若将每平方米房价占所得的比例视为购屋负担的一项指针,东部地区平均1.343 2最高,西部地区平均0.986 0次之,中部地区平均0.976 1最低,这个数据显示东部地区的购屋负担最重,1个季度的所得都无法买得起1平方米的房子。

(二)模型的估计和检定

在进行 PSTR 模型估计之前,我们必须先选取合宜的转换变量,尔后针对转换函数进行检定,以确定本研究的数据型态适宜使用 PSTR 模型估计,并且确定转换函数的个数以及转换函数的转换型态。依传统文献中的做法,通常采取三个步骤来检验 PSTR 模型中转换函数的型态:第一步,检验数据是否有同构型;若第一步检验拒绝同构型时,第二步即为选取适合的转换模型;第三步,模型可能存在多个门槛数,因此第三步将对适当的门槛数进行检验。以下将逐一介绍本研究资料的检验结果。

1. 转换变量的选择

就模型估计的技术层面而言,选择转换变量并没有太大的限制,[①]因此,文献上的门槛回归模型多数依赖讨论的议题作为转换变量选择的依据。从先前的分析我们得知,房屋需求弹性会因房价与所得的变化而有所调整,对此,本研究将以"房价所得比"作为转换变数,以探讨不同房价所得比下的房屋需求弹性的变化。

2. 同构型检验(线性对非线性的检验)

由于我们不确定在估计房屋需求弹性时应使用式(4)所表示的线性回归模型还是式(5)表示的 PSTR 模型,因此,必须先进行同构型检验(homogeneity test)。由先前的讨论可知,转换函数 $g(\cdot)$ 中的参数 γ 决定了转换的速度,若 $\gamma=0$,代表模型不会平滑移转,此

---

① 尽管就技术而言,对于门槛变量的选择并没有存在限制,然而几乎所有文献均会选择时变的门槛变量。

时式(5)所表示的 PSTR 模型将会缩减成式(4)的线性模型,然而,由于式(5)中含有未识别的参数(nuisance parameter),[①]故不能直接对其进行同构型检验。[②] 因此,本研究采用 Lüükkonen 等(1988)所提出的方法,先对式(5)中的 $\gamma = 0$ 进行一阶泰勒展开,得到辅助回归(auxiliary regression)如下:

$$he_{it} = \alpha_i + \eta_0{}^* y_{it} + \varphi_0{}^* p_{h\,it} + (\eta_1{}^* y_{it} + \varphi_1{}^* p_{h\,it}) q_{it}$$
$$+ \cdots + (\eta_m{}^* y_{it} + \varphi_m{}^* p_{h\,it}) q_{it}{}^m + \varepsilon_{it}{}^m \tag{8}$$

由上式可推论,在虚无假设为"模型为线性回归"下,检定式可以改写为:$H_0 : \eta_1{}^* = \cdots = \eta_m{}^* = \varphi_1{}^* = \cdots = \varphi_m{}^* = 0$。有三种检定量可以帮助我们了解此模型是否为线性,分别为拉式乘数检验(Lagrange multiplier test)、费雪检验(Fisher test)与似然比检验(likelihood ratio test)。我们将检定结果列于表 3。表 3 的结果显示,在 90% 的信赖区间下,拉氏乘数检验以及费雪检验拒绝了"模型为同构型"的虚无假设;而在 99% 的信赖区间下,似然比检验拒绝了"模型为同构型"的虚无假设,由以上的检验结果可知,我们应该使用非线性模型来估计"中国大陆中大城市的住宅需求所得以及价格弹性"。

表 3 同构型检验

	检验统计量	P 值
Wald test(LM)	16.189*	0.063
Fisher test(LMF)	1.822*	0.074
LR Tset(LRT)	17.539***	0.000

注:(1) H_0:模型为同构型;H_1:模型至少存在一个转换函数($r \geqslant 1$)。 (2)* 与 *** 分别表示该系数在 90% 以及 99% 的信赖区间下显著异于 0。

数据来源:本研究。

3. 选取适合的转换模型

转换模型的检验为检验式(6)的函数型式。依据 Granger 和 Teräsvirta(1993)以及 Teräsvirta(1994),我们也可利用式(8)的辅助回归来决定转换函数的型式(m)以及个数(r)。一般将转换函数设定为 $m = 1$ 或 $m = 2$。其中,$m = 1$ 称为罗吉斯 PSTR(logistic PSTR)模型,模型会根据转换函数的门槛值将数据区分为两个区间;$m = 2$ 称为指数型 PSTR(exponential PSTR)模型,模型会根据转换函数的门槛值将数据区分为三个区间。

我们将检验结果列于表 4 及表 5。表 4 为 LPSTR 与 ESTR 模型选择的检验表,该表显示在给定 $\eta_2{}^* = \eta_3{}^* = 0$ 以及 $\varphi_2{}^* = \varphi_3{}^* = 0$ 时,拒绝虚无假设为 $\eta_1{}^* = \varphi_1{}^* = 0$ 的显著性最强,因此根据 Granger 和 Teräsvirta(1993)以及 Teräsvirta(1994),应该要选择罗吉斯 PSTR 模型。而表 5 则为转换函数个数的检验,表 5 显示不论是拉式乘数检验、费雪检验还是似然比检验,都不拒绝"模型只存在一个转换变量"的虚无假设。综合表 4 以及表 5 的结果可推论,本研究的数据型态仅需要使用一组转换函数的罗吉斯 PSTR 模型。

---

① 这些未识别的参数包含转换发生的位置参数(c)以及转换函数的个数(r)。

② 相关讨论请参见 Granger 和 Teräsvirta(1993)、Lüükkonen 等(1988)与 Fouquau(2008)。

表4   **LPSTR 与 ESTR 模型选择的检验**

	检验统计量(F 值)	P 值
$H_{03}^*:B_3=0$	0.195	0.978
$H_{02}^*:B_2=0\mid B_3=0$	0.823	0.553
$H_{03}^*:B_1=0\mid B_2=B_3=0$	0.823	0.552

注:(1) $H_0^*:\eta_1^*=\eta_2^*=\eta_3^*=0$,$\varphi_1^*,\varphi_2^*=\varphi_3^*=0$。(2) $B_i=[\eta_i^*,\varphi_i^*]'$,$i=1,2,3$。
(3)根据 Granger 和 Teräsvirta (1993)以及 Teräsvirta (1994),若拒绝 H_{02}^* 的显著性最强,则应该选择 m =2(ESTR 模型),否则应该选 m=1(LSTR 模型)。

数据来源:本研究。

表5   **转换函数个数的检验**

	检验统计量(F 值)	P 值
Wald test(LM)	0.039	0.980
Fisher test(LMF)	0.018	0.982
LR Tset(LRT)	0.039	0.980

注:H_0:模型仅存在一个转换函数($r=1$)。

数据来源:本研究。

表6   **模型估计结果**

y (实质家户可支配所得取对数值)		ph (实质每平方米住宅价格取对数值)	
η_0	η_1	φ_0	φ_1
3.487***	−1.298***	−3.376*	2.017***
(1.564)	(0.565)	(1.821)	(0.920)
c(门槛值)		−0.242	
γ(转换函数的斜率)		1.593	
SSR		50.991	

注:括号内为标准偏差,* 与 *** 分别表示该系数在 90% 以及 99% 的信赖区间下显著异于 0。
数据来源:本研究。

经由以上分析,我们最后可将本研究的实证模型表示如下(参数的估计结果可见表6):

$$he_{it}=\alpha_i+\eta_0\,y_{it}+\varphi_0\,p_{h_{it}}$$
$$+(\eta_1\,y_{it}+\varphi_1\,p_{h_{it}})\cdot[1+\exp(-\gamma((p_{h_{it}}/y_{it})-c))]^{-1}+\varepsilon_{it} \tag{9}$$

由表 6 结果可知,无论是各城市的"房价所得比",[1]还是在门槛值以上或以下,房价以及可支配所得都对房屋支出有显著的影响,又由式(9)以及表 6 的结果,我们可把住宅需求的所得弹性(e_{it}^y)与价格弹性(e_{it}^{ph})重新表示如下:

$$e_{it}^y=3.4870-1.2978\times[1+\exp(-1.5930((p_{h_{it}}/y_{it})-(-0.2420)))]^{-1} \tag{10a}$$

---

① 本文将门槛值设定为房价所得比,定义为 $p_{h_{it}}/y_{it}$,由于 $p_{h_{it}}=\ln(P_{H_{it}}/P_{x_{it}})$;$y_{it}=\ln(Y_{it}/P_{x_{it}})$,可知转换变量 $p_{h_{it}}/y_{it}=\ln(P_{H_{it}}/P_{x_{it}})-\ln(Y_{it}/P_{x_{it}})$。若转换变量小于 0,则代表房价占当期所得的比例小于 1;若转换变量大于 0,则代表房价占当期所得的比例大于 1。

$$1+e_{it}^{ph} = -3.3759 + 2.0165 \times [1+\exp(-1.5930((p_{h\,it}/y_{it})-(-0.2420)))]^{-1}$$

$$(10b)$$

在式(10a)及(10b)中,可以更清楚地观察到在使用 PSTR 模型时,每个时间点(t)的不同个体(i)的所得弹性(e_{it}^{y})以及价格弹性(e_{it}^{ph})会随着每个时间点房价所得比($p_{h\,it}/y_{it}$)的不同而出现不同的估计结果。此外,由于转换函数介于 0~1,[1]因此,由估计式(10a)以及式(10b)的结果可知住宅需求所得弹性(e_{it}^{y})介于 2.1892~3.4870;住宅需求价格弹性($|e_{it}^{ph}|$)介于 2.3594~4.3759。[2] 这个估计结果与国外研究的估计结果相比偏高,与中国大陆的相关研究结果相比尚在合理范围之内。根据程岳荣(2012),在快速城市化阶段,城市的住宅所得弹性本来就会比较高,目前中国大陆城市化率已超过 50%,因此估计出来的所得弹性相较于国外研究高,应不失为一个合理的结果。

接着,本研究将估计出来的住宅所得弹性、价格弹性和房价所得比的关系整理为图1。由图1可发现,住宅所得以及价格弹性将会随着房价所得比的提升而下降,在中国大陆的大城市中,房价所得比的提升代表的应是房价水平的增加大于所得水平增加的状况,在这种情况下也隐含住宅负担的恶化,此时城市居民只有迁徙(moving)或是改善原住处任其恶化两种选择。搬家会耗费许多时间与金钱,再加上中国大陆目前城乡发展还存在很多差距,[3]因此,许多中国大陆大城市的民众在面临房价居高不下时,宁愿选择留在大城市苦活,等待出人头地的机会,也不愿意搬回老家,也因此造成在一般的情况下,中大城市的房价所得比增加时,房屋需求弹性较缺乏的状况。

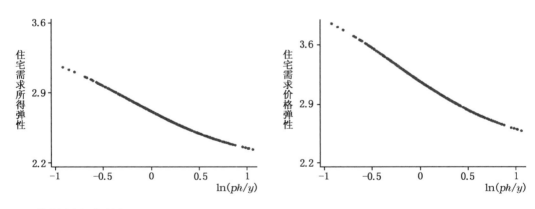

数据来源:本研究。

图1 住宅需求价格弹性、所得弹性以及房价所得比之间的关系

估计出住宅需求价格弹性、所得弹性和房价所得比之间的关系后,我们可以计算出不同时间点的各个城市在不同的房价和所得的状况下的住宅需求价格弹性、所得弹性。本文将东部地区、中部地区以及西部地区的几个重点城市包括北京、上海、武汉和重庆的住宅需求价格弹性、所得弹性时间趋势图显示于图2中。从图2中我们可以观察到几个有趣

---

① 式(10a)与式(10b)中的转换函数即为 $[1+\exp(-1.5930((p_{h\,it}/y_{it})-(-0.2420)))]^{-1}$ 。

② 为方便后面的分析与比较,在此加上绝对值。

③ 根据中国社科院城市发展与环境研究所 2011 年发布的资料显示,中国是世界上城乡差距最大的国家之一。

的现象。① 第一,由于北京、上海的房屋负担率比较重,因此,平均而言住宅需求价格以及所得弹性比武汉和重庆小。第二,比较北京与上海的住宅需求弹性可发现,上海地区的房屋负担率的变动程度较大,因此,住宅需求弹性的波动程度相对于北京的住宅需求弹性波动程度高,此外,从图形也可以观察到上海的住宅需求弹性受到的季节性影响相对北京大,每年第四季度的房屋负担率都比较小,所以造成第四季度的住宅需求弹性相对于同年其他季度的弹性要大,由此我们可以推得上海地区的住房政策在不同季节会有明显不同的政策效果。第三,观察武汉以及重庆的状况,可发现这两个城市都很明显受到季节性的影响,与上海不同的是,这两个城市的房屋负担率在第一季度最小,所以,这两个城市第一季度的住宅需求弹性相对于同年度其他季度的弹性要大。从以上的几个讨论我们可得知,政府当局在实施住宅政策时,不但要因地制宜,更要因时制宜。

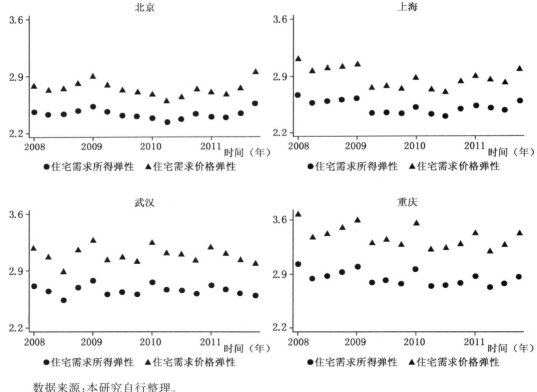

数据来源:本研究自行整理。

图 2　北京、上海、武汉以及重庆的住宅需求价格弹性、所得弹性走势

---

① 由于篇幅的关系,本文仅选定这四个重点城市分析。北京是中国的首都,而上海则是中国大陆商业与金融的重点城市,因此本研究选择这两个都市作为东部地区的代表城市;重庆是中国的中心城市之一,也是长江上游地区经济中心和金融中心以及全国综合交通枢纽,也是西部大开发的重点地区,因此本研究选择将重庆作为西部地区的代表城市;武汉是中部地区第一大城市,也是中国的经济地理中心,曾被誉为世界开启中国内地市场的"金钥匙",因此本研究选择将武汉作为中部地区的代表城市。

　　最后,我们可以借由估计式(10a)以及(10b),将中国大陆 35 个中大城市从 2008 年第一季度至 2011 年第四季度的住宅所得以及价格弹性的平均值估算出来,并将结果列于表 7(a)~表 7(c)。为了比较中国大陆不同地区的住宅需求弹性,我们也将表 7 的结果整理为表 8,以观察不同地区需求弹性的差异。

表 7(a)　　　　　　　　　　　　住宅需求弹性估计结果:东部城市

城市	平均房价所得比	所得弹性(e^y)		价格弹性($\left| e^{ph} \right|$)	
		平均数	标准偏差	平均数	标准偏差
北京	1.617	2.441	0.058	2.751	0.090
天津	1.047	2.613	0.071	3.018	0.110
沈阳	1.114	2.747	0.036	3.226	0.056
大连	1.195	2.598	0.045	2.994	0.070
长春	1.086	2.674	0.075	3.113	0.117
哈尔滨	1.316	2.686	0.063	3.132	0.097
上海	1.316	2.528	0.080	2.885	0.124
南京	1.346	2.697	0.118	3.149	0.183
杭州	1.499	2.524	0.112	2.879	0.174
宁波	1.196	2.585	0.104	2.975	0.162
福州	1.430	2.597	0.065	2.993	0.101
厦门	1.247	2.528	0.088	2.886	0.136
济南	0.931	2.775	0.051	3.270	0.080
青岛	0.941	2.733	0.046	3.204	0.071
广州	1.754	2.585	0.062	2.974	0.096
深圳	1.614	2.415	0.063	2.710	0.099

　　数据来源:本研究。

表 7(b)　　　　　　　　　　　　住宅需求弹性估计结果:中部城市

城市	平均房价所得比	所得弹性(e^y)		价格弹性($\left| e^{ph} \right|$)	
		平均数	标准偏差	平均数	标准偏差
石家庄	1.037	2.815	0.097	3.332	0.151
太原	0.912	2.630	0.099	3.044	0.153
合肥	1.159	2.716	0.086	3.178	0.133
南昌	0.914	2.753	0.070	3.235	0.109
郑州	1.019	2.762	0.039	3.249	0.061
武汉	0.948	2.664	0.066	3.097	0.102
长沙	1.054	2.854	0.093	3.393	0.144

　　数据来源:本研究。

表 7(c)　　　　　　　　　　　　住宅需求弹性估计结果:西部城市

城市	平均房价所得比	所得弹性(e^y)		价格弹性($\left| e^{ph} \right|$)	
		平均数	标准偏差	平均数	标准偏差
呼和浩特	0.764	2.993	0.107	3.608	0.166
南宁	1.286	2.691	0.053	3.140	0.082

续表

城市	平均房价所得比	所得弹性(e^y)		价格弹性($\lvert e^{ph} \rvert$)	
		平均数	标准偏差	平均数	标准偏差
海口	1.151	2.546	0.100	2.914	0.154
重庆	0.939	2.844	0.092	3.377	0.143
成都	1.009	2.675	0.052	3.115	0.080
贵阳	0.919	2.757	0.061	3.242	0.095
昆明	0.966	2.776	0.113	3.271	0.176
西安	1.046	2.711	0.065	3.170	0.101
兰州	0.988	2.683	0.049	3.127	0.077
西宁	0.880	2.769	0.052	3.260	0.081
银川	0.982	2.799	0.083	3.308	0.129
乌鲁木齐	1.106	2.672	0.073	3.110	0.113

数据来源:本研究。

表8 东部、中部与西部地区城市需求弹性比较

	平均房价所得比	所得弹性(e^y_{it})	价格弹性($\lvert e^{ph}_{it} \rvert$)
全体城市	1.147	2.681	3.124
东部城市	1.343	2.608	3.100
中部城市	0.976	2.742	3.218
西部城市	0.986	2.672	3.110

注:本表的数据由各区域城市每年所估计出来的所得弹性以及价格弹性的平均计算得出。
数据来源:本研究。

由于房屋属于双重功能的商品,可同时满足民众的住宅需求以及投资需求,因此,有文献曾提出,在房价增加的同时住宅需求也可能会提升(Seslen,2004;Abelson 等,2005 与 Disney 等,2010),造成较高所得弹性以及价格弹性的情况。然而,我们可从表7的结果观察,中国几个房价涨幅最高的城市如北京、上海,由于房价占所得的比率过高,因此,房屋需求弹性反而小于同地区的沈阳、长春以及哈尔滨等,这说明在一般情况下,房价增加的同时住宅需求并不一定会提升,因为大部分消费者还是会考虑自身所得状况,从而调整其住宅需求行为。接着我们可从表8得知,不同地区的所得弹性依序为东部地区最低(2.608)、西部地区次之(2.672)以及中部地区最高(2.742);而价格弹性则同样依序为东部地区最低(3.100)、西部地区次之(3.110)以及中部地区最高(3.218)。东部地区的价格和所得弹性相对于其他两地区小的原因在于东部地区民众的购房负担最重,从这个结果我们也可以推论,当政府在所有地区实施相同的住宅政策时,东部地区的民众会受到比较大的影响。此外,当短期住宅供给无弹性时,住宅价格弹性最小的东部地区的房价波动会比较大。

四、结论

中国大陆城市房价的波动,一直都是国际社会大众所关心的焦点,尤其自从改革开放以来,随着人民所得的提升以及充沛的资金大量流入房地产市场后,中国大陆的房地产市场就一直处于相当活络的状态。一般来说,在一国经济高速发展期内,城市化率会提高,从而造成城市房价会有上扬的现象,然而,中国大陆城市房价的上涨率却高得令人不知所

措,造成一般收入的居民面临租房贵、买房难的现象。

由过去的研究可知,短期内房屋市场的供给完全无弹性,此时房价的波动主要来自于需求面因素,因此,政府若要解决大城市的房市问题,必须要先针对房屋需求面着手;而房屋需求弹性往往是政府在制定住屋政策时的一个可凭靠的依据。然而,因为中国属于发展中国家,房屋市场正处于快速膨胀期,且房价一直在增长,所以造成房屋需求不断调整的现象,而这也是过去文献在估计中国大陆的房屋需求弹性时结果差异颇大的其中一个原因。有鉴于此,本研究的目的在于重新使用一个非线性的门槛模型,探讨在不同房价所得比的情况下,房屋需求弹性的变化。

在实证结果方面,我们利用2008年第一季度至2010年第四季度中国大陆地区35个中大城市的资料,估计不同房价所得比之下的房屋需求弹性。实证结果发现,住宅的所得以及价格弹性将随着房价所得比的调升而下降,而东部地区由于房屋负担率最重,其住宅需求弹性小于中部以及西部地区。此外,本研究也比较了东部、中部以及西部地区几个代表性城市的住宅需求弹性时间趋势图,研究结果发现,有几个城市的住宅需求弹性会受到季节性因素干扰,然而,干扰的频率并不完全一致。也就是说,本研究结果证实了中国大陆因为所得与房价都在快速成长而导致人们住宅需求的价格与所得弹性会随着时间与地点不同而有很大的出入。

本研究仍有若干需改进之处:第一,家计单位的房租和房屋支出会受到租买选择(tenure choice)的影响,因此,租屋和住屋的房屋需求弹性应该要在考虑其替代性的情况下联合估计。然而,受限于资料,本研究仅能估计地区间整体的需求弹性,倘若有更精确的数据可以针对住屋与租屋市场重新估计,或许能得到更具说服力的验证。第二,本文利用家计单位的当期所得估计房屋需求弹性,未考虑到财富效果,而根据陈建良和林祖嘉(1998)一文,未考虑财富效果下的所得弹性会被高估,若将财富效果纳入考虑,可能区域之间房屋需求弹性差异会更加精确,因此这个议题或许可以在未来的研究中更进一步探讨。

参考文献:

[1]Abelson P., R. Joyeux, G. Milunovich and D. Chung(2005)."Explaining house prices in Australia: 1970—2003,"*Economic Record*,81(8):96—103.

[2]Carliner, G.(1973)."Income elasticity of housing demand."*The Review of Economics and Statistics*,55(4):528—532.

[3]de Leeuw, F.(1971)."The demand for housing:a review of cross-section evidence."*Review of Economics and Statistics*,53(1):1—10.

[4]Disney, R.,J. Gathergood and A. Henley(2010)."House price shocks, negative equity and household consumption in the United Kingdom."*Journal of the European Economic Association*,8(6):1179—1207.

[5]Ermisch, J.F., J. Findlay and K. Gibb(1996)."The price elasticity of housing demand in Britain: issues of sample selection."*Journal of Housing Economics*,5(1):64—86.

[6]Fenton, C.(1974)."The permanent income hypothesis, source of income, and the demand for rental housing."Joint Center for Urban Studies, Cambridge Mass.

[7]Fouquau, J.(2008).Regime switching models and panel data: from linearity to heterogeneity [D].

French: University of Orléans, Laboratoire d'Economie d'Orléans.

[8]González, A., T. Teräsvirta and D. van Dijk(2005)."Panel smooth transition regression models." *Quantitative Finance Research Centre*, *University of Technology*, *Sydney. Research paper* 165.

[9]Granger, C. and T. Teräsvirta(1993).*Modeling nonlinear economic relationships*.USA: Oxford University Press.

[10]Hamilton, J.D.(1989)."A new approach to the economic analysis of nonstationary time series and the business cycle."*Econometrica*,57(2):357—384.

[11]Hansen, B.E.(1999). "Threshold effects in non-dynamic panels: estimation, testing, and inference."*Journal of Econometrics*,93(2):345—368.

[12]Harrington,D.E.(1989)."An intertemporal model of housing demand: implications for the price elasticity."*Journal of Urban Economics*,25(2):230—246.

[13]Houthakker, H.S.(1957)."An international comparison of household expenditure patterns, commemorating the century of Engel's law."*Econometrica*,25(4):532—551.

[14]Hsiao, C.(2003).*Analysis of panel data*. Second edition. UK: Cambridge University press.

[15]Kim, S. and R. Bhattacharya(2009)."Regional housing prices in the USA: an empirical investigation of nonlinearity."*Journal of Real Estate Finance and Economics*,38(4) 443—460.

[16]Lee, T.H. and C.M. Kong(1977)."Elasticities of housing demand."*Journal of Southern Economics*,44(2),298—305.

[17]Lim, G.C. and M.H. Lee(1993)."Housing consumption in China."*Journal of Real Estate Finance and Economics*,6(1):89—102.

[18]Lüükkonen, R., P. Saikkonen and T. Teräsvirta(1988)."Testing linearity against smooth transition autoregressive models."*Biometrika*,75(3):491—499.

[19]Mayo,S.K.(1981)."Theory and estimation in the economics of housing demand."*Journal of Urban Economics*,10(1):95—116.

[20]Muellbauer, J. and A. Murphy(1997)."Booms and busts in the U.K. housing market."*The Economic Journal*,107(445):1701—1727.

[21]Posedel, P. and M. Vizek(2009)."House price determinants in transition and EU-15 countries." *Post-Communist Economies*,21(3):327—343.

[22]Seslen, T.N. Housing price dynamics and household mobility decisions [D]. USA: Massachusetts Institute of Technology, USC, 2003.

[23]Teräsvirta, T.(1994)."Specification, estimation, and evaluation of smooth transition autoregressive models."*Journal of the American Statistical Association*,89(425):208—218.

[24]Teräsvirta, T.(1995)."Modeling nonlinearity in U.S. gross national product 1889—1987."*Empirical Economics*,20(4):577—597.

[25]Tsay, R.(1989)."Testing and modeling threshold autoregressive processes."*Journal of American Statistical Association*,84(405):245—292.

[26]van Dijk, D., T. Teräsvirta and P. H. Franses(2002)."Smooth transition autoregressive models —a survey of recent developments."*Econometric Reviews*,21(1):1—47.

[27]林祖嘉,林素菁. 台湾地区住宅需求价格弹性与所得弹性之估计[J]. 住宅学报,1994(2): 25—48.

[28]姜春海.中国大陆房地产市场投机泡沫实证分析[J]. 管理世界,2005(12): 71—84.

[29]高波,王斌. 中国大陆大中城市房地产需求弹性地区差异的实证分析[J].当代经济科学,2008

(30):1—7.

[30]陈建良,林祖嘉. 财富效果、所得效果、与住宅需求[J].住宅学报,1998(7):83—100.

[31]程岳荣. 2003 年以来房地产市场宏观调控政策研究[R].博思数据研究中心编制. 2012.

[32]郑思齐,刘洪玉. 住宅需求的收入弹性:模型、估计与预测[J].土木工程学报,2005(38):1—7.

Analysis on the Heterogeneity of Residential Housing Demand Elasticity among China Major Cities

Chu-Chia Lin   Sue-Jing Lin   Shih-Yi You

(Chu-Chia Lin,(Corresponding author),Professor,National Chengchi University Department of Economics, Address:No.64, Sec.2, ZhiNan Rd., Wenshan District, Taipei City 11605, Taiwan (R.O.C).E-mail:nccut001@nccu.edu.tw.Sue-Jing Lin, Associate Professor, Lunghwa University of Science and Technology Department of International Business, No.300,Sec.1,Wanshou Rd., Guishan, Taoyuan County 33306,Taiwan (R.O.C.). E-mail:sjlin@mail.lhu.edu.tw.Shih-Yi You,National Chengchi University Department of Economics, Address:No.64, Sec.2, ZhiNan Rd., Wenshan District, Taipei City 11605, Taiwan (R.O.C).E-mail: 96258507@ncu.edu.tw.)

Abstract:The right figures of price elasticity and income elasticity of housing demand have important policy implications. However, the empirical studies of China's housing demand elasticity are relatively fewer than international related studies. Moreover, there exists large discrepancy among them. The key factor to such huge difference among the existing research conclusion is probably because that China is still a developing country and also in a period of growing housing market. Therefore, the housing demand will adjust constantly. In accordance with the analysis above, the purpose of this study is using a nonlinear threshold framework to re-estimate the housing demand elasticity of China's 35 major cities in the period of 2008Q1-2011Q4. Our main findings are as follows: First, price elasticity and income elasticity of housing demand will decrease by the increasing of housing price-to-income ratio. Secondly, the fluctuation of some cities' housing demand elasticity primarily is due to seasonal factors. However, seasonal factor on periodic hosing demand elasticity bears little resemblance in some major cities of China's different regions. Thirdly, the major cities in East region have higher average housing price-to-income ratio, with the result the average housing demand elasticity of the major cities in East region is lower than in middle and west region.

Key words:Housing demand elasticity   Panel threshold   Regional diversity

JEL:C23   R10   R21

商业公司地产价值被低估了吗？

廖锦贤[*]

摘　要: 这项研究的主要目的是检验零售商所拥有的房地产是否被股票市场低估了。我们提出了一个理论性的企业房地产(CRE)模型来将房地产放在核心业务的背景下,并用这个模型来评估公司地产资产的价值是否在公司盈利的估值中得到完全的体现。我们通过联立方程组模型证明了文献记载的"潜在资产"假说的实证效力和突出了在企业环境中的联合收益以及物业估值的重要性。

关键词: 证券市场　投资方针　政策　企业财务管理

一、引言

　　企业对土地和建筑物的使用,作为企业商业和相关事务运营的重要组成部分,被称为企业房地产(CRE)业务。如今的资本市场给想要最大化股东权益的企业管理层施加了巨大的压力。既然 CRE 是一些商务公司财务报表的一个重要组成部分,那么,一个有趣的问题是:由于管理层一直致力于增加股东的财富,那么,CRE 在这个目标中扮演了什么样的角色?

　　现有的文献表明,CRE 被低估的信念至少自从一个公司被"放置进场"就一直存在于公司管理层和投资银行家之中。例如,几年前购买的房地产,由于它们的市场价值包括在资产负债表中,房地产被列为"潜在资产",但它们的市场价值可能没有正确地反映在公司的股价上(Brennan,1990)。对于那些公开上市的企业,它们的股票在股票市场被估值,而CRE 资产的估值以其对应的房地产市场为参考基础。因此,CRE 是否在被股票市场以一个不同于自身市场价值的估值参考基础来估值的时候,绝对需要引起企业管理层的极大关注。一个明显的含义是,如果股价没有反映 CRE 的现值,那么就会给公司或股票和房地产市场带来套利的机会。

　　Anderson 和 Rosen(2000)的调研表明,CRE 可能是没有得到最佳管理的资产。这个说法得到了 Brennan(1990)的支持,他使用了"潜在资产"这个术语来描述当一个公司的股票价格并不能反映其旗下全部资产的真实价值时的情况。持有房地产作为公司其中的一类资产就是一个很好的例子。Brueggeman、Fisher 和 Porter (1990)曾研究过 20 世纪 80 年代房地产在公司重组中的作用。他们发现,理性投资者即使在股票市场有效的时候,也可能会对持有很多房产的公司的估值低于这些房产单价的总和。他们指出:"……投资者

---

　　* 作者简介:廖锦贤,教授,新加坡国立大学房地产系;邮箱:rstlkh@nus.edu.sg.

不能清楚地评估企业房地产的价值，所以 CRE 的价值没有被全部反映在股价中。"

公司的市场价值与账面价值比(M/B)测量了一个公司资产相对的市场估值。公司的物业资产的市场价值与账面价值的差距反映在其较高的 B/M 比率或者 M/B 比率小于1，这个差距表明了物业资产被股票市场低估的程度。这个衡量方法已经在美国的企业房地产文献和公司金融中被广泛地讨论。

因为零售企业所拥有的物业的价值是否被完全地反映在了股票的价格之中（即公司估值）的这个问题还未在文献中被正式地检验过，这篇文章将会检验这个问题，并进一步完善现有的企业地产在股票市场中估值的文献（Liow 和 Nappi-Choulet，2008；Yu 和 Liow，2009）。虽然零售业与其他服务行业有一些共同的特征，但这项研究选择零售企业主要出于以下三个原因：(1)房地产资产占许多领先的零售公司资产负债表中一项主要资产；(2)在零售业中，房地产一直被认为是关键的价值驱动力；(3)许多零售商的房地产资产不能简单地被看作沉没成本或负成本，因为物业在资产负债表中有着显著的价值，并通常可以通过公开市场出售获得额外的超出原始购买成本的财务收益（Guy，1999）。然而，应该指出的是，从企业所拥有的房地产的贡献中分开零售企业核心业务的表现也是非常困难的（如果不是不可能的话）。也就是说，公司仅仅是因为旗下地产资产而更有价值，还是房地产更有价值？是因为物业资产和公司的协同作用（或缺乏协同作用）？这项研究不区分公司的这两个类别。

我们的贡献主要有两个方面。一方面，我们根据消费者主导的行业（如零售业的房地产）价值是被盈利和替代作用所驱动的信念，将房地产看作核心业务中的一个，提出了一个理论的企业地产估值框架。通过将零售企业定位在这个框架描绘的四个估值区间中的任何一个，投资者可以清楚地评估企业的房地产价值是否在公司估值中被低估。我们在这四个估值区间中使用这个框架来定位零售企业，并以此为实证检验提供基础。因为我们仅仅能依赖公司财务报表的信息，CRE 在这四个估值区间的相对估值以及相应的统计建模的原因超出了本研究的研究范围。与此同时，我们用一个联立方程组模型来考虑企业地产所有权与公司估值之间的关系（即账面价值和市场价值的比率——B/M）。这个方法是很恰当的，因为企业地产投资决策，公司的主要财务特征（如企业规模、资产负债和盈利能力），盈利及资产评估，还有国家、细分市场的不同全部交织在一起，并且应该作为一个公司的整体来考虑（Miles 等，1989）。因为它们之间的相互作用，独立的检验这些因素会错失它们的反馈效应以及得出错误的结论。

通过使用来自三个发达经济体的上市零售企业的样本，我们的实证结果记录了企业地产文献中"潜在资产"假说的实证有效性，并且突出了联合收益和在企业环境中地产估值对非房地产公司的重要性。我们的研究是很及时的，因为当资产市场有限制时，以及当许多公司的股票在以每股账面价值或低于每股账面价值，甚至在某些情况下低于它们企业资产的市值出售时，企业比较容易被收购，这时需要利用企业地产来筹集收购资金。甚至一些传统的拥有长期永久地契房地产的大型零售商也不能幸免于这个趋势。剥离、外包企业的 CRE 的压力是由下滑的股票市场估值、对竞争者的惧怕以及担心在电子商务日益重要的世界中对房地产长期价值的担忧引起的。

本文的结构如下。第二部分包含一个简短的文件综述。第三部分描述了企业地产估值的理论框架。第四部分描述了零售业样本和它们房地产所有权的特征。在第五部分中，我们对主要的实证程序进行解释。在第六部分中，我们将会讨论实证的结果和影响。最后，第七部分总结我们主要的结论。

二、相关文献

股东价值的概念为向管理层展示房地产如何能影响整个公司的健康发展提供了一项直接的资本市场的指标(Louargand,1999)。房地产可能从两个方面来影响公司的估值。首先，入住成本在决定成本的基础上并进而在公司的营业利润中发挥了非常重要的作用。一方面，固定的入住成本占营业总成本的比重可以通过简单的公式(利润＝收入－成本)来影响公司的盈利能力和回报。另一方面是通过其资本的成本。房地产在资产负债表上的存在可能意味着高的资本成本，这个资本成本中包含了相当大的风险溢价来补偿由于持有房地产而产生的更高的经营杠杆。风险的另外一个来源是通过使用债务融资购买房地产所增加的财务杠杆。金融理论假设资本成本是公司的权益成本和债务成本的加权平均。它能够影响系统性风险，也因此影响公司在股票市场中的估值。持有较高的企业地产通常表明公司很可能有较高的债务(即高杠杆)。因为债务融资对公司回报率的任何变化有着杠杆效应(正或负)，一个持有更高企业房地产(或高杠杆)的公司会比持有较低企业房地产(或低杠杆)的公司更加有风险，所以造成了在股票市场上不利的估值。

企业管理一直认为房地产有显著的"隐藏价值"并没有在公司的股票价格中得到体现。一个主要的原因是因为多年前购买的物业在资产负债表中只体现了它们市场价值的一小部分。在 Brennan(1990)的术语中，房地产被归类为"潜在资产"，其中，公司有用的资产的价值很可能没有准确地反映在公司的股票价格中。Brueggeman 等(1990)指出房地产资产的市场价值通常是被驱动公司经营业务因素及其不同的因素管理的。例如，房地产作为公司资产的一个独特的品质是它可以作为一个生产要素起作用或是一个利润中心，提供了与公司其他资产不常见的灵活性。另一种观点认为，房地产被低估的原因包括股票与房地产估值方法的差异、由于市场交易较少而产生的高的信息成本、由于历史惯例产生的房地产资产真实价值的不确定性，以及企业地产管理的低效率。然而，有效市场假说(EMH)认为，如果股票市场是有效的，那么，当前的股票价格应该反映了关于公司未来盈利能力的所有可用的公共信息。因此，当前的价值应该是从企业地产资产价值中产生的未来现金流的现值的无偏估计。

此外，在文献(Rodriguez 和 Sirmans,1996)中也有证据显示，有关企业地产的决策，如收购、租赁、资产处置、抛售、销售和售后租回、分拆可能会显著地影响公司的价值。因为为了创造价值，股东会担心公司现在的净现值和未来的投资机会，所以，非地产公司需要寻求和实施可行的企业地产资产的策略，以让投资者可以明确认识到房地产的"隐藏"价值以及提升公司的市场估值。最后，Liow 和 Nappi-Choulet(2008)提出了一个综合的方法，即从商业、财务和资本市场的角度来检验 CRE 在非地产公司中的作用。这个综合的框架可以战略性地将 CRE 在反映了贸易和房地产业务整合活动"公司整体"的背景中定位。

三、企业房地产资产估值的理论模型

对于许多非房地产公司,如零售商,公司管理层普遍认同他们持有的房产对股票市场的意义可能不会超过房产本身的价值影响,而投资者对公司的期望更多地与公司贸易业务的盈利能力密切相关。从估值的角度看,如果不是不可能的话,将房地产的市场估值($BV_{property}/MV_{property}$)与公司的市场估值(市盈率的估值)($BV_{earnings}/MV_{earnings}$)完全分开是非常困难的。这项估值的任务将变得更加复杂,因为房地产的市场价值往往无法观察到。所以,我们使用了公司的市场价值(如盈利)替代企业房地产的价值。虽然这个问题无法解决,但我们相信我们所使用的方法是合理的,因为对大多数零售业公司来讲,如果持有房地产被看作是对核心业务的补贴,他们的 $MV_{earnings}$ 通常比 $MV_{property}$ 的规模大。图 1 呈现了我们的 CRE 估值框架,这个框架被设计为被两个决定参数形成的平面。X 轴代表了零售业公司的市盈率估值,Y 轴代表了企业地产的估值线。在投资于公司业务和公司地产的边际金额的净现值等于 1 的基础上,两个坐标轴可以将平面划分成四个估值区间(A、B、C 和 D),在这四个区间可以评估和调查公司房地产资产估值相对于盈利的"溢价"与"打折"。

这四个估值区间的简短的意义如下:

区间 A——对于在这个区间的零售公司而言,因为其盈利及企业地产的持有没有完全在公司的股票价格中得以体现而处于不利的位置。在这种情况下,一个企业的资产价值是其可变现净值(或拆卖价值)。当市场的房价处于低位时,可能需要一个全面的业务重组的策略,如果希望房地产在公司的资产负债表中占相当大的部分,可以通过作为重组过程的组成部分的地产策略将公司的形势扭转。

区间 B——这个区间的零售公司面临着增长放缓的前景和压低市场对盈利估值的下降的利润(即折让)。物业方面,太多的房产造成了疲软的零售模式。面对这种状况,对这个区间典型的病态多元零售商来说,一个可行的策略就是通过一个合理化的程序降低公司房地产的持有来降低大量的借贷以及筹集现金注入公司运营。列如,出售物业的计划会涉及出售房产以及以公司来看没有足够的资本回报的分店。此外,为了在变卖时有盈余,那些"高价"的物业将会被降价出售,从而提高公司的经营利润到希望达成的目标,以实现公司战略或盈利趋势的重要转变。

区间 C——这个区间的零售企业持有的房地产被股票市场低估了。与其良好的盈利表现相比,一个可行的策略是创建一家独立的房地产子公司来利用被低估的房地产资产。这样做可以让股票市场将这些物业作为一个独立的业务来估值。

区间 D——这个区间的公司处于一个有利的位置,因为其盈利和房地产资产估值有溢价。这意味着该公司有一个成功的经营模式并且可以持有更多的房地产作为一个强大的发展平台。然而,公司的一个可能的问题是其"高价"门店不能实现预期的高资本回报率。因此,该公司需要重新调整其对房地产的使用,希望从它的空间组合中可以"挤压"出更高的盈利能力并且提高房地产相应的产权比率。

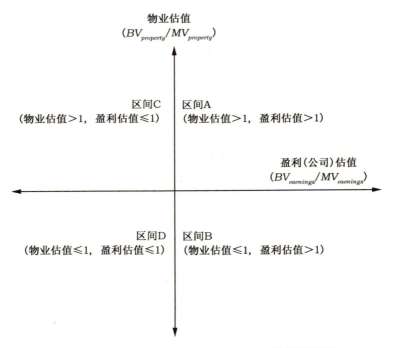

图 1　四个战略性企业房地产以及其盈利估值的分区

四、样本和数据

　　为了提供一些公司的估值(BV/MV)与 CRE 所有权之间的实例分析,我们选择了来自日本、美国和英国的 326 个上市零售商样本,数据全部来自 Osiris 数据库①,并根据 2007 年 12 月的 SIC 主要分类代码 52～59②来分类。这些公司的股票必须在研究期间(2002 年 1 月到 2007 年 12 月)是连续交易的。本研究选择的三个经济体是北美、欧洲和亚洲的 G7 国家,它们都有一个发达的资本市场来支持股票和房地产市场的发展。此外,这三个经济体中的许多上市零售业企业持有了与许多主流房地产公司相比仍旧有显著价值的房地产(Yu 和 Liow,2009)。我们选择以 6 年为期的研究时间,以便得到一个合理的数据规模。另外,6 年是一个恰当的公司长期决策过程的时间长度(即 5 年或多于 5 年),公司主要的 CRE 投资选择基本上都在此期间决定。我们的样本时间停止于 2007 年 12 月,这是因为发生于 2007 年 7 月的国际金融危机可能会对许多零售商的 CRE 投资产生不利影响。最终,我们的抽样程序有生存者偏差以及流动性的限制,但优点是保持整个 6 年期间的企业

---

　　①　Osiris 是一个关于全世界上市公司、银行和保险公司的全面的数据库。除了收益表、资产负债表、现金流量表和比率,它还包含了诸如新闻、所有权、附属公司、收购兼并活动和评级等广泛且全面的信息。Osiris 包含了来自 130 个国家的 38 000 家公司的信息,其中包括 30 000 家上市公司和 8 000 家非上市或取消上市的公司的信息。

　　②　8 个主要的 SIC 零售细分市场是:SIC52(建材、五金、花园用品和手机经销商家),SIC53(一般商品的商店),SIC54(食品商店),SIC55(汽车经销商和汽油服务站),SIC56(服装和配件店),SIC57(家具和设备商店),SIC58(饮食场所),SIC59(杂项零售)。

个体一致性。

根据文献,企业房地产比率(CRER)是由为期 6 年、从 2002～2007 年相关的企业房地产持有的趋势衍生而来的。CRER 是由 Osiris 数据库中的净物业、厂房以及设备(NPPE)[①]除以企业的有形资产账面价值总额(TA)得来的,即 CRER ＝ NPPE/TA。我们推测 PPE 的账面价值可以代表公司所拥有的房地产的资产[②]。这个 CRER 比率可以使相应的企业样本的房地产所有权在 8 个零售分区、年份和国家做比较。在理想的情况下,房地产所有权的比率将是一个更好的测量值。但是,与 Ambrose(1990)、Deng 和 Gyourko(1999)、Seiler 等(2001)以及 Brounen 等(2005)从 COMPUSTAT 得到的 CRER 类似,我们不得不从 Ositis 数据库中使用可得到的最好的代替——NPPE 变量——来对企业房地产所有权进行国际间的比较。另外一个要点是,尽管这个房地产集中度的衡量 NPPE/TA 没有测量房地产占公司实体资本的份额,而是公司的有形资产,但零售商的高 CRER 比率不可能是因为厂房和设备,因为大多数零售商很少需要拥有如此多的厂房和设备。如果零售业公司拥有更多的土地和房产,这应当反映在更高的 NPPE 值上。此外,我们对每个公司在同一时期使用 NPPE 的自然对数值(LNNPPE,账面价值)作为企业房产指标的替代。这是因为房地产对一个企业的显著性可以用与其相应的房地产水平(CRER)或绝对的金额水平(LNCRE)来衡量。其次,企业房地产的文献对于哪个指标是对公司房地产投资活动更好的衡量并没有结论。

表 1 是样本平均的 CRE 持有和 CRER 水平在不同国家 6 年间的分布。平均的 CRE 持有在 95.8 百万美元(日本)到 183.4 百万美元(美国)之间,房地产占这 326 个零售业公司总的有形资产的 38％左右。方差分析(ANOVA)评价表明国家之间的差异显示出是绝对的而不是相对的 CRE 水平之中。然而,这项结果可能是由特定的时期或样本所引起的。此外,表 2 对这三个国家中的每一个国家在这 6 年期间(2002～2007 年)的 CRER 水平进行了对比。平均而言,只有英国的零售业企业的 CRER 值是降低的,从 45.2％(2002年)降低到了 42.2％(2007 年)。

表 1　　　　　　　　零售业公司持有的房地产(2002～2007 年)　　　　　单位:百万美元、％

国家	公司数量	平均 NPPE（美元 $M）	平均 CRER
日本	109	95.72	0.352
美国	183	183.36	0.387
英国	34	128.64	0.429
总额	326	142.18	0.380
	ANOVA F	4.125 **	2.109

注:(1)平均 NPPE（美元 $M）＝净物业、厂房及设备;平均 CRER＝净物业、厂房及设备(NPPE)/总资产值;ANOVA F 从 SPSS ONE－WAY 方差检验分析中得到。(2) ** 表示 5％的置信水平。

[①] NPPE 相当于公司的有形固定资产,已经扣除了历史成本物业重估、累计折旧、摊销和损耗。

[②] CRER 忽略了租赁(如只包含自有物业)的影响,许多大型零售商会有长期租赁合同,会有效地让他们控制(和曝光)房地产;然而,这不会体现在公司的资产负债表中。由于我们的研究重点是自有房地产的相对估值,因此,我们没有考虑长期租赁的影响。

表 2 　　　　　　　　　　公司每年的房地产所有权(CRER,2002～2007 年)

年份	全部样本	日本	美国	英国
2002	0.388	0.351	0.398	0.452
2003	0.386	0.350	0.398	0.436
2004	0.382	0.359	0.387	0.424
2005	0.378	0.356	0.384	0.421
2006	0.375	0.355	0.378	0.418
2007	0.371	0.342	0.379	0.422
均值	0.380	0.352	0.388	0.429
ANOVA F	0.314	0.157	0.272	0.090

注:CRER=企业房地产比率;ANOVA F 从 SPSS ONE-WAY 方差检验分析中得到。

　　表 3 显示了平均的 CRE 持有和 CRER 水平在不同的零售业细分市场甚至在零售行业内都存在着不同。具体来说,CRE 的角色从混合商店的 21.7% 到饮食场所的 57.1% 变动(且最小的 CRE 持有大概是 81.67 百万美元)。ANOVA 测试的 F-统计数据确定了在这 8 个零售业细分市场中,CRE 的持有和投资的绝对水平尤其是相对水平存在着显著差异。这意味着,CRE 持有是不同零售行业的一个函数。

表 3 　　　　　　　　　　零售公司细分行业房地产所有权(2002～2007 年)

SIC	行业	公司数	平均 NPPE(美元 $ M)	平均 CRER
SIC 5200—5271	材料与家庭经销商	10	244.15	0.405
SIC 5311—5399	百货公司	37	291.47	0.437
SIC 5400—5499	食品商店	27	328.79	0.483
SIC 5500—5599	汽车店	24	143.21	0.304
SIC 5610—5699	服装店	52	172.28	0.310
SIC 5700—5736	家具店	28	136.62	0.289
SIC 5810—5813	饮食场所	76	81.67	0.571
SIC 5910—5949	混合商店	72	105.48	0.217
总额	—	326	142.18	0.380
ANOVA F		236	2.999***	32.610***

注:(1)平均 NPPE(美元 $ M)=净物业、厂房及设备(百万美元);平均 CRER=净物业、厂房及设备(NPPE)/总资产值;卡方值来自非参数 KRUSKAL-WALLIS 检验;ANOVA F 从 SPSS ONE-WAY 方差检验分析中得到。(2)*** 表示 1% 的置信度。

　　最后,表 4 提供了根据通常 20% 的 CRER 标准区分的样本零售业公司的 CRE 组合的详细分布。总体而言,只有 12 家零售业企业(大概占 3.7%)是非常"房地产密集"的企业

（CRER 组 1），它们 80％的资源都投资在了房地产上面。相反，共有 205 家零售业企业（大约占 62.8％）是房地产中度集中企业，它们的 CRER 水平在 20％到 61％之间（CRER 组 3和组 4）。在这 205 家零售业企业中，84 家（77.1％）来自日本、105 家（57.3％）来自美国、16家（47.1％）来自英国。

表 4 　　　　　　　　　　　**房地产所有权分布简介（2002～2007 年）**

国家	CRER 组	CRER 范围	公司数	平均 CRER	平均 NPPE（US $ M）
日本	1	80％＜CRER≤100％	—	—	
	2	60％＜CRER≤80％	7	0.658	173.52
	3	40％＜CRER≤60％	35	0.476	96.01
	4	20％＜CRER≤40％	49	0.304	117.19
	5	0％≤CRER≤20％	18	0.123	43.51
美国	1	80％＜CRER≤100％	8	0.864	156.61
	2	60％＜CRER≤80％	29	0.698	147.04
	3	40％＜CRER≤60％	43	0.481	216.38
	4	20％＜CRER≤40％	62	0.289	267.81
	5	0％≤CRER≤20％	41	0.126	104.77
英国	1	80％＜CRER≤100％	4	0.845	212.89
	2	60％＜CRER≤80％	6	0.671	298.60
	3	40％＜CRER≤60％	6	0.498	86.01
	4	20％＜CRER≤40％	10	0.303	158.34
	5	0％≤CRER≤20％	8	0.144	55.58
总额	1	80％＜CRER≤100％	12	0.858	173.27
	2	60％＜CRER≤80％	42	0.688	167.25
	3	40％＜CRER≤60％	84	0.480	144.40
	4	20％＜CRER≤40％	121	0.296	183.49
	5	0％≤CRER≤20％	67	0.127	76.71

五、研究方法

在实证中，因为房地产和公司规模（市场价值）是相关的，房地产对账面价值与市场价值比率的影响可能是由于受到公司规模因素的影响。为了降低这种可能性，我们采用了 Basu（1983）[①]的随机化过程。首先，每一年，所有的公司都按照 CRER（相对）和 LNCRE（绝对）分别进行降序排列，然后形成三个"大小"组合（MV_1，MV_2，MV_3）。接下来，每一

---

① 　Basu（1983）研究了纽约证交所普通股的收益率、市场价值与回报的关系。术语"随机"和"未随机"是他的排序定义。

个 MV 组合被划分成四个大小大致相等的组合(P_1,P_2,P_3 和 P_4)。换句话说,我们将有 $MV_1P_1,MV_1P_2,MV_1P_3,MV_1P_4,MV_2P_1,MV_2P_2,MV_2P_3,MV_2P_4,MV_3P_1,MV_3P_2,$ MV_3P_3 和 MV_3P_4,最终,将三个 MV 组合中有相同"P"(即 $P_1INMV_1,P_1INMV_2,$ P_1INMV_3,以此类推)的结合在一起从而形成 P_1^*,P_2^*,P_3^* 和 P_4^*。因此,为了研究在控制规模相等的条件下房地产对 B/M 的影响,一个有着不同 CRER 和 LNCRE 的四个 P^* 组合形成了,但是,它们以市场价值衡量的规模被随机化了。方差分析被用来检验形成的这四组随机的不动产组合的 B/M 的均值是否相等。这个组合的分组方法没有考虑国家和细分市场的差异。

由于金融变量互相关联,确定因果关系变得非常复杂,并且它们经常互为另一个的决定因素。我们使用联立方程组模型,采用迭代三阶段最小二乘法来检验零售业公司 B/M 的估值和它们 CRER(以及 LNCRE)持有水平是否有一个显著性的关系。在这篇文章的内容中,联立方程组模型是很合适的,因为不动产所有权的决策和企业财务管理是交织在一起的。B/M 比率和房地产的变量有一个显著的正的关系说明了零售商所有的不动产可能会被股票市场贬值,因为高的 CRE 的持有会导致高的 B/M(或低的 M/B)估值。为了实施这一方法,我们首先使用滞后一年的房地产数据通过回归模型得到房地产变量的预测值(CRER/LNCRE),以一组两个国家变量和另外一组七个细分市场的变量作为工具变量。注意,第一个方程并没有包括 B/M 比值,这是因为 CRER 的预测值纯粹是从投资的角度来考虑的,所以是与 B/M 估值比率相独立的(即外生的)。其次,我们只是用了 CRER 的一年滞后期来预测,这是因为我们只有 6 年的数据。最后,这两个方程的误差项被假设为是相同的、独立分布的,这个假设说明了 LAGCRER 和 ε_j 之间的相互影响可以忽略不计。这两个方程如下:

$$\overline{\text{CRER}}_j = e_0 + e_1(\text{LAGCRER})_{t-1,j} + \sum_{r=1}^{2} f_i \text{DNAT}_r + \sum_{s=1}^{7} f_s \text{DSEG}_s + \varepsilon_j$$

$$(B/M)_j = a_0 + a_1 \overline{\text{CRER}}_j + a_2 \text{LNMV}_j + a_3 (\text{TDEBTR})_j + a_4 (\text{ROA})_j$$
$$+ \sum_{r=1}^{2} c_i \text{DNAT}_r + \sum_{s=1}^{7} c_s \text{DSEG}_s + \varepsilon_j$$

这里,$\overline{\text{CRER}}$ 是第 T 年的房地产持有的百分比的预测值,LAGCRER 是 CRER 的一期的滞后值并且 B/M 是账面价值/市场价值的比率。LNMV 代表了市场资本率(代表规模)的自然对数,ROA 是资本的回报率(代表盈利能力),TDEBTR 是负债占总资产的百分比(代表财务杠杆)[1]。$\text{DNAT}_R(R=1,2)$ 是 $(0,1)$ 的虚拟变量,代表日本和美国(相对于英国);加入国家的变量是考虑到不同国家的效应且可以很好地控制国家与国家之间不同的会计方法带来的差异与租赁结构的不同。$\text{DSEG}_S(S=1,2,3,4,5,6,7)$ 是 $(0,1)$ 的虚拟

---

[1] LNMV、ROA 以及 TDEBTR 之间很可能存在很大的相关性,而且我们也知道应该进行一些多重共线性的检验,因为共线性而舍弃一些自变量会对结论产生重大的影响。既然我们的重点是检验 CRER(或 LNCRE)对 B/M 的影响,我们的实证结果应该被理解为考虑过 LNMV、ROA 和 TDEBTR 对 B/M 影响之后的 CRER 的剩余影响。我们也注意到,根据表 7 的结果,LNMV、ROA 和 TDEBTR 对 B/M 的个体影响与理论预测一致,说明这三个因素之间的多重共线性不会对最终的结果有着足够显著的影响。

变量,代表了 SIC 码 $52,53,54,55,56,57$ 和 58(相对于 SIC 码 59);这些细分市场变量代表了不同零售业细分市场的企业房地产所有权可能的不同。最后,ε_i 是回归方程的误差项。我们使用 LNCRE 重复了另一个系统性估计,以寻找完全持有不动产被低估的可能性。

六、实证结果

表 5(a)(CRER)和表 5(b)(LNCRE)提供了随机化检验的结果。在 6 年的时间里,一些证据表明,这四个房地产资产组合的 B/M 估值比率和 LNCRE 的均值存在显著的正相关关系,即 LNCRE 均值越大,B/M 比值就越大。这一结论更广泛的含义是,当非房地产公司的所有不动产(绝对项)到达一个被市场认为太高的极限时,对于它所持有的不动产的市场估值可能会变得不利。发生这种情况,可能是因为股票市场认为公司的盈利增长没有强大到可以支撑较大的房地产基础,或是因为市场不相信公司可以管理好它不断增长的不动产资产,不能最好、最大地利用这些不动产。然而,我们不能为 B/M 比率和 CRER 水平的关系得出同样的结论。

表 5(a)

四个大小随机化[A]的不动产(房地产)组合(CRER)的账面价值与市场价值比率(BV/MV)

不动产组合	平均 CRER(%)	平均 BV/MV
P * 1	0.669	0.7718
P * 2	0.431	0.8551
P * 3	0.289	0.8758
P * 4	0.141	0.8189
F-STAT[1]	4 485.46***	1.62
CHI-SQ[2]	1 804.55***	9.56**

表 5(b)

四个大小随机化[A]的不动产(房地产)组合(LNCRE)的账面价值与市场价值比率(BV/MV)

不动产组合	平均 CRER(%)	平均 BV/MV
P * 1	20.360	0.9059
P * 2	19.275	0.8398
P * 3	18.433	0.8287
P * 4	17.031	0.7466
F-STAT[1]	387.05***	3.298**
CHI-SQ[2]	678.89***	18.422***

注:[A] 主要目的是为了检验当控制了公司规模效应之后房地产 BV/MV 的影响。一组新的四个房地产组合形成了,这个组合有不同的 CRER(表 5a)和 LNCRE(表 5b),但是由市值计算的公司规模被随机化了。[1] 从 ANOVA 测试得到(参数);[2] 从 KRUSKAL-WALLIS 检验得到(非参数)。***、** 分别表示在 1% 和 5% 置信水平上显著。

根据图 1 的企业房地产的理论估值框架,326 个零售业公司根据它们 6 年中平均的 $(BV_{property}/MV_{earnings})$ 和 $(BV_{earnings}/MV_{earnings})$ 被划分在 4 个估值区间中。表 6 中的结果说明在每个估值区间的零售业公司的数量是:35(区间 A),57(区间 B),37(区间 C)和 196(区间 D)。对于我们的零售业公司样本来说,看起来至少有 73 家公司的物业资产(22.4% 来自区间 A 和区间 C)是被股票市场明显低估了。平均而言,这些公司的股票以它们的房地产账面价值的 49.1%~61.8% 出售。这些公司的市场价值严重依赖于它们的不动产的价值。根据这个结论,我们倾向于认为,这些公司的市场价值过度地依赖于它们的 CRE 的价值。

表 6   **四家零售业组合的平均结果**

	组合			
	1(A 分区)	2(C 分区)	3(B 分区)	4(D 分区)
	$RE/MV>1$ 以及 $BV/MV>1$	$RE/MV>1$ 以及 $BV/MV\leqslant1$	$RE/MV\leqslant1$ 以及 $BV/MV>1$	$RE/MV\leqslant1$ 以及 $BV/MV\leqslant1$
公司数量	36	37	57	196
平均 CRER	0.383	0.432	0.352	0.375
平均 RE（百万美元）	131.74	511.69	34.69	170.66
平均 BV/MV	1.324	0.805	1.109	0.465
平均 RE/MV	2.041	1.618	0.508	0.358
平均 RE/BV	1.542	2.010	0.458	0.770

注:基于图 1 的四个估值分区,根据这 326 个公司 6 年平均的 RE/MV 和 BV/MV 值将它们分为四组。RE 是 CRE 的账面价值,BV 和 MV 是公司的账面价值和市场价值。这个组合分组的方式没有考虑国家与细分市场的差异。

表 7 说明在所有样本和三个国家的子样本中,B/M 比率和 CRER 水平关系的联立方程组的结果。等式(1)的数字说明,所有滞后一期的 CRER 值可以非常显著的预测现在的 CRER 水平,说明企业房地产投资决策至少会延续一年。除了美国的子样本,其他的三个 CRER 系数都是在等式(2)中与 B/M 比率显著的正相关,说明了 CRER 水平越高,B/M 估值越高。美国的 CRER 水平的系数为正但不显著。至于三个金融变量,企业规模(LN-MV)在四个样本群中都是显著性的负相关;对样本总体和两个国家的子样本来说,更高的负债比率(TDEBTR)显著的与更低的 B/M 比率(更高的 M/B 值)相关联,盈利能力(ROA)对 B/M 有显著的负影响(除了一个国家的子样本外)。两个国家虚拟变量和 7 个细分市场的虚拟变量的系数表明,在日本、美国还有英国的所有 8 个细分市场中,B/M 估值有显著性的变化。四个跨区域 B/M 回归方程的调整后的 R^2 在 0.329~0.406,说明了所选择的解释变量包括企业地产所有权变量(如 CRER 水平)占四个跨区域的内生变量变化的一部分。

表 7 　　　　　　联立方程组估计结果（2002～2007 年；房地产变量：CRER）

解释变量/调整后 R^2	全部样本	日本	美国	英国
$\overline{\text{CRER}}_j = e_0 + e_1(\text{LAGCRER})_{t-1,j} + \sum_{r=1}^{2} f_i \text{DNAT}_r + \sum_{s=1}^{7} f_s \text{DSEG}_s + \varepsilon_j$				
截距	0.0061	0.0009	0.0101***	0.0038
LAGCRER	0.9532***	0.9714***	0.9390***	0.9600***
DNAT（虚拟变量）—日本	−0.0006	—	—	—
DNAT（虚拟变量）—美国	0.0011	—	—	—
DSGE（虚拟变量）—SIC52	0.0097	0.0317***	0.0093	0.0065
DSGE（虚拟变量）—SIC53	0.0169***	0.0137***	0.0159***	0.0327
DSGE（虚拟变量）—SIC54	0.0134***	0.0101	0.0189***	0.0127
DSGE（虚拟变量）—SIC55	0.0061	0.0068	0.0055	−0.0047
DSGE（虚拟变量）—SIC56	0.0009	0.0005	0.0029	−0.0008
DSGE（虚拟变量）—SIC57	0.0077	0.0037	0.0085	0.0160
DSGE（虚拟变量）—SIC58	0.0146***	0.0110***	0.0226***	0.0057
调整后 R^2	0.953	0.950	0.954	0.945
$(B/M)_j = a_0 + a_1 \overline{\text{CRER}}_j + a_2 \text{LNMV}_j + a_3 \text{TDEBTR}_j + a_4 \text{ROA}_j + \sum_{r=1}^{2} c_i \text{DNAT}_r + \sum_{s=1}^{7} c_s \text{DSEG}_s + \varepsilon_j$				
截距	4.805***	7.7260***	4.4501***	3.4564***
$\overline{\text{CRER}}$	0.3671***	0.4952***	0.1411	0.8347***
规模（LNMV）	−0.2032***	−0.3152***	−0.1827***	−0.1417***
杠杆（TDEBTR）	−0.4244***	−1.5344***	−0.0727	−0.5952***
盈利能力（ROA）	−0.6006***	−3.6843***	−0.4265***	−0.3158
DNAT（虚拟变量）—日本	0.2746***	—	—	—
DNAT（虚拟变量）—美国	0.0988***	—	—	—
DSGE（虚拟变量）—SIC52	0.0312	0.2055	0.0068	−0.1490
DSGE（虚拟变量）—SIC53	0.2658***	0.4466***	0.2889***	0.2565
DSGE（虚拟变量）—SIC54	−0.0054	0.1261	−0.1768	0.1326
DSGE（虚拟变量）—SIC55	0.1506***	0.2820***	−0.0427	0.3897***
DSGE（虚拟变量）—SIC56	−0.0672	0.3360***	−0.1847***	0.4825***
DSGE（虚拟变量）—SIC57	0.3107***	0.8038***	0.0711	−0.0503
DSGE（虚拟变量）—SIC58	−0.3558***	−0.4110***	−0.2747***	−0.4134***
调整后 R^2	0.329	0.378	0.343	0.406

注：此表报告了全样本和三个国家子样本（日本、美国和英国）的估计结果 CRER 是从系统的第一个

方程得到房地产比率的预测值，B/M 是账面价值与市场价值的比率。公司规模是每个公司市值的自然对数 I(LNMV)；杠杆是负债占有形资产的百分比(TDEBTR)；国家虚拟变量是(DNAT)和细分市场虚拟变量(DSEG)控制了跨国家零售业的不同(英国和 SIC59 是相应的参考)。这两个方程是通过使用迭代 3SLS(三步最小二乘法，E-VIEW 6 中有)一个联立方程组模型估计的。*** 表示在 5%水平上双尾显著。

不同细分市场的三阶段的最小二乘法估计的结果在表 8 中呈现。关注估计出的 CRER 系数，它们对 3 个零售细分市场(SIC 53、54 和 56)是显著性的正相关，对其中 4 个细分市场(SIC 52、53、58 和 59)是不显著的正相关，对一个细分市场(SIC 57)是显著性的负相关。与之前的结果相比，不同的细分市场有着不同的 CRER 水平，这里的结果说明，企业地产所有权对 B/M 比率的影响也是关于零售业细分市场的一个函数。因此，如果大多数零售行业的公司经历某种程度的不动产被低估的情况，某一个或两个细分市场的企业的不动产会被公平的估值甚至被股票市场溢价估值。①

使用一个绝对的 CRE 的估值(LNCRE)，表 9 说明了对于所有的样本和其他三个国家子样本，企业地产所有权显著性正相关影响了零售业 B/M 比率的估值。表 10 中也是相似的估计结果，说明在 6 个零售细分市场中(SICS 54、55、56、57、58 和 59)，LNCRE系数是显著性正相关的。因此，企业不动产对 B/M 估值的正的影响是肯定的。

最后，表 11 报告了使用图 1 区分的这四个企业组合的房地产对 B/M 估值的影响。正如数字所显示的，LNCRE 的系数在四个组合中是显著性的正相关。因此，我们的研究结果并没有仅仅说明房地产的价值在三个国家以及一些细分市场中都被股票市场低估了，而且一些收益和不动产有溢价估值的零售商也发生了不动产的市场价值被低估的情况。正如上文所强调的，一个可能的情况是，这些公司的不动产组合与公司当前的盈利水平相比有非常高的价值(如在区间 D 中，房地产对公司业务来说太昂贵了)。如果它们不能调整使用它们的不动产以从中获取更高的盈利，那么，它们全部的房地产价值不能被股票市场的投资者所认同以及反映在公司的估值上。最后，使用 CRER 水平的结果支持了区间 A 和区间 C 的零售业公司被低估了的结论。

总之，这些联立方程组的结果为零售商的企业房地产合理的支持了"潜在资产"的假说。更高的企业房地产持有水平(不论是用绝对水平还是相对水平的度量)都会造成更高的 B/M 估值，这说明股票市场的投资者不太可能认识到企业持有的房地产的真正价值。虽然对不同的公司来说被市场低估的原因可能有所不同，对这些被影响到的公司来说重要的是要确定出在公司水平上它们是相对估值溢价还是被低估(如不动产估值和盈利估值)。在这方面，图 1 提供了一个有用的分析工具。我们从分析中得到的另一个教训是，即使房地产是零售行业的一个价值驱动力，股票市场的投资者仍会惩罚那些持有太多可能超过他们正常营运要求的房地产的数量的零售商。企业房地产所有权的最优比率仍旧是一个非常重要的战略决策，这些零售企业必须定期检视这个决策，以获得股票市场对房地产估值乃至公司估值的更高的认可。

---

① 需要提醒的是，因为这个零售细分市场只有 13 家公司，所以 SIC52 回归方程的结果应该被谨慎对待。其他所有的 9 个零售分区所包含的公司数量分别在 37～100 家。

表 8   联立方程组估计结果——按零售细分市场分类(2002~2007 年；房地产变量：CRER)

解释变量/调整后 R²	SIC52 (N=13)	SIC53 (N=80)	SIC54 (N=43)	SIC55 (N=37)	SIC56 (N=75)	SIC57 (N=41)	SIC58 (N=91)	SIC59 (N=100)
$\overline{CRER}_j = e_0 + e_1(LAGCRER)_{t-1,j} + \sum_{r=1}^{2} f_r DNAT_r + \sum_{s=1}^{7} f_s DSEG_s + \varepsilon_j$								
截距	−0.0292	0.0419***	0.0223	−0.0196	0.0176	0.0338***	0.0210	0.0033
LAGCRER	1.0276***	0.9490***	0.9521***	1.0095***	0.9156***	0.9092***	0.9430***	0.9264***
DNAT(虚拟变量)—日本	0.0434***	−0.0169	−0.0038	0.0125	−0.0030	−0.0116	0.0021	−0.00008
DNAT(虚拟变量)—美国	0.0157	−0.0199***	−0.0006	0.0217***	0.0030	−0.0064	0.0090	0.0020
调整后 R²	0.974	0.896	0.944	0.951	0.898	0.867	0.913	0.933
$(B/M)_j = a_0 + a_1 \overline{CRER}_j + a_2 LNMV_j + a_3 TDEBTR_j + a_4 ROA_j + \sum_{r=1}^{2} c_r DNAT_r + \sum_{s=1}^{7} c_s DSEG_s + \varepsilon_j$								
截距	4.2760***	5.7858***	2.8833***	4.6429***	5.5924***	8.3343***	4.1042***	4.6046***
$\overline{CRER}$	0.1144	1.9241***	0.7016***	0.0102	1.1755***	−1.5879***	0.2149	0.1817
规模(LNMV)	−0.1496***	−0.2192***	−0.1196***	−0.1924***	−0.2561***	−0.3453***	−0.1835***	−0.1850***
杠杆(TDEBTR)	−1.4064***	−1.9989***	0.1651	0.2038	0.0789	−0.8399	−0.3447***	−0.8140***
盈利能力(ROA)	−0.2364	−6.2126***	−2.6735***	−2.7587***	0.0500	−0.946⁷	−0.1986	−1.0209***
DNAT(虚拟变量)—日本	0.1521	0.1436	0.1495	0.3024***	0.2148	0.8783***	0.1894***	0.2849***
DNAT(虚拟变量)—美国	0.1565	0.2334	−0.2491***	−0.0130	−0.2624***	0.4314***	0.1607***	0.2510***
调整后 R²	0.704	0.389	0.446	0.509	0.444	0.446	0.365	0.269

注：此表报告了四个零售细分市场的估值结果。$\overline{CRER}$ 是从系统估计中第一个方程得到的房地产比率的预测值以及 B/M 是账面价值与市场价值的比率。公司规模是每个公司市值的自然对数 I(LNMV)；杠杆是负债占有形资产的百分比(TDEBTR)。国家虚拟变量(DNAT)和细分市场虚拟变量(DSEG)控制了跨国家零售业的不同(英国和 SIC 59 是相应的参考)。这两个方程是通过使用迭代 3SLS(三步最小二乘法，E-VIEW 6 中有)一个联立方程组模型估计的。*** 表示在 5% 水平上双尾显著。

表 9   联立方程估计结果(2002~2007 年，房地产变量：LNCRE)

解释变量/调整后 R²	全样本	日本	美国	英国
$\overline{LNCRE}_j = e_0 + e_1 * LAGLNCRE_{t-1,j} + \sum_{r=1}^{2} f_i DNAT_r + \sum_{s=1}^{7} f_s DSEG_s + \varepsilon_j$				
截距	1.0278***	1.4758***	0.9193***	1.3253***
LAGLNCRE	0.9507***	0.9203***	0.9571***	0.9271***
DNAT(虚拟变量)—日本	−0.0716	—	—	—
DNAT(虚拟变量)—美国	−0.0202	—	—	—
DSGE(虚拟变量)—SIC52	0.0157	0.1182	0.0240	−0.0639
DSGE(虚拟变量)—SIC53	−0.0084	0.1252	−0.0960	0.1371
DSGE(虚拟变量)—SIC54	−0.0089	0.0025	−0.0402	0.4189***
DSGE(虚拟变量)—SIC55	0.0448	0.0847	−0.0122	0.2199

续表

解释变量/调整后 R²	全样本	日本	美国	英国
DSGE(虚拟变量)－SIC56	0.1248***	0.2700***	0.0789	0.2451
DSGE(虚拟变量)－SIC57	－0.1234***	－0.1803	－0.1518	0.1269
DSGE(虚拟变量)－SIC58	－0.0424	－0.0295	－0.0738	0.1188
调整后 R²	0.899	0.857	0.900	0.931
截距	4.6093***	7.2790***	4.2824***	3.9729
$\overline{LNCRE}$	0.1266***	0.1708***	0.0643***	0.1995***
规模(LNMV)	－0.3066***	－0.4491	－0.2329	－0.3480***
杠杆(TDEBTR)	－0.4506***	－1.4426***	－0.0998	－0.4802***
盈利能力(ROA)	－0.5425***	－3.0084***	－0.4226***	－0.2615
DNAT(虚拟变量)－日本	0.2335***	—	—	—
DNAT(虚拟变量)－美国	0.0850	—	—	—
DSGE(虚拟变量)－SIC52	0.0290	－0.0009	－0.0013	0.0683
DSGE(虚拟变量)－SIC53	0.2996***	0.3799***	0.3360***	0.2805***
DSGE(虚拟变量)－SIC54	0.0140	0.0621	－0.1585	0.5156***
DSGE(虚拟变量)－SIC55	0.1269***	0.2430***	－0.0534	0.2278
DSGE(虚拟变量)－SIC56	－0.0699	0.1795	－0.1681***	0.3189***
DSGE(虚拟变量)－SIC57	0.3011***	0.7768***	0.0535	0.0362
DSGE(虚拟变量)－SIC58	－0.2540***	－0.3485***	－0.2241***	－0.1480
调整后 R²	0.354	0.407	0.351	0.474

注:此表报告了全部样本和三个国家(日本、美国、英国)的子样本的估计结果。LNCRE是从系统估计中第一个方程得到的房地产比率的预测值以及 B/M 是账面价值与市场价值的比率。公司规模是每个公司市值的自然对数 I(LNMV);杠杆是负债占有形资产的百分比(TDEBTR)。国家虚拟变量(DNAT)和细分市场虚拟变量(DSEG)控制了跨国家零售业的不同(英国和 SIC 59 是相应的参考)。这两个方程是通过使用迭代 3SLS(三步最小二乘法,E-VIEW 6 中有)一个联立方程组模型估计。*** 表示在 5% 水平上双尾显著。

表 10 联立方程组估值结果——按零售细分市场分类(2002～2007 年;房地产变量：LNCRE)

解释变量/调整后 R²	SIC52 (N=13)	SIC53 (N=80)	SIC54 (N=43)	SIC55 (N=37)	SIC56 (N=75)	SIC57 (N=41)	SIC58 (N=91)	SIC59 (N=100)
	$\overline{LNCRE_j} = e_0 - e_1 \cdot LAGLNCRE_{t-1,j} + \sum_{r=1}^{2} f_i DNAT_r + \sum_{s=1}^{7} f_s DSEG_s + \varepsilon_j$							
截距	0.7767	0.9206	1.5082***	0.6642	1.8708***	1.1519***	0.6563***	1.1619***
LAGLNCRE	0.957 4***	0.9529***	0.9372***	0.9744***	0.9107***	0.9233***	0.9712***	0.9361***
DNAT(虚拟变量)－日本	0.0512	0.0490	－0.3450	－0.0795	0.0625	－0.2736	－0.1141	0.0376
DNAT(虚拟变量)－美国	0.1619	－0.0159	－0.2336	－0.0912	0.0041	－0.0821	－0.0708	0.1545

续表

解释变量/调整后 R²	SIC52 (N=13)	SIC53 (N=80)	SIC54 (N=43)	SIC55 (N=37)	SIC56 (N=75)	SIC57 (N=41)	SIC58 (N=91)	SIC59 (N=100)
调整后 R²	0.956	0.891	0.891	0.892	0.857	0.886	0.923	0.874

$$(B/M)_j = a_0 + a_1 \overline{LNCRE}_j + a_2 LNMV_j + a_3 TDEBTR_j + a_4 ROA_j + \sum_{r=1}^{2} c_r DNAT_r + \sum_{s=1}^{7} c_s DSEG_s + \varepsilon_j$$

	SIC52	SIC53	SIC54	SIC55	SIC56	SIC57	SIC58	SIC59
截距	4.3704***	6.0500***	3.9364***	4.4773***	4.9936***	6.8964***	4.0804***	4.6111***
LNCRE	−0.0232	0.0595	0.1158***	0.1717***	0.1488***	0.2532***	0.0630***	0.1288***
规模（LNMV）	−0.1306***	−0.2554***	−0.2547***	−0.3555***	−0.3426***	−0.5343***	−0.2352***	−0.3011***
杠杆（TDEBTR）	−1.3606***	−1.6619***	0.2274	0.1635	−0.2500	−0.7225	−0.3290***	−0.8725***
盈利能力（ROA）	−0.3198	−5.3507***	−2.9158***	−1.6375	0.0293	−0.4257	−0.2255	−0.9550***
DNAT(虚拟变量)—日本	0.1774	0.0972	−0.2294	0.3807***	0.0928	0.8010***	0.1427	0.2576***
DNAT—美国	0.1554	0.1378	−0.4544***	0.1180	−0.2353***	0.1954	0.1404	0.2007
调整后 R²	0.703	0.350	0.450	0.558	0.454	0.469	0.373	0.296

注：此表报告了 8 个 SIC 零售细分市场的估值结果。LNCRE 是从系统估计中第一个方程得到的房地产比率的预测值以及 B/M 是账面价值与市场价值的比率。公司规模是每个公司市值的自然对数（LNMV）；杠杆是负债占有形资产的百分比（TDEBTR）。国家虚拟变量（DNAT）和细分市场虚拟变量（DSEG）控制了跨国家零售业的不同（英国和 SIC 59 是相应的参考）。这两个方程是通过使用迭代 3SLS（三步最小二乘法，E—VIEW 6 中有）一个联立方程组模型估计的。*** 表示在 5% 水平上双尾显著。

表 11   按投资组合分类联立方程组估值结果（2002～2007 年；只有房地产系数）

		房地产变量：CRER（相对的）				房地产变量：LNCRE（绝对的）	
		RE/MV				RE/MV	
		>1	≤1			>1	≤1
BV/MV	>1	2.2112***	0.1525	BV/MV	>1	0.3063***	0.0826**
	≤1	2.9531***	−0.0684		≤1	0.1145**	0.0563***

注：此表汇报了 326 个零售公司的 4 个投资组合的 BV/MV 和房地产价值的估值结果（为了节省空间，仅在联立方程系统的等式 2 中汇报了 CRER 和 LNCRE 的系数），它控制了国家和零售细分市场之间的区别 。*** 和 ** 分别表示在 1% 和 5% 的水平上双尾显著。

七、结论

本文对企业不动产所有权文献在国际领域做出了特别的贡献。由于 Brenann(1990) 分类企业房地产作为"潜在资产"的说法缺乏相应的企业不动产估值的学术方面的证据，我们检验了上市的零售企业样本持有的房地产是否被股票市场正确的估值。在了解了零售商的不动产价值与经营业绩是分不开的之后，我们建立了一个描述 4 个企业不动产估值分区的理论框架，并在每一个估值分区中找出房地产估值和盈利（企业）估值的特点。

我们的实证调查使用了一个联立方程组模型，这个模型将企业房地产放置在"整个"公司的背景下，进一步考虑国家与零售业分区的差异。总体而言，我们的分析得出的一个合理的结论是，Brennan(1990)提出的"潜在资产"假说至少被我们在 4 个估值分区跨国家跨零售业细分市场的零售企业样本所支持。对那些有着显著的企业房地产组合的零售商,我们的证据显示,由于股票市场投资者不太可能(不能并且不愿)认识到企业房地产在公司估值中的真正价值,且在某些情况下,对公司和房地产估值造成了"不均衡",对他们来说,重新调整企业房地产所有权很重要,以期望可以最大化企业不动产对经营业绩的贡献和完善不动产的估值比率。

最后,应该指出的是,我们的结果可能只是简单的、特定的时间或样本。在其他条件相同的情况下,投资者可能会在房地产蓬勃发展(或崩溃)期间期望更好的(或更差的)持有相应的大量房地产公司的不动产估值比率。任何结果都不应该盲目地应用在样本以外的数据上。本着这个原则,我们的分析可以延伸到更多其他非房地产行业,以发现更多实证的证据来验证在企业地产投资中"潜在资产"的假说。

参考文献:

[1]Ambrose, B. W. (1990). "Corporate real estate's impact on the takeover market." *Journal of Real Estate Finance and Economics*, 13(4): 307—324.

[2]Anderson and Rosen(2000). *Real estate: A certainty*. Arthur Anderson, Chicago, IL.

[3]Basu, S. (1983). "The relationship between earnings yield, market value and return for NYSE common stocks: further evidence," *Journal of Financial Economics*, 12:129—156.

[4]Brennan, M. J. (1990). "Latent assets". *Journal of Finance*, 45(3):709—729.

[5]Brounen, D., Colliander, G., and Eichholtz, P. M. A. (2005). "Corporate real estate and stock performance in the international retail sector." *Journal of Corporate Real Estate*, 7(4): 287—299.

[6]Brueggman, W. B., Fisher, J. D. and Porter, D. M. (1990). "Rethinking corporate real estate." *Journal of Applied Corporate Finance*, 3(1):39—50.

[7]Deng, Y. and Gyourko, J. (1999). "Real estate ownership by non-real estate firms: an estimate of the impact of firm return." Working Paper, Zell/Lurie Real Estate Centre, Wharton Business School, University of Pennsylvania.

[8]Fama, E. F. and French, K. R. (1992). "The cross-section of expected stock returns." *Journal of Finance*, 47: 427—465.

[9]Guy, C. (1999). "Exit strategies and sunk costs: the implications for multiple retailers." *International Journal of Retail and Distribution Management*, 27(6): 237—245.

[10]He, L. T. (2002). "Excess returns of industrial stocks and the real estate factor." *Southern Economic Journal*, 68(3): 632—645.

[11]Liow, K. H. (1999). "Corporate investment and ownership of real estate in Singapore-some empirical evidence." *Journal of Corporate Real Estate*, 1(4): 329—342.

[12]Liow, K. H. and Nappi-Choulet, I. (2008). "A combined perspective of corporate real estate." *Journal of Corporate Real Estate*, 10(1):54—67.

[13]Louargand, M. (1999). "Real estate's influence on enterprise value." *Journal of Corporate Real Estate*, (3):254—261.

[14]Miles, M., Pringle, J. and Webb, B. (1989). "Modeling the corporate real estate decision." *Journal of Corporate Real Estate*, 4(3), 47—66.

[15]Rodriguez, M. and Sirmans, C. F. (1996). "Managing corporate real estate: evidence from the capital markets." *Journal of Real Estate Literature*, 4: 13—33.

[16]Seiler, M., A. Chatrath and J. Webb(2001). "Real asset ownership and the risk and return to stockholders." *Journal of Real Estate Research*, 22(1/2), 199—212.

[17]Yu, S.M and Liow, K.H. (2009). "Do Retail Firms Benefit from Real Estate Ownership." *Journal of Property Research*, 26(1): 25—60.

[18]Zeckhauser, S. and R. Silverman(1983). "Rediscover your company's real estate." *Harvard Business Review*, January/February, pp. 111—117.

Are corporate properties undervalued?

Kim Hiang Liow

(Kim Hiang Liow, Professor, Department of Real Estate, National University of Singapore, 4 Architecture Drive, Singapore 117566. E-mail: rstlkh@nus.edu.sg.)

Abstract: This paper examines whether properties owned by retailers are undervalued by the stock market. We propose a theoretical CRE valuation framework to place properties in the context of core business and use the model to assess whether the values of CRE assets are fully reflected in earnings (firm) valuation. Our results from a simultaneous equations model document the empirical validity of the "latent assets" hypothesis in CRE literature and highlight the importance of the joint earnings and property valuation in corporate environment.

Key words: Stock market Investment strategy Policy Cooperate Finance

估计住房市场的买方保留价格[*]

郭晓旸　　孙伟增　　郑思齐　　刘洪玉[**]

摘　要:由于异质性和搜寻成本的普遍存在,住房市场具有明显的低流动性特征,这种低流动性与交易价格之间的相互影响可能迫使住房成交价格与价值发生较大偏离。因此,卖方往往需要在出售等待时间与出售价格之间权衡取舍,而这种权衡取舍没有被反映在基于成交价格的住房价格指数中。本文以住房搜寻理论为基础,提出了一种买方保留价格分布的非参数估计方法,并以该方法构建了非参数固定流动性价格指数(NPCLI)模型。与现有研究成果相比,模型的理论假设更加宽松,模型估计结果具有更高的准确性和更好的适用性。以成都市新建商品住房市场样本数据进行的实证分析,证明了 NPCLI 能综合反映住房市场的价格变动趋势和交易容易程度,对现有固定流动性价格指数具有一定的改进作用,同时还能有效地将子市场的变动特征从整体市场中分离出来。实证分析的结果还发现,住房市场买方保留价格分布在市场下降期具有显著的向下集中和不对称偏离,而在市场上升期则趋于分散和对称,这至少说明基于价格分布假设的住房市场研究有必要考虑市场情况的差异。NPCLI 模型对于制定住房出售策略、分析包含住房资产的组合投资策略均具有明显的帮助。

关键词:固定流动性　买方保留价格　住房搜寻　房价指数

中图分类号:F293.3　F224　F011

一、引言

住房市场的一个重要特征是低流动性(illiquidity)。一般来讲,资产的流动性指的是一种资产在不折价条件下的平仓变现能力(Myers 等,2000)。对于住房市场而言,流动性即指住房在不损失价值的条件下的交易变现能力。对于住房市场中低流动性的原因,经典的解释方法是住房搜寻理论(Zuehlke,1987;Haurin,1988),而近年来兴起的前景理论(prospect theory)也从人的行为层面成功地对此进行了解释(Kahneman 等,1979;

---

　　* 【致谢】作者感谢麻省理工学院房地产中心的 David Geltner 教授,感谢清华大学经济管理学院、麻省理工学院斯隆商学院的黎波老师,感谢清华大学公共管理学院、哈佛大学肯尼迪政府学院的王宇哲。本文中的任何错误由作者承担。

　　** 作者简介:郭晓旸,清华大学恒隆房地产研究中心,清华大学建设管理系,北京:100084;麻省理工学院房地产中心访问学者,MA02139。孙伟增,清华大学恒隆房地产研究中心,清华大学建设管理系,北京:100084。郑思齐,教授,清华大学恒隆房地产研究中心,清华大学建设管理系,北京:100084。刘洪玉,教授,清华大学恒隆房地产研究中心,清华大学建设管理系,北京:100084。

Genesove 等,2001)。

实际上,无论从哪种角度解释,学者们都发现了市场流动性与市场价格之间是相互影响的。相比较而言,场内交易的金融资产流动性相对较高,市场的价格发现机制很强,使得交易价格趋近于资产价值,因此可以更容易地实现以估值计算的期望收益。而住房市场的流动性较低,导致市场交易频率低,价格发现机制弱,成交价往往偏离资产价值,从而可能产生价值的损失,这种潜在的价值损失又会反过来强化市场的低流动性(搜寻理论解释的角度是异质性和信息不对称,前景理论解释的角度是卖方损失厌恶)。

销售持时(time-on-market)是指一套住房从上市交易到成交退市的时间长度,常用来反映住房市场的流动性水平。学者们通过构建理论模型和数据模拟的方式解释住房成交价格与销售持时之间的关系,受分析角度和理论假设的影响,并没有得到一致的研究结论。例如,Anglin 等(2003)基于对买卖双方市场行为的分析,对销售持时与成交价格之间的权衡(trade-off)以及销售持时的最优化选择(optimal time-on-market)进行了研究,Knight(2002)从需求不确定性角度出发构建了买卖双方的搜寻匹配模型,结果都发现了负相关关系;而 Cheng 等(2008)从风险和回报的角度出发,指出交易价格与销售持时之间存在非线性的相关关系。从实证研究的结果来看,由于数据选取、回归方法和侧重点的不同,不同学者得出的结果不尽相同(Yavas 和 Yang,1995;Huang 和 Palmquist,2001;Knight,2002;等等)。尽管没有得出一致的结论,但是,住房市场上销售持时与交易价格之间的相互影响关系是确定的。从中国的住房市场特征来看,不管是新房市场还是二手房市场,通常是由卖方首先叫价(新房市场即开发商定价;二手房市场则是由卖方首先确定价格范围,然后由中介公司进行销售),其后通过买方搜寻以及买卖双方的匹配过程完成交易,其过程更加类似于 Knight(2002)的分析。杨赞和张蔚(2013)基于中国城市交易数据的实证分析发现销售持时与住房成交价格之间存在较为显著的负向关系。

这自然地让我们提出了一个很有意思的问题:如果现在打算尽快出售你的住房,你认为可以卖多少钱? 或者说,如果按照这一时刻你所看到的与你的住房条件差不多的其他住房的成交价格出售,需要等多久才能卖出你的房子?

显然,以类似条件的本期成交价格来出售,也未必能够保证在本期实现交易,因为那些与你的住房差不多的房子很可能已经以这个成交价格在市场上等待了平均 2 个月的时间。当然,个体的情况千差万别,也许在一周之内以可比成交价卖出了你的住房,但在预先制定销售策略或者投资组合的交易策略时,以一个市场总体的情况来设想自己的处境可能是更明智的选择,而市场总体的情况是:如果市场条件不发生变化,那么在相同的价格下你的住房也将等上 2 个月才能卖出。

把这个问题还原为一个理论问题,实际上是要回答:什么价格能够实现住房交易卖方的当期最大收益。由于住房市场的价格形成机制主体是"卖方叫价,买方搜寻"(Zuehlke,1987),尤其在新房市场更加明显。因此,对于买方来说往往只考虑价格:成交价格越低,其收益越高。卖方则需要同时考虑价格和时间。在"当期"的限定下,叫价越高,出售可能性越低;而以很低的叫价换取更高的出售概率,则可能收益很少。两者的对偶单调关系决定了必然存在一个全局的期望极值,对应于一个适当的叫价。这个适当的叫价实际上就是市场中买方保留价格的期望(Fisher 等,2003)[①]。反过来说,以买方保留价格来出售住房,可以实现最大期望收益条件下的最大出售概率,即最大流动性。因此,买方保留价格也被认为是具有固定流动性(constant liquidity)的市场价格(Fisher 等,2003)。

相对于直接基于实际成交价格计算的各类房地产价格指数(无论同质性程度如何),在进行房地产销售的策略制定时,或者在进行某项包含房地产资产的投资组合决策时,固定流动性价格(指数)可能是一个更佳的参考工具。本文在现有研究的基础上,提出了一个可能更合适于实际应用的"非参数固定流动性价格指数(NPCLI)"模型,其对于现有研究的改进包括以下三个方面:(1)理论假设更加一般化,使得模型具有普遍适用性;(2)计算方法的效率更高,适用于广域市场;(3)更全面地揭示需求的变化情况。在后文中,第二部分对有关住房价格指数的研究进行了简单回顾,重点分析了一些可以通过本文的研究加以改进的问题;第三部分阐述了 NPCLI 模型的原理和方法;第四部分介绍了模型计算所使用数据的情况,并在第五部分中讨论了利用这些数据对模型进行计算的结果;第六部分对全文进行总结。

二、现有研究回顾

价格指数被广泛用来反映住房市场的运行情况。住房具有显著的异质性,尽管它对了解住房市场运行情况仍然很有帮助,但基于平均数原理的价格指数不能妥善解决这种异质性问题。能够有效解决住房异质性的基本方法是特征价格法(Hedonic model)和重复交易法(Repeat Sale model)。

Kain 和 Quigley(1970)最先提出了特征价格模型以分析住房特征。特征价格法是通过控制住房的各种不随时间而变化的物理和区位特征来分离出真正由于市场供需情况所导致的价格变动部分,并以此作为市场价格指数。特征价格法构造住房价格指数有两种途径:一种是对所有时期进行一次估计,将得到的时间虚变量系数作为价格指数;另一种是逐期进行估计,然后将某一标准住房样本代入计算各期的期望价格,以此作为价格指数。与特征价格法尽量通过外生变量来控制住房特征不同,由 Bailey 等(1963)最早提出的重复交易法将同一住房的两次交易价格进行差分,从而抵消了所有不发生变化的住房特征,避免了由于特征价格模型的控制变量不足所带来的偏误,以此来探测市场价格变化的真实情况。

特征价格法和重复交易法各自都存在一些缺陷。如上所述,特征价格法最主要的问题是可能由于遗漏特征变量而导致价格指数估计的偏误(omitted variable bias),而重复交易法由于只能使用发生过多次交易的样本而可能带来样本选择偏误(sample selection bias)(Case 等,1991)。为了解决这些问题,产生了各种各样的混合指数法(hybrid model)。Case 和 Quigley(1991)提出了一个相对复杂的方程组模型以便将一次交易样本和多次交易样本同时考虑进来,从而缓解了上述两方面问题;Quigley(1994)进一步以一个存在于重复交易模型中的随机游走过程来简化上述混合指数模型。对重复交易法的自然延伸是样

[①] 他们在论文中以房地产市场的局部均衡理论对此进行了证明。

本配对法(sample matching approach),后者将包括一次交易样本和多次交易样本在内的不同样本按照某种原则进行配对,并通过差分的特征价格模型来控制特征变量差异,从而在很大程度上克服了变量遗漏问题。Deng 等(2011)提出了以"相等的交易概率"为配对原则的混合指数模型,而 Guo 等(2012)则以"临近空间位置"(位于同一单元门的住房)为原则提出了适用于中国新建商品住房市场的混合指数模型。

同质性住房价格指数可以较好地反映住房市场的价格变化,但未必真正反映了住房市场的景气程度,这是由于住房市场的低流动性所导致的。在场内交易的股票市场中,股价基本上很好地反映了市场的信心和景气情况,因为股市的高频交易可以保证股票成交价格最大程度地反映市场的各种信息。但正如前文所述,由于住房市场交易的低频性,市场成交价格与买卖双方意愿之间总是存在偏离,这种偏离导致了住房交易的等待持时。因此,许多学者试图找出一个能够综合反映住房市场运行情况的"修正"指数。Fisher 等(2003)提出了"固定流动性价值"(constant-liquidity value)概念,他们认为买方保留价是保证卖方可以以最快的速度出售住房的条件下能够实现的最大收益水平。他们并以此构造了固定流动性指数模型,通过分别估计一个特征价格模型(以 Inverse-Mills 比率修正变量遗漏偏误)和一个 Probit 模型,然后以估计得到的模型系数建立联立方程求解买卖双方保留价格的方差和期望,最终以买方保留价期望作为住房市场的固定流动性价值。Goetzmann 等(2003)则提出了"卖方保留比率"(seller reserve ratio)的概念,他们认为买方按照市场价格出价,而卖方则按照个人估价叫价,两者的比值将影响市场最终交易价格和交易量。基于这一概念,他们以卖方保留比率估计值来修正特征价格模型得到的市场价格指数,从而得到一个反映了市场交易容易程度的价格指数。Lin(2007)则从搜寻理论的微观机制出发,以经典泊松分布假设买方到达过程,以平均分布假设单一买方和卖方的保留价格分布,提出了以交易延时和交易期风险来修正房地产估值的偏误。

不同的"修正"指数从本质上都是在寻找通过市场交易的容易程度(具体表现为微观层面的交易持时,或者宏观层面的交易量,或者与此等价的诸如交易概率和交易风险率等统计量)来修正经典的价格指数结果,其不同之处主要在于所依赖的假设条件。从实际含义上看,Fisher 等(2003)的假设更贴近大部分的市场情况,因为尽管在市场中往往是卖方占有优势,但决定交易是否发生的却主要是买方的出价情况。当需求低迷、买方保留价格降低时,即使卖方知道自己房子的"真实"价值,若想出售也不得不迁就买方的意愿,除非愿意在市场上等待更长时间。但是,Fisher 等(2003)的模型仍然存在两个较强的假设:一个是假设市场平均成交价格等于买卖双方期望保留价格的算术平均值;另一个是假设买卖双方的保留价格分布均符合正态分布。首先,即使市场成交价格是买卖双方期望保留价格的某种线性组合,也很难保证二者的权重相等。事实上,成交价格一定由买卖双方的市场势力决定,而这取决于双方的价格弹性等因素。其次,很难保证住房市场的某种价格符合正态分布,明确的非负下界和无限的上界至少将导致住房价格分布厚尾性和正偏性。

本文将从微观搜寻的层面出发,建立买方保留价格分布的非参数估计模型,从而回避上述强假设,提高了模型的适用性。尤其值得注意的是,本文所依赖的退化假设仅是"卖方定价、买方搜寻",这一点很符合具有垄断供应特征的新房市场,中国的新建商品房市场价格指数将是一个典型的应用。

三、模型的方法

(一)原理和假设

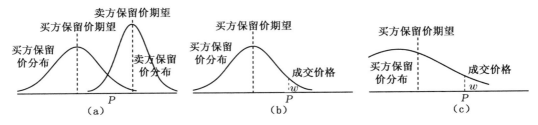

图1　住房市场微观搜寻机制的理论假设

1. 住房搜寻理论

住房搜寻理论认为,在住房市场上,买方保留价格和卖方保留价格均服从某种分布(一般是正态分布),分布的横轴表示保留价格,分布的纵轴表示拥有此保留价格的买方或卖方数量。前景理论认为,正常情况下,卖方的期望保留价格将大于买方的期望保留价格(Genesove 等,2001)。在市场的任意时刻,两个分布都有重叠区域,而市场成交的价格范围就在重叠区域之中。在图1(a)中,两个分布在中间重叠,重叠区域中的价格 P 是可能存在的成交价格。因为当卖方以价格 P 出售住房时,买方保留价格分布中大于等于 P 的部分都是潜在的买方,有可能发生交易;而当买方以价格 P 考察市场上的待售住房时,卖方保留价格分布中小于等于 P 的部分都是潜在的卖方。也就是说,在住房市场中,交易发生的条件由式(1)给出,其中 P_b 为买方保留价格,P_s 为卖方保留价格。

$$P_b \geqslant P_s \tag{1}$$

2. 单一样本的成交概率

式(1)是一个样本层面的条件,而不是市场层面的条件。比如,尽管市场中卖方的期望保留价大于买方,但市场中仍然会有交易发生。这是一个简单而重要的结论,它告诉我们在考察住房市场的搜寻和交易时,重要的是样本层面满足式(1)的情况,而与市场中的买卖双方期望保留价无关。

这给我们的启发是从样本层面入手分析买方保留价格的分布特征。如图1(b)所示,考虑 t 时刻一个待售住房样本 i。对于具有叫价 P' 的样本 i 来说,t 时刻整个市场中所有买方的保留价格构成一个分布,其中具有大于 P' 的保留价格的买方是其潜在买方,而其他买方不会与其发生交易。因此,对于样本 i 来说,其发生交易的概率就是它所面对的买方保留价格分布所覆盖的大于 P' 部分的面积,在图1(b)中以 w 表示。最终 i 可能以价格 P 成交,P 可能低于 P',但不会低于 P_{si},也不会高于其买方的保留价格 P_{bi}。实际上,最终的成交价 P 更靠近哪一端是由住房市场的市场结构决定的。

在美国的大部分住房市场中,卖方是大量的二手房拥有者,议价权相对较低,因此叫价与成交价往往出现一定偏离(Knight,2002)。而在中国,情况可能略有不同。2010 年,中国全国住房市场交易量(按套数计)中新建商品住房交易量的比重超过了 87%[①],在中西部地区和非一线城市中这一数字可能更高,这是目前中国正在发生的快速城市化进程所导致的必然现象。但是这一现象导致的一个结果是,由于新房市场的最主要供给者是开发商,而开发商都是以"项目"、"小区"的形式集中供应住房,因此在市场中形成了更大的市场势力,具有更高的定价权。

中国的实际情况是,新房一般由开发商定价,购房者选择接受或者不接受,如果有众多接受该价格的购房者,那么将依照到达的先后顺序取第一个成交[②]。在这种情况下,住房的成交价即等于住房卖方的叫价,假设在同一时期所有卖方面对统一的买方集合[③],我们有如下关系:

$$F_{DRt}(P_{it}) = 1 - w_{it} = w'_{it} \tag{2}$$

其中,F_{DRt} 是 t 时刻住房市场中买方保留价格的累计分布函数,P_{it} 是 t 时刻第 i 个住房交易样本的成交价格,w_{it} 是其发生交易的概率,w'_{it} 为交易不发生的概率。

对上述分析进行总结,可以给出保证式(2)成立的假设(1),这个假设在很大程度上成立于新建商品住房市场中,在二手房市场中依卖方市场势力而部分成立。

假设:住房市场满足这样一种搜寻过程,即卖方确定交易价格,买方到达后决定是否接受。

3. 买方保留价服从任意分布

实际上,由于选择了以样本层面为切入点,我们不需要对 F_{DR} 的具体形式进行特别的假设,如图 1(c)所示。从市场层面出发计算买方保留价格分布的期望,必须首先对市场成交价的分布进行假设,特征价格估计方法决定了这个假设的分布必须正态分布;而从样本层面出发,则可直接以成交价格和成交概率通过非参数方法对买方保留价格的分布特征进行估计,避免了分布假设的偏差。实际上,住房市场很可能具有厚尾性和非对称性,这是因为一方面住房价格不会低于 0,另一方面高端住房始终存在且价格没有上界。

(二)NPCLI 的计算步骤

基于上述原理和假设,我们通过四个步骤来计算 NPCLI。本文所采用的数据形式是商品住房微观交易样本,对于每一个样本,我们知道它的成交价格 p_{it} 和达成交易的时间 t_i;对于每个时期 t,市场上存在 n_t 个样本,其中,在这一时期成交的样本记为 $t_i = 1$,没有成交的样本记为 $t_i = 0$。计算时我们首先通过计量模型对样本的成交价格进行同质化处理,并利用 Logit 模型估计每个样本在 t 时期的成交概率。在此基础上采用矩估计方法计算得到每一期住房价格的特征值,以期望作为最终的指数,并利用 AR 模型对指数进行修正。具体过程如下:

---

① 数据参见《中国统计年鉴 2011》。

② 到达的过程仍然符合住房搜寻理论所认为的泊松过程,但与经典搜寻理论不同的是,到达的买方只递交接受或者不接收的"offer",而几乎不进行重新报价。在中国目前的新房市场中,开发商的价格调整主要发生在跨期中,而很少发生本期内的买方拍卖机制。有很多事实可以用来证明这一结论,比如开发商通过"销售控制"造成购房者抢购,产生许多"开盘即售罄"的事例。

③ 实际上这并不是一个假设,因为该目的可以通过对市场中的住房进行同质化处理来实现。

1. 对住房成交价格进行同质化处理

对成交价格进行同质化处理可以保证同期内买方保留价格具有共同的分布。我们采用特征价格模型逐期对价格进行同质化处理。为了避免各期成交样本的选择性偏误问题①,我们以 Inverse-Mills 比率对模型进行修正。为了得到 Inverse-Mills 比率,首先进行 Probit 模型估计。样本的同质化成交价格可以表示为:

$$\hat{P}_{it} = \hat{\alpha}_t + \sum_{j=1}^{m} \hat{\beta}_{tj} X_{itj} + \hat{\sigma}_t \lambda_{it} \tag{3}$$

其中,X_{itj} 为住房样本 i 在 t 时刻第 j 个特征变量,λ_{it} 为 Inverse-Mills 比率②,$\hat{\alpha}_t$、$\hat{\beta}_{tj}$ 和 $\hat{\sigma}_t$ 为系数估计值,$\hat{P}_{it}$ 为同质化住房价格估计值。

2. 估计住房样本的成交概率

住房搜寻理论认为,买方到达的间隔时间服从参数为 1 的泊松分布,因此其"携带"的"信号"随机变量(接受或者不接收住房定价)将符合二项分布,可以 Logit 模型估计样本的成交概率。同时,Logit 模型更适用于具有厚尾性的分布估计,这一点也符合我们之前的讨论。

式(4)是用于估计概率的 Logit 模型,其中,当样本 i 在 t 时刻达成交易时,h_{it} 取 1;否则为 0。利用式(4)得到 h_{it} 的线性估计值后,以式(5)计算成交概率③。

$$h_{it} = \alpha_t + \sum_{j=1}^{m} \beta_{tj} X_{itj} + e_{it} \tag{4}$$

$$w_{it} = 1 - e^{\hat{h}_{it}} / (e^{\hat{h}_{it}} + 1) \tag{5}$$

3. 买方保留价格分布特征的非参数估计

通过式(3)至式(5)估计得到的同质成交价格和成交概率,再利用式(2)就可以对买方保留价格的分布进行估计。对于每一期市场的买方保留价格,我们均估计了其 1~4 阶原点矩,进而计算得到市场上每一期买方保留价格的期望、方差、偏度和峰度。

原点矩的估计公式如式(6)所示。其中,E_{kt} 为 t 时刻买方保留价格分布的 k 阶原点矩,k 分别取值 1、2、3、4,N 为 t 时刻样本数量。

$$
\begin{aligned}
E_{kt} &= \int_0^{+\infty} P_t^k \cdot dF_{DRt}(P_t) \\
&= \int_0^1 (F_{DRt}^{-1})^k \cdot dw'_i \\
&= \sum_1^N \left[(F_{DRt}^{-1})_{m+1}^k + (F_{DRt}^{-1})_m^k \right] \cdot [w'_{t,m+1} - w'_{t,m}]/2 \\
&= \sum_1^N \left[(P_{t,m+1})^k + (P_{t,m})^k \right] \cdot [w_{t,m} - w_{t,m+1}]/2
\end{aligned} \tag{6}
$$

根据式(6)给出的离散数据原点矩的计算方法,利用观测样本 $(P_{t,n}, w_{t,n})$ 可以计算得

---

① 因为每一时期并非所有上市住房都达成交易,因此在回归房价模型时存在一定的样本选择性偏误问题。

② Inverse-Mills 比率的计算参见 Fisher 等(2003)。

③ 与 Fisher 等(2003)的研究类似,这里我们假设相同条件的住房在同一时期的成交概率相同。

到 P_t 的 1～4 阶原点矩 E_{1t}、E_{2t}、E_{3t}、E_{4t}[①]，从而可以计算 t 时刻市场上买方保留价格分布的期望(Exp_t)、方差(Dev_t)、偏度(Skw_t)和峰度(Krt_t)，计算公式如式(7)～式(10)所示：

$$Exp_t = E_{1t} \tag{7}$$

$$Dev_t = E_{2t} - E_{1t}^2 \tag{8}$$

$$Skw_t = (E_{3t} - 3E_{1t}E_{2t} + 3E_{1t}^2 E_{1t} - E_{1t}^3)/(E_{2t} - E_{1t}^2)^{1.5} \tag{9}$$

$$Krt_t = (E_{4t} - 4E_{1t}E_{3t} + 6E_{1t}^2 E_{2t} - 4E_{1t}^3 E_{1t} + E_{1t}^4)/(E_{2t} - E_{1t}^2)^2 - 3 \tag{10}$$

4. 根据分布特征计算固定流动性指数

到此我们已经得到了住房市场中买方保留价格的四类统计量的估计值，可以将期望作为市场的固定流动性价格指数，而通过其他统计量来探测市场的运行情况。但是，直接以期望统计量作为价格指数可能导致指数结果的波动性过大，不易于反映市场整体的变化趋势。因此，为了更好地反映指数的趋势性，借鉴指数研究和实务的常用方法，我们尝试以 MA(3)、MA(6)和 AR(1)模型对指数进行平滑处理。

MA 模型(移动平均模型)是平滑指数波动、反映指数趋势的普遍方法。实际上，反映美国单家庭住房市场价格变动情况的 Case-Shiller 指数就是一个以 MA(3)模型平滑指数估计值的典型例子。其首先根据加权重复交易法得到住房市场基期和之后每一期的价格指数序列，然后以 MA(3)对指数进行平滑，使其指数的"链式"延伸过程保持了良好的趋势连续性[②]。但是 MA 模型可能导致指数的波动发生后移，因此 AR 模型更适合短期维度(尤其是波动较大)的价格分析。

本文采用的 AR(1)模型如式(11)所示，其中 X_t 和 Dev_t 为 t 时刻 Exp_t 的外生变量，用以控制模型残差；Skw_{t-1} 可以表示为 Exp_{t-1} 和其他外生变量的两部分，因此具有提供期望统计量的 1 阶滞后项的功能。实际上，式(11)的设定形式有利于利用已经计算得到的各统计量直接进行指数估算，便于实际中的指数计算工作。在利用式(11)和已经估计得到的 Exp_t、Dev_t 和 Skw_{t-1} 估计得到 α_0、α_1 和 α_2 后，即可通过计算 Exp_t 的当期预测值得到本文提出的固定流动性指数。

$$Exp_t = f(Exp_{t-1}, X_t) = \alpha_0 + \alpha_1 Skw_{t-1} + \alpha_2 Dev_t \tag{11}$$

四、数据说明

本文在进行模型的估计和指数试算的过程中，使用了来自成都市城乡房产管理局的成都市新建商品住房交易数据，样本的空间地理信息由 ArcGIS 9.0 计算实际距离得到[③]。数据的有效样本总计为 508 486 份，覆盖了从 2005 年 1 月 1 日到 2011 年 5 月 31 日的全部城区新房市场交易记录。根据实际经济社会发展情况和房地产市场波动情况，在样本覆盖期内，成都乃至全国房地产市场均经历了 2008 年的不同幅度的放缓和 2009 年之后的所

---

① 具体计算时，首先根据式(5)计算得到的 w_{it} 对 t 时刻的所有样本进行排序，然后代入(6)式计算得到各阶原点矩。

② 参见：S&P/Case-Shiller Home Price Indices：Index Methodology。

③ 利用 ArcGIS 9.0 平台，将城市中心以及医院、学校、地铁站、商超等城市公共设施和私人设施以矢量点的形式(包含横、纵坐标)标记在成都市电子地图上，记为"目标点"。再将所有新建商品住房数据按项目划分，以项目为单位标记在同一张地图上，项目点位于项目平面物理区域的重心上。计算项目点与目标点之间的直线距离，即可得到样本的空间地理信息。

谓"报复性"反弹,并在 2010 年之后进入最严格宏观调控的所谓"市场冬天"。样本的变量统计情况如表 1 所示。

表 1   **样本变量和描述性统计情况**

变量	说明	单位	均值	中位数	最大值	最小值	标准差
price	成交总价	万元	56.20	49.08	1 166.33	5.13	35.68
size	户内建筑面积	平方米	96.99	89.14	735.37	14.79	34.03
flr	所在楼层	层	11.96	10.00	54.00	1.00	7.82
tflr	地上总楼层	层	23.37	22.00	66.00	4.00	8.37
tom	销售持时	天	158.69	76.00	1 460.00	1.00	200.45
pro_size	项目规模	万平方米	4.94	3.70	39.59	0.09	4.23
dis_cen	到市中心距离	公里	6.70	6.22	18.61	0.26	2.98
dis_hos	到最近医院距离	公里	3.74	3.11	13.97	0.03	2.59
dis_sch	到最近中小学距离	公里	1.47	1.07	5.16	0.02	1.10
dis_com	到最近商超距离	公里	1.68	1.42	5.26	0.01	1.24
dis_gre	到最近绿地距离	公里	0.68	0.48	5.43	0.00	0.86
dis_sub	到最近地铁站距离	公里	2.57	2.13	10.84	0.01	2.12
zone	空间区域虚变量:由三条环路和东、南、西、北、东南、东北、西南、西北 8 个方位构成城市空间的散射状区域划分,共 24 个控制变量。						
district	行政区划虚变量:包括锦江、金牛、青羊、武侯、成华和高新经济开发区,共 5 个控制变量。						
term	交易时间虚变量:从 2005 年 1 月到 2011 年 6 月,共 77 个控制变量。						

注:市中心以成都天府广场计算。

表 1 中,price 为样本数据的成交总价,也是计算 NPCLI 的核心数据,实际上 price 的期望预测值正是我们的计算对象。从统计描述的结果可以看出,考察期内成都市成交住房总价值的平均值约为 56 万元,考虑到单元面积变量 size 的平均值约为 97 平方米,则考察期内成都市新建商品住宅的均价约为 5 773 元/平方米。除此之外,在特征变量模型中还利用了单元所在楼层 flr、总楼层 ttflr 和所在项目总规模 pro_size 作为外生控制变量;考虑到销售持时与样本销售结果的对应关系,在 Porbit 模型中加入了销售持时 tom 作为控制变量。

为了更精确地控制样本的区位物理属性,在第一步的同质化计算过程中还加入了 6 个区位可达性变量,即 6 个样本的空间地理属性,分别是到成都市中心"天府广场"距离、到最近医院距离、到最近中小学校距离、到最近商超距离、到最近绿地距离和到最近地铁站距离。

五、结果讨论

（一）NPCLI 模型估计结果

本部分以上述成都市新建商品住房市场数据检验 NPCLI 模型式（3）到式（10）的效果。2005 年 1 月到 2011 年 5 月，共计 77 期的成都市新建商品房市场买方保留价格分布的估计情况如表 2 所示。总的来说，各期中式（3）和式（4）的估计效果良好，调整的拟合优度和卡方统计量（自由度＝8）平均值分别达到 0.74 和 722.37。

表 2　　　　　　　　　　　　　各期买方保留价格分布特征的估计情况

时期	样本量	特征价格模型（R^2）	Logit 模型（X^2）	买方保留期望	方差	偏度	峰度
Jan-05	425	0.97	898.91	1 719.74	2 886 523	0.05	−1.88
Feb-05	472	0.94	74.40	489.79	1 623 216	2.26	3.25
Mar-05	1 720	0.95	587.75	1 942.01	4 157 615	0.14	−1.89
Apr-05	2 089	0.90	1 030.29	2 185.48	3 155 574	−0.34	−1.71
May-05	2 261	0.86	287.80	1 227.56	2 908 632	0.78	−1.15
Jun-05	2 089	0.89	687.29	1 207.29	2 958 790	0.76	−1.35
Jul-05	2 302	0.70	529.66	1 235.58	4 221 766	1.80	3.59
Aug-05	3 237	0.73	1 411.69	1 937.64	3 487 776	0.22	−1.10
Sep-05	3 139	0.88	535.69	1 318.64	3 657 274	0.85	−1.05
Oct-05	3 789	0.88	619.72	1 389.47	3 419 240	0.60	−1.59
Nov-05	3 899	0.90	385.49	1 099.13	3 222 285	1.10	−0.59
Dec-05	6 335	0.85	1 420.73	1 970.83	3 643 603	−0.03	−1.94
Jan-06	3 995	0.87	506.76	1 062.93	3 024 776	1.07	−0.76
Feb-06	3 204	0.85	499.72	1 180.01	3 278 435	0.93	−1.04
Mar-06	4 337	0.87	285.00	1 316.73	3 695 652	0.82	−1.24
Apr-06	4 372	0.84	633.07	2 038.18	4 713 323	0.16	−1.92
May-06	5 064	0.81	2 046.29	2 349.39	4 607 145	−0.12	−1.87
Jun-06	4 798	0.84	636.77	1 957.58	4 438 230	0.21	−1.83
Jul-06	5 391	0.77	530.12	2 286.47	5264617	0.07	−1.87
Aug-06	4 837	0.83	648.71	1 826.31	4 523 667	0.47	−1.41
Sep-06	4 829	0.81	1 014.91	2 667.92	5 232 746	−0.20	−1.74
Oct-06	5 363	0.78	1 430.39	2 743.05	5 066 070	−0.34	−1.75
Nov-06	8 057	0.83	1 354.57	2 295.34	5 297 753	0.18	−1.59
Dec-06	10 100	0.77	1 942.44	4 430.99	4 331 761	−1.37	0.50

续表

时期	样本量	特征价格模型(R²)	Logit 模型(X²)	买方保留价期望	方差	偏度	峰度
Jan-07	8 644	0.77	2 550.93	3 536.00	5 377 839	−0.57	−1.06
Feb-07	3 944	0.79	947.59	2 783.58	7 028 748	0.00	−1.81
Mar-07	6 355	0.82	916.31	2 442.80	6 704 934	0.23	−1.71
Apr-07	7 128	0.78	1 012.80	2 132.17	5 874 688	0.34	−1.71
May-07	6 845	0.80	665.48	1 984.71	5 849 739	0.58	−1.24
Jun-07	9 644	0.83	636.34	1 768.29	6 558 385	0.84	−1.13
Jul-07	10 563	0.81	858.26	2 049.49	7 762 253	0.76	−1.13
Aug-07	10 890	0.70	881.24	2 858.92	10 500 000	0.42	−1.52
Sep-07	10 276	0.76	1 747.87	4 270.29	11 000 000	−0.27	−1.47
Oct-07	8 301	0.72	1 004.65	5 296.05	13 000 000	−0.58	−1.30
Nov-07	9 515	0.68	1 276.23	3 984.34	7 854 847	−0.44	−1.26
Dec-07	6 268	0.63	918.80	7 271.52	25 100 000	−0.20	−1.22
Jan-08	5 611	0.73	662.80	2 479.32	13 900 000	1.12	−0.20
Feb-08	2 793	0.63	465.89	1 045.58	6 420 970	2.53	5.92
Mar-08	5 095	0.68	917.59	992.25	4 723 215	1.89	2.06
Apr-08	5 963	0.57	633.23	1 002.13	5 731 882	2.41	5.08
May-08	4 656	0.63	380.11	566.52	3 301 355	3.29	10.29
Jun-08	4 543	0.55	798.94	875.66	4 001 566	2.20	4.13
Jul-08	4 056	0.66	256.53	580.77	3 199 459	3.03	8.27
Aug-08	3 667	0.72	260.70	719.28	3 663 547	2.51	5.13
Sep-08	3 382	0.70	265.79	548.47	2 701 517	2.90	7.46
Oct-08	3 321	0.77	257.01	448.92	2 241 161	3.16	8.56
Nov-08	4 114	0.73	276.71	350.94	1 736 408	3.59	11.31
Dec-08	5 379	0.72	177.31	500.23	2 860 153	3.45	11.66
Jan-09	4 630	0.77	135.76	364.47	1 784 528	3.51	10.86
Feb-09	7 614	0.80	480.83	864.61	3 729 386	1.95	2.49
Mar-09	12 320	0.76	559.87	1 099.24	4 880 289	1.63	1.04
Apr-09	12 415	0.71	864.10	1 515.30	5 120 579	0.98	−0.60
May-09	18 886	0.73	407.26	1 402.56	6 863 427	1.53	0.95
Jun-09	7 221	0.76	356.64	1 299.31	5 662 774	1.44	0.59

时期	样本量	特征价格模型(R^2)	Logit 模型(X^2)	买方保留价期望	方差	偏度	峰度
Jul-09	11 168	0.79	354.64	1 875.50	7 780 601	1.14	0.26
Aug-09	10 098	0.79	547.31	2 495.54	9 287 898	0.67	−0.95
Sep-09	9 983	0.75	416.92	1 930.92	11 900 000	1.46	0.66
Oct-09	10 793	0.72	443.56	2 189.75	10 400 000	1.04	−0.22
Nov-09	14 573	0.59	603.47	2 122.05	8 207 291	0.67	−1.40
Dec-09	23 833	0.63	2 038.70	3 948.90	13 600 000	−0.25	−1.62
Jan-10	2 876	0.60	463.72	2 046.53	10 000 000	1.12	−0.30
Feb-10	4 133	0.62	1 361.22	4 139.94	14 500 000	0.33	−0.43
Mar-10	7 003	0.65	761.83	3 751.17	19 500 000	0.70	−0.65
Apr-10	8 885	0.66	765.79	2 645.07	13 900 000	1.22	2.15
May-10	5 852	0.60	944.35	6 083.91	9 006 851	−1.02	1.35
Jun—10	4 549	0.67	734.78	4 927.57	16 900 000	0.27	0.97
Jul-10	3 640	0.71	178.89	1 180.97	8 093 782	2.22	3.73
Aug-10	5 737	0.66	140.31	1 478.03	9 631 700	1.80	1.72
Sep-10	8 523	0.51	712.22	3 307.78	15 700 000	0.49	−1.53
Oct-10	12 446	0.56	494.06	3 118.67	13 500 000	0.58	−1.15
Nov-10	13 701	0.66	506.41	3 924.51	18 700 000	0.50	−1.13
Dec-10	9 275	0.72	397.34	5 054.02	33 100 000	1.03	0.90
Jan-11	10 811	0.73	260.92	4 856.10	38 500 000	1.00	0.10
Feb-11	9 439	0.62	1 134.35	6 591.90	28 800 000	0.69	0.62
Mar-11	2 968	0.45	585.74	4 516.94	16 900 000	0.21	−1.18
Apr-11	3 526	0.69	79.14	1 760.41	12 900 000	1.71	1.35
May-11	4 531	0.68	125.45	6 288.23	43 600 000	0.77	0.21

以 MA(3)、MA(6)和 AR(1)对各期买方保留价格分布做平滑处理,比较结果如图 2 所示。从图 2 中可以看到,直接估计到的买方保留价格期望值的波动性较大,MA 和 AR 模型均能有效地起到平滑趋势的作用。但是,MA 模型后移波动的效应在 2009 年之后越发明显,这与该时期买方保留价的波动增大有关。基于三种平滑模型的实际效果,我们选择 AR(1)模型的平滑结果作为成都市新建商品住房市场的非参数固定流动性指数 NPCLI。AR(1)模型的估计结果如表 3 所示。

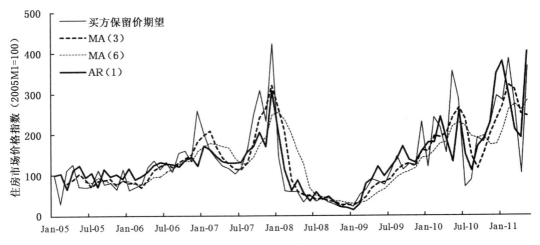

图 2   NPCLI 计算结果比较

表 3   **AR(1)模型的估计结果**

变量	系数	t 值
C	1 566.195	8.386
SKW(−1)	−461.967	−4.877
DEV	0.000	10.874
调整的 R^2	0.685	
样本量	77	

    除了 NPCLI 以外,我们还获得了买方保留价格分布的其他统计指标,这些统计指标在反映市场运行情况、检验 NPCLI 效果方面具有良好的表现。图 3 显示了买方保留价格期望、偏度和峰度(以下简称期望、偏度和峰度)的关系。可以清晰地看到,在市场衰退时期(主要是 2008 年),期望快速下落[①],同时偏度正向大幅提高,说明买方保留价中位数在期望上方,反映出买方保留价格分布在整体上向低价位集中,出现严重的不对称(如果此时以正态分布假设进行估计无疑将带来显著的误差);而在 2008 年以外的其他时期,市场处于繁荣期,偏度则在 0 附近小幅波动,说明在市场繁荣期买方保留价分布更趋于对称。

    另一方面,峰度与期望表现出较强的反向变动趋势,但变动幅度在市场衰退期更大。在市场繁荣期,峰度一般表现为负,说明买方保留价的分布更加分散(同期方差也较大,见表 2);而在市场衰退期,峰度远远大于 0,且同期方差较低(见表 2),说明此时买方保留价格分布强烈地向期望集中,厚尾效应也降低(方差变小)。因此,综合四个统计量的结果来

---

    ①   2008 年到 2009 年初,受到美国次贷危机的影响,我国的房地产市场也进入了短暂的衰退期。从统计数据中也可以看到,成都市的新建住房成交量明显低于之前和之后的年份,因此分期估计得到的各住房的成交概率也显著低于其他年份。

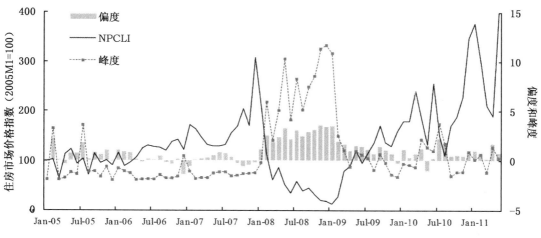

图 3　NPCLI 对住房市场需求的解释

看,可以得出成都市新建商品住房市场中买方保留价的一般规律:(1)在市场繁荣期,买方保留价分布整体上移,相对分散,对称性较好;(2)在市场衰退期,买方保留价分布整体下移,对称性丧失,在期望处高度集中。

此外,从以上分析也可以看出,NPCLI 的计算并不依赖于每个月的市场价格分布情况。由于基于非参数估计原理,NPCLI 不必先验地假设每个月市场价格的分布形态和具体参数,因此也摆脱了市场价格分布强假设对指数计算方法选择、约束和计算结果误差的影响。恰恰相反,NPCLI 更清晰、直观地探测和解释了每个月市场价格的分布情况,有助于更全面地揭示市场情绪的变化。

(二)NPCLI 与市场运行情况的比较

将 NPCLI 与市场成交价格以及市场交易情况进行比较,可以进一步显示 NPCLI 反映市场运行情况的综合效果。

图 4 显示了 NPCLI 与同质化市场价格指数(基于成交价格的特征价格指数,模型形式与式(3)相同,包含时间虚变量)和市场平均销售持时的比较情况。可以看出,相对于市场成交价格,NPCLI 更加明显地反映出市场在衰退期的趋势和状态,而在市场上升期,两者的趋势比较接近。上面发现的买方保留价格分布的变动情况正好可以用来解释这一现象。由于上升期买方保留价格分布的对称性较好,因此二者的变动幅度相近,此时就可以使用 Goetzmann 等(2003)提出的"卖方和买方分别基于个人估价和市场价值来出价"的假设来分析市场;而在衰退期买方保留价格分布迅速向下偏移和集中,使得买方保留价格的下降速度远大于市场成交价格,这时 Geotzmann 等(2003)的假设不再成立,由此也可看出其假设的成立是有条件的。

另一方面,一个有意思的现象是,在市场进入衰退期时,此时上市交易的住房也正好消耗了更长的销售持时。图 4 显示,2008 年初前后上市出售的住房,拥有最高的平均销售持时(接近 300 天)。随着市场衰退期的触底回升,新上市样本的平均销售持时逐渐降低。在 2008 年初以前,市场基本处于平稳上升期,此时市场平均销售持时相对平稳。在 2009

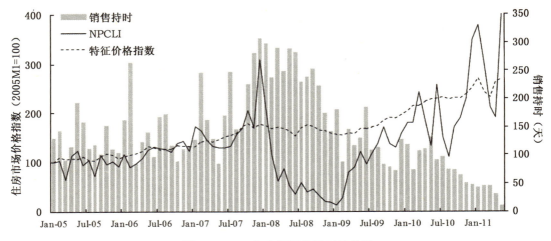

图4　NPCLI 与市场销售持时的关系

年后的市场繁荣期,随着买方保留价格的快速提升,买方支付意愿越发强烈,新上市住房的销售持时不断降低。这一结果说明,NPCLI 很好地反映了微观层面上住房交易的容易程度。

图4中,2010 年之后尽管 NPCLI 和销售持时呈现出明显的反向变动关系,但平稳下降的销售持时很难解释 NPCLI 的大幅波动,而这一问题在市场交易量的变化中找到了答案。图5 显示了 NPCLI 与市场交易量之间的关系。可以看出,NPCLI 在 2010 年以后的大幅波动与市场交易量的波动具有极高的一致性,说明 NPCLI 已经将住房市场的交易情况与价格信息一起反映了出来。与此同时也可以发现,NPCLI 的变化比交易量的变化有一个2个月左右的滞后期,这至少可以说明买方保留价格可能受到前期市场交易情况的影响。

本质上,图4和图5反映的是同一个问题。住房样本的销售持时,在总体上即表现为市场的交易量。因此,NPCLI 与两者的关系是一致的,并且能够同时反映出微观等待时间和宏观交易量的变化。

(三)NPCLI 与 FGGH 固定流动性指数的效果比较

将 NPCLI 与现有固定流动性指数进行比较,有助于更加直观地检验 NPCLI 的效果。为此,我们参照 Fisher 等(2003)的方法计算了基于市场层面的固定流动性指数(FGGH_CLI),并将其变动趋势与 NPCLI 进行比较,结果如图6所示。可以看出:(1)两种固定流动性指数具有基本相同的涨落趋势;(2)两种指数中局部峰值出现的位置基本相同;(3)两种指数在 2010 年之后的市场繁荣期中都表现出更大的波动性;(4)在市场衰退期,NPCLI 的下降幅度更大;(5)在上升期,FGGH_CLI 总大于市场均价,相反,在下降期总小于市场均价,而 NPCLI 则表现出随机性。

上述(1)~(3)点是共同点,说明 NPCLI 具备了固定流动性指数的主要特征。关于第(4)点的解释是,由于 Fisher 等(2003)的一个基本假设是买方保留价格服从正态分布,以此假设估计得出的波动具有良好的对称性;而 NPCLI 不要求买方保留价格分布具有对称

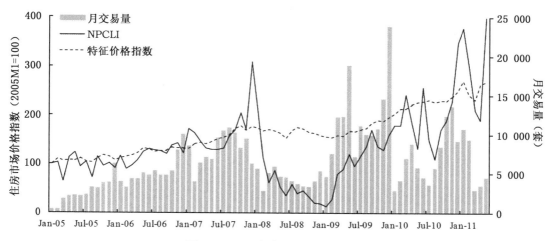

图 5　NPCLI 与市场交易量的关系

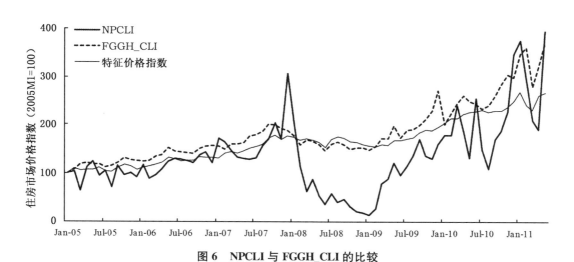

图 6　NPCLI 与 FGGH_CLI 的比较

性,事实上偏度的估计值也说明了该分布在下降期是不对称的、向下集中偏离的,因此,在下降期 NPCLI 的下降速度更快。关于第(5)点,则是由于 FGGH_CLI 假定市场成交价格是买卖双方保留价格的均值,因此,买卖双方保留价就是在特征价格指数上对称地加上或减去一个修正项,关于 FGGH_CLI 的原理可参见 Fisher 等(2003)。

　　(四)子市场的 NPCLI 比较

　　利用 NPCLI,还可以进一步计算不同子市场的买方保留价格分布,从而反映出不同子市场的运行情况。图 7 和图 8 分别显示了不同户型和到市中心不同距离的住房子市场①的 NPCLI。

---

　　① 户型子市场按照国家统计局的相关标准划分;到市中心距离的样本划定主要依据 5 公里和 8 公里两个指标,分别对应成都市二环路和三环路。

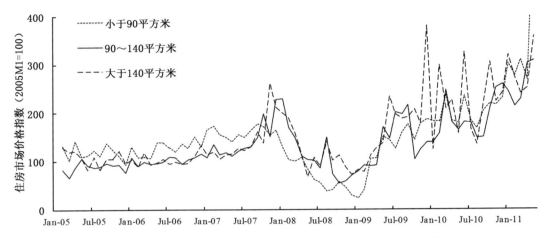

图 7　成都市新建商品住房市场中不同户型住房的 NPCLI 比较

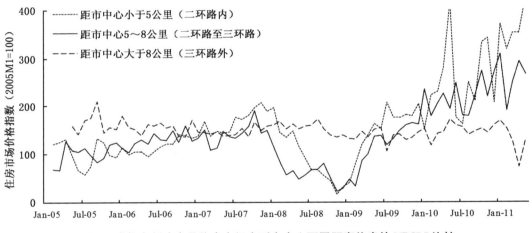

图 8　成都市新建商品住房市场中到市中心不同距离住房的 NPCLI 比较

图 7 表明,在 2008 年市场衰退之前的几年中,小于 90 平方米的中小户型住房的买方支付意愿最高,但是,在市场开始衰退后也跌落得最快。从 2009 年初开始的繁荣期中,大于 140 平方米的大户型住房开始受到追捧,市场购买意愿最高,但波动也较大。此外,可以看出,在市场衰退期到来前的 2008 年初,市场整体的买方保留价所出现的高峰主要是被大户型住房所抬升,且大户型住房在市场衰退期中买方购房意愿的跌幅小于其他住房。以上比较反映出,在 2008 年的市场衰退期前后,成都市住房市场的购房偏好发生了显著变化,大户型住房代替了中小户型住房成为主要交易对象。

距离市中心不同距离的住房子市场表现出更大的需求差异。如图 8 所示,三环路以外的住房其买方支付意愿一直比较平稳,在 2009 年以前受到市场的重点追捧,而且其购房意愿并没有受到 2008 年前后市场低迷的影响。相反,二环路以内的住房在 2008 年市场衰退期前后表现出了迥异的市场需求。尽管从 2005 年以来二环路以内住房的买方支付意愿在不断升高,但仍一直落后于其他区位的住房;在 2009 年以后,随着成都市旧城改造进程的推进,市中心原有老旧住房得以更新,住房市场需求迅速回升,买方支付意愿一跃超过其他区位住房。而相比之下,2008 年的市场衰退则主要是受到二环路与三环路之间住房的市场需求大幅下降的影响。

六、结论

本文在现有住房市场价格指数相关研究的基础上,从住房市场微观搜寻机制出发,提出了住房市场买方保留价格分布的非参数估计方法,并由此构建了一个能够有效反映出住房市场实际运行情况的"非参数固定流动性价格指数"(NPCLI)。由于 NPCLI 模型所依赖的假设条件更为宽松,因此指数的适用性也更强,尤其适合中国的新建商品住房市场。

通过对指数计算结果的比较发现,NPCLI 能够综合地反映出住房市场的价格变动趋势和交易容易程度,且在市场下降阶段可能比现有固定流动性指数更加有效,这是因为在市场下降阶段买方保留价格的分布具有十分明显的向下集中和偏离的不对称性。实证分析还发现,NPCLI 可以探测出不同子市场的需求差异,并将其从整体市场需求中分离出来。

实际上,尽管在理论假设上强弱程度不同,但 NPCLI 与现有固定流动性指数的相关研究是一脉相承的。住房搜寻理论是研究的共同基础,而得到一个反映市场运行情况的综合指标是研究的共同目的。基于这些研究,住房卖方可以更好地判断应该何时出手,或者降低到一个合适的价格避免过大的损失;而住房买房则可以更加精确地计算投资组合的期望收益和风险,这个期望收益和风险与股票等金融资产具有可比的流动性水平。

参考文献:

[1]杨赞,张蔚. 房地产市场销售持时对交易价格的影响机制研究——以北京为例[J]. 建筑经济,2013(5):70—73.

[2]Anglin, P. M., Rutherford, R. and Springer, T.M., The Trade-off Between the Selling Price of Residential Properties and Time-on-the-market:The Impact of Pricing Setting[J]. *Journal of Real Estate Finance and Economics*,2003,26(1):95—111.

[3]Bailey, M.J., R.F. Muth and H.O. Nourse, A regression method for real estate price index construction[J]. Journal of the American Statistical Association, 1963:933—942.

[4]Case, B., H.O. Pollakowski and S.M. Wachter, On choosing among house price index methodologies[J]. Real estate economics, 1991,19(3):286—307.

[5]Case, B. and J.M. Quigley, The dynamics of real estate prices[J]. The Review of Economics and Statistics, 1991:50—58.

[6]Clauretie, T.M. and P.D. Thistle, The Effect of Time-on-Market and Location on Search Costs and Anchoring:The Case of Single—Family Properties[J]. The Journal of Real Estate Finance and Economics, 2007,35(2):181—196.

[7]Deng, Y., D. McMillen and T.F. Sing, Private Residential Indices in Singapore:A Matching Approach[J]. Regional Science and Urban Economics, 2012,42(3):485—494.

[8]Fisher, J., et al., Controlling for the impact of variable liquidity in commercial real estate price

indices[J].*Real Estate Economics*,2003,31(2):269—303.

[9]Genesove, D. and C. Mayer, Loss aversion and seller behavior: Evidence from the housing market [J]. The Quarterly Journal of Economics,2001,116(4):1233—1260.

[10]Guo X, Zheng S, Geltner D, et al. A new approach for constructing home price indices in China: the pseudo repeat sales model. Available at SSRN 2127336, 2012.

[11]Huang, J. C. and Palmquist, R.B.,Environmental Conditions, Reservation Prices, and Time on the Market for Housing[J]. Journal of Real Estate Finance and Economics, 2001, 22:203—219.

[12]Kahneman, D. and A. Tversky, Prospect theory: An analysis of decision under risk[J]. Econometrica: Journal of the Econometric Society, 1979:263—291.

[13]Kain, J.F. and J.M. Quigley, Measuring the value of housing quality[J]. Journal of the American Statistical Association, 1970:532—548.

[14]Knight, J.R., Listing price, time on market, and ultimate selling price: Causes and effects of listing price changes[J].*Real Estate Economics*,2002,30(2):213—237.

[15]Lin, Z. and K.D. Vandell, Illiquidity and pricing biases in the real estate market[J]. Real Estate Economics, 2007,35(3):291—330.

[16]Goetzmann, W. and Liang, P., Estimating house price indexes in the presence of seller reservation prices[J]. Review of Economics and Statistics, 2006,88(1):100—112.

[17]Quigley, J.M., A simple hybrid model for estimating real estate price indexes[J]. Journal of Housing Economics, 1995,4(1):1—12.

[18]Yavas, A. and Yang, S.,The Strategic Role of Listing Price in Marketing Real Estate: Theory and Evidence[J]. Real Estate Economics, 1995, 23:347—368.

[19]Zuehlke, T.W., Duration dependence in the housing market[J]. The Review of Economics and Statistics, 1987,69(4):701—709.

Estimation of Buyers' Reservation Price in Housing Markey

Xiaoyang Guo   Weizeng Sun   Siqi Zheng   Hongyu Liu

(Xiaoyang Guo, Hang Lung Center for Real Estate and Department of Construction Managemen, Tsinghua University, Beijing:100084; Center for Real Estate, MIT, MA 02139.Weizeng Sun,Hang Lung Center for Real Estate and Department of Construction Managemen, Tsinghua University, Beijing:100084. Siqi Zheng, Professor, Hang Lung Center for Real Estate and Department of Construction Managemen, Tsinghua University, Beijing:100084.Hongyu Liu, Professor, Hang Lung Center for Real Estate and Department of Construction Managemen, Tsinghua University,Beijing:100084.)

Abstract:The housing market often shows low liquidity because of its heterogeneity and searching cost. The interaction between the low liquidity and the price of housing market would probably lead to a gap between the housing transaction price and the real housing value. Hence, the housing sellers would need to balance between how long they want to wait before their houses are sold and how much they want for their houses. But this balancing process is not represented in the housing price index, which is calculated with the transaction price. Based on the house searching theory, this paper builds a Non-Parametric Constant Liquidity Index (NPCLI) model by using a "Non-Parametric estimation method for the distribution of buyers' reservation prices". Compared to other relative research, the assumptions of this model are more expansive, and its results of this model are more accurate and applicable. This paper also takes the residential housing market of Chengdu as an empirical analysis. It demonstrates that this Non-Parametric Constant Liquidity Index (NPCLI) model can well describe the trend of housing prices and the difficulty of housing transactions. It also shows that the model improves the constant liquidity index that is currently used, and it efficiently separates the characteristics of sub-market from those of the larger market. From the empirical analysis, we also find that the distribution of prices reserved by house buyers would be significantly asymmetry and centered downwards when the housing market experiences a drop, and it would likely be symmetry and scattered when the housing market experiences a growth. This means the differences of housing market should be taken into account for studies that are based on assumption of housing price distributions. The NPCLI model would contribute to making housing sale strategies and investment strategies which include housing assets.

Key words: Constant liquidity　Buyers' reservation price　Housing searching　Housing price index

居住隔离、邻里效应与住房价格[*]

郝前进　陈　杰[**]

摘　要：文章首先从理论层面探讨居住隔离可能对房价产生的影响及机制，其次用 2010 年"六普数据"刻画了上海中心城区的居住隔离现状，之后基于 2010 年上海二手房价格数据定量研究了居住隔离程度对房价的影响。计量结果显示，外来人口过度聚集或本地居民过度聚集，都会对本区域房价产生负面影响。分位数回归和空间误差模型结果对结论没有影响。

关键词：居住隔离　邻里效应　住房价格　分位数　空间计量

中图分类号：F290　F293　C913

一、引言

2000 年以来，我国城镇化加速，城镇化率每年平均提高 1 个百分点，城镇人口每年净增加 2 000 多万人口。在我国快速城镇化过程中，大量农民工及其家庭成员因为城市户籍制度的管制而无法在城市长期定居（李强，2003）。如国家统计局资料显示，我国 2012 年末城镇常住人口已经达到 7.11 亿，城镇化率达到 52.6%，但拥有城市户籍的人口只有 35% 左右。国家统计局 2013 年 5 月发布的《2012 年全国农民工监测调查报告》估计 2012 年我国有 1.6 亿外出农民工。除城乡人口迁移之外，城市之间的人口流动也在加快。第六次全国人口普查主要数据公报（第 1 号）报告，2010 年我国跨市的人口流动总规模达到 2.2 亿之多。

非本地户籍人口，尤其是农民工，在进入城市伊始，由于经济能力、信息收集、语言、文化、习俗、价值观念等方面的差异以及流入地的制度障碍或主观歧视（袁媛、许学强，2008），他们中绝大多数都会经历一个居住隔离过程——居住空间上与本地居民严重分离。国内已经有不少文献测度了中国大城市中本地户籍居民与非本地户籍居民之间的居

　＊【致谢】本文获国家自然科学基金项目（NSF71073090；NSF71173045；NSF71203031）、复旦大学"985 工程"三期整体推进社会科学研究项目（2012SHKXQN012）、复旦大学青年教师科研能力提升项目（20520133211）和住建部住房改革与发展司软科学课题（2012—21）资助。

　＊＊作者简介：郝前进，副教授，复旦大学环境科学与工程系，复旦大学住房政策研究中心；电子邮件：haoqianjin@fudan.edu.cn，联系地址：上海市国定路 400 号综合楼 106 室；邮编：200433。陈杰（通讯作者），教授，上海财经大学公共经济与管理学院、不动产研究所；电子邮件：chen.jie@mail.shufe.edu.cn，联系地址：上海市武川路 111 号公管楼 503 室；邮编：200433。

住隔离程度。比如李志刚、吴缚龙(2006)，孙斌栋、吴雅菲(2008)，袁媛、许学强(2008)，陈钊、陆铭和陈静敏(2012)，等等。在国内外理论文献中，居住隔离被广泛认为对社会和谐与经济发展具有显著的负面作用(Massey等，1991；陈钊、陆铭和陈静敏，2012)。然而，对于居住隔离在我国现实社会与经济生活中的实际后果，目前国内还缺乏基于定量研究的实证证据。

本文选取了居住隔离程度对房价影响这个角度来探讨居住隔离可能带来的经济效应。我们首先论述了居住隔离对房价可能的作用机制。具体而言，我们指出，外来人口的集聚会带来整个城市尤其是外来人口居住区域公共服务的紧张和邻里效应的变化，影响到区域内住房市场的需求，最终带来城市内住宅价格的空间差异。本文进而用基于特征价格法的计量模型和上海二手房价格实证数据来检验基于理论分析所提出的一系列假说，从而为研究外来人口和本地户籍常住人口之间的居住隔离对住宅价格到底会产生什么样的影响提供初步的实证证据。

二、相关文献综述

(一)居住空间隔离的概念和定义

所谓"居住隔离"(residential segregation)，又被称为"空间分异"(spatial separation)，是指基于肤色、户籍、职业、教育、生活习惯、文化水平或财富差异等人口特征关系而相区别的人群，同类或类似的人群相对聚集于特定地区，不相类似的人群则在居住空间上彼此分开。居住隔离这个概念之所以重要，是因为与社会学中流行的"社会分异"概念密切相关(Massey等，1991)，后者表达的是各阶层或各种族、各职业人群之间的交往割裂。很多文献认为，居住隔离容易带来交往割裂，进而引发阶层相互不信任，导致社会分异，或者产生"贫困陷阱"和"社区败坏"(Massey等，1991)。

Massey和Denton(1988)提出从五个空间维度来衡量居住隔离：均质性(evenness)、接触性(exposure)、集中性(concentration/isolation)、向心性(centralization)、群聚性(clustering)。具体而言，均质性指的是不同群体在城市中人口分布的均匀程度；邻近性衡量两个群体接触、交往和互动的可能性；集中性衡量少数群体占据区域内空间的数量；向心化指的是少数群体集中居住在城市中心的程度；群聚衡量少数群体在区域内居住不对称或不成比例的程度(Massey等，1996)。

由于经济学家主要关注居住隔离程度对社会交往和互动的影响，这方面集中性和向心性两个维度就存在明显的不足，而群聚性的衡量由于对人口普查单元的数量和总人口很敏感，也不被经常使用，因此，空间均质性和空间接触性成为社会科学中衡量居住隔离时使用最多的维度(Reardon和O'Sullivan，2004；Echenique和Fryer，2007)。

(二)中国城市的居住隔离

我国学者关于居住隔离的研究始于20世纪80年代后半期。这方面的代表性研究包括李志刚、吴缚龙(2006)，孙斌栋、吴雅菲(2008)，袁媛、许学强(2008)，陈钊、陆铭和陈静敏(2012)，等等。李志刚、吴缚龙(2006)以第五次人口普查(2000)考察了上海的居住空间分异情况，研究发现，以户籍为人群划分标准，上海2000年全市的空间分异度仅在20～

28。他们由此认为,不管在居委会还是在街道尺度上,无论是考察外来人口个人还是户主,上海2000年并不存在严重的外来人口的空间分异。孙斌栋和吴雅菲(2008)基于2006~2007年的住房租赁价格数据研究发现,上海市最低收入与最高收入这两个阶层的居住空间分异指数分别为56与87,明显高于处于中间收入阶层(35左右)。他们就此提出,中国城市社会结构中的底层聚居现象比较明显,而顶层社会则处于十分严重的隔离状态,中等收入阶层的分布则较为均衡。陈钊等(2012)根据对2006~2007年间上海部分市区49个小区的1 574户家庭抽样数据计算出的户籍与非户籍居民的居住分异指数为25.02,居住隔离程度仍然不高。然而,由于抽样规模较小,并且相对集中在市区,这个结果可能低估了当时上海居住分异的情况。在国内其他城市居住隔离的研究方面,袁媛和许学强(2008)研究发现广州市1990年街道层面外来人口平均隔离指数是26.8,2000年为37.8。

三、居住隔离对住房价格的影响机制

外来流动人口进入城市并在一定区域聚集会通过多种途径对本地人住房的区位选择及区域住房价格产生影响(如图1所示)。

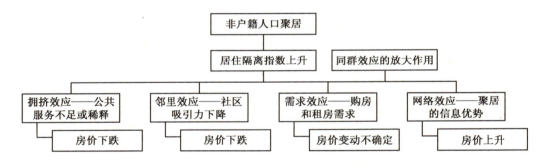

图1　居住隔离影响区域内房价的作用机制

第一,外来人口过度集聚,带来了公共服务资源的紧张和社区管理能力的下降,影响到本区域的吸引力,从而影响区域的住房价格,这可以归结为"拥挤效应"。外来人口通常更容易集聚在靠近工作机会较多、就业便利或交通便利的区域,往往同时也聚居在住房便宜的区域(吴维平、王汉生,2002)。例如,《2012年全国农民工监测调查报告》显示,外出农民工的居住主要由所雇佣单位提供,在单位宿舍中居住的占32.3%,在工地或工棚居住的占10.4%,在生产经营场所居住的占6.1%,与他人合租住房的占19.7%,独立租赁住房的仅占13.5%。我国现行的户籍制度既是一种人口信息管理制度,同时又被赋予了社会保障与福利、劳动就业、教育、住房、人事等多种功能,因而户籍制度承担着十分重要的社会资源配置功能(叶建亮,2006)。国家将国民按农业户口和非农业户口以及不同地域区分开来,并据此将国家承担的教育、医疗、社会保障、社会福利与社会救助等财政负担和其他一些生活资源控制在有限的地域范围内。与此同时,各地政府也根据户籍制度来控制地方政府的财政负担及相应的生活资源分配额。在这种情况下,当外来人口大量进入以后,就会使得本社区按照本地人口配置的教育、医疗等公共服务资源出现"拥挤效应"——供给不足或被稀释(叶建亮,2006),从而使本社区吸引力下降。另一方面,这种拥挤效会使

得本地人离开,利用信息优势去寻找公共资源相对最宽松的区域,使区域间住房市场的需求产生重构,从而带来住房价格的空间差异。

第二,外来人口进入还可以通过"邻里效应"影响城市内局部区域住房价格。Massey等(1991)指出,低收入人群的聚居会产生自我增强机制,让个体陷入"贫困陷阱",也破坏当地社区的繁荣与就业机会。Ellen 和 Terner(1997)通过回顾现有理论和经验文献,发现邻里效应可以通过六种机制影响区域内居民的行为:(1)社区服务的质量。社区服务的质量对个体居民的福利影响很大,学校的便利性和质量是居民购房时重点考虑的因素之一(Nguyen-Hoanga 和 Yinger,2011;冯皓和陆铭,2010),但外来人涌入有可能会改变社区教育质量。(2)住区居民构成对儿童成长的影响。住区居民的构成中如果外地人过多,即使不考虑他们与本地人在教育程度等方面的差别,其不稳定性也会影响儿童的社会化过程和成长。(3)同龄人影响。当一个区域外地人较多的时候,本地居民可能不希望自己的子女跟外地流动人口尤其农民工子女一起上学,担心农民工子女的一些习惯,如孩子的日常行为、逃课等行为传染给自己的孩子,从而使本地人通过自选择效应逃离这些区域(native flight)。(4)社会网络,也即人际网络。陌生人过多,会让一个社区缺乏安全感,难以建立有效的社会网络(汪汇、陈钊、陆铭,2009)。而外来人口如果过度聚集在一起,形成群体的社会隔离(social isolation),会导致群体社会网络的缺乏和社会资本的匮乏,对外来人口自身长远的发展也将非常不利。(5)与犯罪和暴力的接触。举个例子来说,比较频繁遭遇暴力犯罪的儿童可能遭受精神创伤,并且儿童的价值观、世界观也会受到影响。(6)与经济机会(特别是工作)和公共交通等硬件条件的物理距离和隔离。

第三,外来人口聚居会通过"需求效应"造成区域内房价变动,但这个效应的结果不确定。一方面外来人口相对收入较低,职业不稳定,购房能力差(吴维平、王汉生,2002)。另一方面,由于户籍的限制,外来人口缺乏对未来生活的稳定预期,同时在公共服务中受到歧视,难以获得户籍人口专享的公共福利(叶建亮,2006)。有研究显示,户籍严重抑制了外来人口的消费欲望。同样条件下,移民的边际消费倾向比城镇居民低了 14.6 个百分点(陈斌开等,2010)。所以外来人口即使有购房能力,往往也轻易不购房。2010 年上海等大城市对住房实施"限购"之后,有经济能力的外来常住人口买房更加受到遏制。如果本社区外来人口较多,新房销售会不畅。但另一方面,如果本社区住房供给已经固定,新房不多,外来人口聚居带来的租房需求增加,会传导到房价,抬升二手房的房价。

第四,外来常住人口也有很大差异性,高人力资本外来者的高度聚居往往形成"网络效应"(network effect),带来该地区房价溢价。非户籍人口中除了农民工,也有很多社会中坚。以上海为例,外来人口中有 20% 拥有城市户籍,主要是新就业大学生和外来创业者,还有很多外企和私企高管。上海一些新兴高档城区,如新天地以国际人士聚集而闻名,浦东碧云社区外籍人士家庭占到 90% 以上,虹桥商圈是日本人集中居住的区域,古北则号称有数万台湾人。这些社区形成一定规模和名声之后,会吸引相同背景的外来精英进一步在此聚居,尤其初来乍到的外来精英们会优先考虑在这些特定地区定居,从同乡获取工作和生活信息,这就是所谓的"港口效应"(hub effect),待熟悉这个城市后再考虑移居到别处。这些都会抬升区域房价。

第五,居住隔离与"同群效应"(peer effect)紧密相关。所谓"同群效应",是人群之间行为的相互传染与互相影响,可视为"社会乘数"(Glaeser 等,2003)。大量外来人口聚居所带来的"同群效应"会放大外来人口对社会的不信任,也进一步降低外地人对本地的融入欲望(汪汇、陈钊、陆铭,2009)。同时"同群效应"对外来人口带来的社区负面形象有放大作用。美国有不少研究显示,一旦某个地区黑人达到一定比例之后,就会出现白人的恐慌,造成白人逃离,使社区突然荒芜。但"同群效应"也会放大高人力资本外来人口聚居对房价的溢价作用。

以上只是考虑外地人的聚居。而本地人的过度聚居,既可能代表社区公共服务的相对宽松和社区居民结构的相对稳定,也可能代表社区老化,无法吸引有活力的外来人口。其对房价的影响也是不确定的。

根据以上理论分析,本文提出以下三个可实证检验的理论假说:

假说 1:居住隔离对房价的影响可能存在非线性关系。如之前的讨论,外来人口进入和空间分布格局会通过拥挤效应、邻里效应、需求效应等作用机制来影响房价,而这些影响效应对房价的影响是不尽相同甚至相反对冲的,为此,有理由相信居住隔离对房价的影响很难是线性递增或递减,而更可能是非线性的。

假说 2:居住隔离对住房价格的影响,十分依赖于外来人口群体的社会经济特征。如果本地人口收入水平较低,外来人口平均收入水平较高,年龄和家庭结构年轻化,住房需求旺盛,则居住隔离外来人口带来的住房需求效应和正面的邻里效应会超过其带来的负面影响——拥挤效应、邻里效应,此时居住隔离对住房价格总体而言会有正面影响。如果大量聚集的外来人口总体经济能力较差,教育程度较低,则拥挤效应和负面的邻里效应会超过需求效应。所以,研究居住隔离对房价影响,需要严格控制好外来人口的人群特征。

假说 3:由于不同收入水平家庭对邻里效应和拥挤效应的敏感程度不同,居住隔离程度对不同价位住房的影响程度会有所差异。

四、研究方法、数据说明和计量模型

(一)居住隔离测度

在实证研究中,隔离指数(Index of Segregation)或相异性指数(Index of Dissimilarity)是最常用来衡量居住隔离程度的指标(Wong,1996)。最经典的隔离指数由 Duncan 和 Duncan (1955)提出,称为居住隔离 D 指数,其直观的含义是,从"均衡"的维度来看,为了实现人群居住均匀分布而需重新空间定位的少数群体的比例。居住隔离 D 指数的定义式如下:

$$D = 0.5 \times 100 \times \sum_{i=1}^{T} \left| \frac{m_i}{M} - \frac{n_i}{N} \right| \tag{1}$$

在上式中,假设一个城市 T 个区域单元中分别有两个群体 1 和 2 居住,m_i 和 n_i 分别是区域单元 i 中群体 1 和群体 2 的人数,M 和 N 分别是整个区域内群体 1 和群体 2 的总人数。如果 D 指数为 30,则代表全市范围内的群体 1 需要有 30% 的人(或群体 2 需要有30% 的人,D 指数具有对称性),进行搬迁来实现居住的均匀性分布,即所有区域单元内的群体 1 和群体 2 的相对比例都与全市比例相同。

隔离指数根据衡量的是整体还是局部区域的居住隔离情况，可以分为全局(global)隔离指数和局部(local)隔离指数。最新研究发展的趋势越来越多使用局部隔离指数，以反映不同区域居民的居住隔离情况(Wong，1996)。局部隔离指数的计算公式如下：

$$D_i = 100 \times \frac{m_i}{M} - 100 \times \frac{n_i}{N} \tag{2}$$

局部 D_i 指数表现的是区域 i 内两个群体的相互居住隔离程度，其取值范围从-100 到 100。取值为 0 表示两个群体人数按全市人口比例在各居住单元内均匀分布，也就是说，群体 1 在本单元内见到群体 2 的概率和在全市范围内群体 1 见到群体 2 的概率是一样的。而-100 和 100 表示群体完全隔离的两个极端情况，比如，100 代表全市的群体 1 全部聚居在本社区而群体 2 则一个都没有，-100 则表示全市的群体 1 完全聚居在本社区而群体 2 则一个都没有。

（二）数据说明和描述性统计

我们基于上海二手房在房地产交易中心官方网站上的挂牌价格数据展开研究。[1] 本文所用数据来自 2010 年 9 月在上海房地产交易中心官方网站上的随机采集的二手房挂牌数据，地域限于上海城区(外环以内)[2]，一共采集了 8 298 户二手房住宅在当月的网上挂牌价格，分别来自 588 个楼盘。同时还收集了样本住宅的建筑面积、楼层、户型、建筑结构、装修情况(简装或精装)等住宅的建筑类特征，以及小区楼盘的总建筑面积、竣工时间、绿化率、容积率等楼盘特征，并根据楼盘的具体位置，利用 GIS 信息补充了各个楼盘到市中心的距离、到城市副中心的距离、到最近轨道交通站点的距离、区域内医疗服务水平、到最近大型超市的距离、所属环线、所属行政区等住宅区位性，以及小区所在街道的外来常住居民和本地常住居民的居住隔离情况、街道层面幼儿园和小学资源的丰富程度、街道 60 岁以上老人的比例、街道 6～10 岁儿童(上小学的年龄)中外来儿童的比例等邻里特征。另外，由于 2010 年上海住房成交的税费政策规定，非普通住房需要缴纳额外的税费，这里增加一个变量 abnormal，表示该住房是否为非普通住房，以观察差异性税费对住房成交价格的影响。

表 1　　　　　　　　　　　　　　　住宅特征的变量定义

变量名称	名　称
Price	每户住宅的平均挂牌价格(单位：元/平方米)
Dindex	外环以内所在街道的居住隔离指数

---

[1]　比较理想的二手房价格应该是实际成交价格，但由于国内房地产交易中心的登记备案成交价格一则难以获得，二则由于避税的"阴阳合同"泛滥，其价格往往被系统性低估。而房主自己的挂牌价格反映的是卖家的心理价位，对市场波动敏感，往往被认为更加能反映真实的市场价值(Pollakowski，1995)。2012 年西南财经大学 6 月发布的《中国家庭金融调查报告 2012》表示，他们发现中国家庭自报价格与市场价格接近程度接近 95%，说明家庭自报价格和市场价格是高度契合的。

[2]　外环线以内地区面积仅占上海的 10%，却集中了全市 60%以上的人口，是上海市社会经济活动最活跃的地域，也是社会问题最为突出和集中的地区，选取该地区，无论是对研究居住隔离还是对建立城市经济学的经典模型，都有很强的意义。

续表

变量名称	名　称
Kinder_density	幼儿园资源丰裕程度(个/万人)
PSchool_density	小学资源丰裕程度(个/万人)
Ratio_upsixty	所在街道60岁老人的比例(%)
ratio_6to10_migrant	所在街道6~10岁儿童中外来人口的比例(%)
num_Hos	行政区内三级医院的数量(单位:个)
dis_CBD	到市中心(人民广场)的直线距离(单位:千米)
dis_subcenter	到城市副中心的距离(陆家嘴、徐家汇、五角场)(单位:千米)
dis_rail	到最近地铁站点的直线距离(单位:千米)
dis_Supermarket	到最近大型超市的直线距离(单位:千米)
Tfa	住宅所在小区的总建筑面积(单位:万平方米)
Green	楼盘的绿化率
Far	楼盘的容积率
unit_2bed	是否拥有2个卧室(2个卧室为1,其余为0)
unit_3bed	是否拥有3个卧室(3个卧室为1,其余为0)
unit_material	是否为钢混结构(钢混结构为1,其余为0)
unit_devor1	住宅是否简单装修(简装为1,其余为0)
unit_devor2	住宅是否精装(精装为1,其余为0)
Age	住房年龄
Abnormal	住宅是否为普通住房(非普通为1,普通为0)

从收集的8 298户二手房成交的数据来看(见表2),住宅挂牌单价平均值达到25 321元/平方米,单价最便宜的仅为5 552元/平方米,最贵的达到59 913元/平方米不等。

表2　　　　　　　　　　　　　　住宅特征的统计性描述

变量名称	观察值的个数	平均值	标准差	最小值	最大值
Price	8 298	25 321.490	9 401.082	5 552.471	59 913.360
Dindex	8 051	−0.165	0.733	−2.289	1.250
Kinder_density	8 298	0.732	0.321	0.180	2.399
Pschool_density	8 298	0.386	0.195	0	1.322
ratio_6to10_migrant	8 298	17.425	3.719	7.394	28.257
Ratio_upsixty	8 298	28.126	11.678	10.816	67.749
num_Hos	8 298	3.336	3.533	1	14

续表

变量名称	观察值的个数	平均值	标准差	最小值	最大值
dis_CBD	8 298	7.485	3.270	0.463	17.958
dis_subcenter	8 298	5.692	2.688	0.171	15.348
dis_rail	8 298	2.195	1.990	0.045	13.030
dis_Supermarket	8 298	1.128	0.719	0.054	6.484
Tfa	8 290	13.355	21.388	0.220	330
Green	8 244	0.409	0.084	0.150	0.73
Far	8 240	2.465	1.020	0.290	8
unit_2bed	8 298	0.520	0.500	0	1
unit_3bed	8 298	0.397	0.489	0	1
unit_mater~l	8 298	0.882	0.323	0	1
unit_devor1	8 298	0.042	0.200	0	1
unit_devor2	8 298	0.114	0.318	0	1
Age	8 298	5.442	2.912	0	19
Abnormal	8 298	0.832	0.374	0	1

从第六次人口普查数据来看,2010 年上海市共有外来居民 897.7 万人,比 2000 年增加 591.96 万人,年均增长 11.4%,占上海 2 300 万常住人口的 39%。从本文聚焦的外环以内的居住隔离情况来看,2010 年上海外环内共有外来常住人口 312.91 万人,占到常住人口 1 103.91 万人的 28.3%,该比例低于全市平均水平,说明外地居民更多的居住在外环以外的区域。以户籍人口和外来人口为划分标准,2010 年上海市全市街道层面的居住隔离指数为 33.72,外环内街道层面的居住隔离程度更低,只有 21.57。外环以内街道层面的居住隔离平均值为 −0.18,本地居民为主的居住隔离程度最高的达到 1.25,外地居民为主的居住隔离程度最高达到 −2.29。如果以大学以上学历和大学以下学历为划分标准,2010 年上海市全市街道层面的居住隔离指数为 30,外环内街道层面的居住隔离指数只有 17.65。从两种划分都可以看出,上海市整体居住隔离程度并不高。由于本文主要关注户籍人口和外来人口之间隔离产生的社会经济影响,所以采用以户籍为划分标准的隔离指数。

从居住隔离在上海城区(外环以内)的空间分布来看(见图 2),外来人口聚集程度偏高的街道较多,主要集中在接近于城乡结合部区域的中、外环间。本地人口聚集程度偏高的街道则较少,区位条件也并不优越,基本是内环边缘的老工业区和老住宅区。在上海市最核心的内环以内区域,外来人口和本地人口则基本是均衡分布,居住隔离程度相对较低。

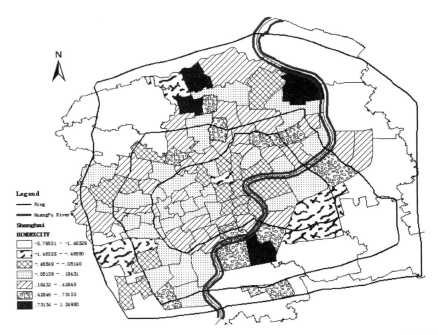

注:局部 Dindex 为负数表示所在区域外来人口/本地常住人口比例高于全市水平,外来人口过度聚集;反之,局部 Dindex 为正数则表示本地人口过度聚集。

图 2 上海外环内外来人口和本地常住人口的居住隔离情况(局部 Dindex)

从数据中还可以看出,在人民广场半径 5 公里的区域内,不管是每万常住人口的小学密度,还是每万常住人口的幼儿园密度都是全市最高,这说明在离上海市中心 5 公里的区域是上海教育资源最好的区域。另外,这些区域也是上海商业、地铁、医院等公共服务最好的区域。从这个方面来讲,居住在上海最核心区域的外来居民,其主要目的之一就是享受上海更好的教育等公共服务设施。

(三)计量模型

本文使用特征价格法模型(hedonic price modeling)来估计住宅特征的隐含价格,认为购房者所愿意支付的住房价格是各个特征要素的函数,其理论依据是 Lancaster(1966)隐形商品效用理论。Rosen(1974)建立了特征价格模型的基本理论框架和技术路线。

一般认为,住宅的特征要素主要分为建筑结构特征、区位特征、邻里特征和环境特征(Sirmans 等,2005),用函数形式可表达为:

$$P = f(X_1, \cdots, X_i, Y_1, \cdots, Y_m, Z, \cdots, Z_n, u_1) \tag{2}$$

其中,P 为住宅价格,X_i 为住宅建筑结构特征,Y_m 为生宅区位特征,Z_n 为住宅邻里环境特征,u_1 为影响住宅价格的其他特征,$f(\cdot)$ 为待定的具体函数形式。

相对于以前文献只使用传统的建筑特征和区位特征变量,本文的贡献是在控制变量中加入了居住隔离指数变量和隔离指数变量的平方变量,从而观察居住隔离程度对住房价格的影响。为了控制外来人口进入对幼儿园、小学资源的拥挤情况,在回归方程中加入了住宅所在街道的幼儿园密度、小学密度指标;为了控制邻里效应对住宅价格的影响,在回归方程中加入了街道 60 岁以上老人的比例和 6～10 岁儿童中外地儿童所占比重的变量。本文使用的函数模型为：

$$
\begin{aligned}
\ln(hprice_i) =\ & \beta_0 + \beta_1 \text{Dindex} + \beta_2 \text{Dindex2} + \beta_3 \text{Kinder\_Density} + \beta_4 \text{PSchool\_Density} \\
& + \beta_5 \text{ratio\_6to10\_migrant} + \beta_6 \text{ratio\_upsixty} + \beta_7 \text{num\_Hos} + \beta_8 \text{dis\_CBD} \\
& + \beta_9 \text{dis\_CBD2} + \beta_{10} \text{dis\_subcenter} + \beta_{11} \text{dis\_rail} + \beta_{12} \text{dis\_supermarket} \\
& + \beta_{13} \text{green} + \beta_{14} \text{far} + \beta_{15} \text{tfa} + \beta_{16} \text{unit\_2bed} + \beta_{17} \text{unit\_3bed} \\
& + \beta_{18} \text{unit\_material} + \beta_{19} \text{unit\_decor1} + \beta_{20} \text{unit\_decor2} + \beta_{21} \text{Age} \\
& + \beta_{21} \text{Abnormal} + \varepsilon_i
\end{aligned} \tag{3}
$$

五、实证结果

为了检验标准 OLS 回归结果的稳定性，本文采用了递进式加入变量的方法，分别对不加入居住隔离和邻里效应变量、只加入居住隔离变量、加入居住隔离和中小学密度特征变量、加入所有居住隔离和邻里特征后的 OLS 模型共 4 个方程进行了回归。考虑到住房价格样本数据往往存在严重的异方差现象（Randolph，1988；Goodman 和 Thibodeau，1995），本文在 OLS 模型的参数标准差估计中使用的是 Amended Huber-White 标准差，Davidson 和 Mackinnon(2004)称其为 hc3，它也被认为是解决异方差最有效的标准差估计法（Davidson 和 Mackinnon，2004：200）。

表 3 　　　　　　　　　**居住隔离与住房价格：标准 OLS 回归结果**

VARIABLES	(1) lnprice	(2) lnprice	(3) lnprice	(4) lnprice
Dindex		−0.124***	−0.136***	−0.114***
		(0.00920)	(0.00919)	(0.0184)
Dindex_square		−0.0689***	−0.0727***	−0.0617***
		(0.00602)	(0.00603)	(0.00798)
Kinder_density			0.0521***	0.0677***
			(0.0133)	(0.0139)
Pschool_density			0.140***	0.160***
			(0.0234)	(0.0240)
ratio_6to10_migrant				−0.00871***
				(0.00240)
ratio_upsixty				−0.00164**
				(0.000646)
num_Hos	0.0172***	0.0158***	0.0136***	0.0152***
	(0.00132)	(0.00141)	(0.00142)	(0.00155)

续表

VARIABLES	(1) lnprice	(2) lnprice	(3) lnprice	(4) lnprice
dis_CBD	−0.0846***	−0.0762***	−0.0568***	−0.0846***
	(0.00554)	(0.00558)	(0.00613)	(0.00554)
dis_subcenter	−0.0261***	−0.0235***	−0.0236***	−0.0223***
	(0.00206)	(0.00249)	(0.00251)	(0.00258)
dis_rail	−0.0122***	−0.00989***	−0.00918***	−0.00728***
	(0.00234)	(0.00244)	(0.00245)	(0.00249)
dis_Supermarket	−0.0173***	−0.0130***	−0.0113**	−0.0105**
	(0.00458)	(0.00469)	(0.00469)	(0.00470)
green	0.330***	0.264***	0.278***	0.272***
	(0.0391)	(0.0394)	(0.0393)	(0.0393)
Constant	10.33***	10.38***	10.20***	10.42***
	(0.0416)	(0.0415)	(0.0466)	(0.0695)
……				
Observations	8 208	7 983	7 983	7 983
R-squared	0.553	0.559	0.564	0.565

注:(1)括号内为标准误差,基于 Amended Huber-White Standard Errors (hc3)。(2)*** 表示系数具有在 1% 以内的显著度,** 表示 5% 以内的显著度,* 表示 10% 以内的显著度。(3)房型系列哑变量基准值是一室户和四室户、五室户,装修系列哑变量的基准值是无装修。(4)回归中加入了行政区的虚拟变量,以控制行政区子市场的影响。但为节省篇幅,这些系数没有报告。

回归结果如表 3 所示。可以发现,回归结果具有很好的稳定性,在关键变量上,无论是变量的显著度还是具体的贡献值,变化的范围都比较小。表 3 所示实证结果的主要结论如下:

(1)住宅区位特征的隐含市场价值与经典城市经济理论一致,区位和公共服务资本化到住房价格的特征非常明显。首先,到市中心和城市副中心距离越远,住房价格越低,这与 Chen 和 Hao(2010)的研究结论相一致。其次,公共服务高度资本化到住宅价格。如离地铁越近,交通便利性越高,住宅价格越高;行政区域内三级医院数目越多,居民享受到的医疗服务越便利,住宅价格也越高;越靠近大型超市,房价越高。这些结果与 Zheng 和 Kahn(2008)对北京房价的研究、冯皓和陆铭(2010)对上海学区房的研究结论相一致。小区特征对房价有十分显著的影响。高的绿化率带来正的溢价,高容积率小区,其住房可能更现代化设计,建筑质量可能更好,其居住品质比多层住宅更好,住房价格也更高。同时,小区规模越大,反而有更多的正向溢价。这或许因为,规模较大的小区往往物业水平较高,公共服务与商业配套较齐全。另外,住宅自身建筑特征与品质同样对房价有显著影响。精装修对住宅销售有正的贡献,但简装修对住宅销售却有负的贡献。

(2)邻里效应对于住房价格有显著的影响,与本文提出的第一个假说相一致。从每万人的幼儿园和小学资源的丰富程度来看,学校资源越丰富,住房价格越高,且小学资源的丰富程度对住房价格的贡献要显著高于幼儿园资源丰富程度对住房价格的影响。小学中外来人口所占比例越高的区域,住房价格越低,显示本地居民不偏好小孩与外来居民的小孩一起上学,但由于该变量系数很少,该变量对住房价格的贡献比较有限。我们还发现,所在区域 60 岁以上的老年人越多,区域社会经济缺乏活力,住宅价格则越低。

(3)本文重点关注居住隔离对房价的影响。表 3 的回归结果显示,居住隔离对住宅价格有显著的非线性影响,具体而言,我们发现,居住隔离的两种极端情形——外来人口过度聚集或本地居民过度聚集都对本区域房价会产生负面影响(见图 4),证实了假说 1 的猜想。我们对图 4 的阐释是,虽然一个区域内外来人口过度聚居(局部居住隔离指数 Dindex 为负)对本区域房价确实是负作用,但当区域内外来人口过度聚居情况减缓,而保持比全市水平适当多一点比例的时候(局部居住隔离 Dindex 指数在 -0.92 附近,即街道层面该区域外地人口比例高于全市平均水平 0.92 个百分点),本区域住房价格均值反而最高。这可能是,抛开那些因为工厂集中或低房租而导致外来人口聚居的地区,容易吸引外地人口的区域往往经济活力较足、工作机会较多,而大量较年轻并且收入能力不低的外来人口在本区域集聚,也使得本区域经济和社会生态更富有朝气。然而,这些区域往往又是相对成熟的城市核心区,住房市场供给无法像城郊结合区那样有弹性地快速增加,局部住房需求的增加直接带来本区域房价的上升。根据图 4,我们进一步发现,与一般直觉预期可能不同,当一个区域内本地户籍居民大量聚集且显著高于全市平均水平,也即居住隔离越是为正的区域,该区域住房价格越低。我们猜想这可能是因为城区内本地人聚集的区域主要是下岗职工或者老年人集中的区域,地区经济活力差,吸引力小。

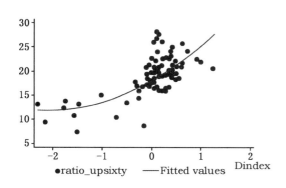

注:依据表 3 中模型 4 的结果进行拟合。

图 3 街道居住隔离与老龄化程度关系

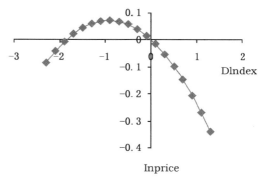

图 4 居住隔离对住房价格影响的拟合曲线

我们注意到,相对模型 2～模型 3 的结果,模型 4 在控制了区域的年龄结构(ratio_upsixty)后,居住隔离的负作用有所下降,初步证明了我们这个猜想,也与假说 2 一致。街道居住隔离程度与老龄化程度关系图(图 3)也显示,隔离指数为负的街道,60 岁以上老人所占比例较低;隔离指数为正的街道,60 岁以上老人所占比例很多超过 25％。而模型 4 中居住隔离的负作用仍然显著,说明本地人过度聚集的社区仍有一些没有被观察到的劣势。我们还注意到,相对于模型 2,模型 4 在控制了外来人口进入对街道层面幼儿园、小学、医院等公共服务具有拥挤影响的情况下,居住隔离程度与住房价格之间的关系并没有发生显著区别。这表明,在上海外环以内区域,外来人口聚居对公共服务的拥挤效应并不如我们想象的那么严重。本文的这些研究结果可以帮助我们深入理解我国非户籍外来人口与本地户籍人口之间居住隔离对住房价格影响的内在机制。

六、基于分位数和空间计量的进一步分析

为验证居住隔离对住房价格影响的稳健性,本文分别从分位数回归和空间计量模型进行进一步分析。分位数回归可以观察不同价位住宅对居住隔离的敏感程度是否有显著差异,空间计量模型则可以研究考虑住宅数据的空间依赖性后住宅各变量系数和显著性的变化。

(一)分位数回归

文献表明,不同收入的人群对住宅特征的认识和隐含价格可能会存在较大的差异(Malpezzi,2003)。如 Zietz 等(2008)研究发现,住房建筑面积、浴室数、楼层等住宅特征在高价位住房中具有更大的影响效应。为了同时研究不同价格档次住房市场中的居住隔离、邻里效应的重要性,以及进一步验证住宅特征隐含价格在各个价格档次子市场间的稳定性,本文根据住宅价格的差异分布,对所有数据进行了五等分的分位数回归,回归结果如表 4 所示。

表 4   **居住隔离、邻里效应对住宅价格影响的分位数模型**

变量	q20	q40	q60	q80
Dindex	−0.131***	−0.125***	−0.131***	−0.128***
	(0.0336)	(0.0211)	(0.0174)	(0.0222)
Dindex_square	−0.0747***	−0.0642***	−0.0653***	−0.0623***
	(0.0156)	(0.0120)	(0.00848)	(0.00935)
Kinder_density	0.0553**	0.0777***	0.0628***	0.0716***
	(0.0266)	(0.0203)	(0.0134)	(0.0164)
PSchool_density	0.186***	0.164***	0.146***	0.101***
	(0.0379)	(0.0337)	(0.0320)	(0.0340)
ratio_6to10_migrant	−0.00865***	−0.00595***	−0.00603***	−0.00897***
	(0.00277)	(0.00231)	(0.00201)	(0.00212)
ratio_upsixty	−0.00350***	−0.00261***	−0.00212***	−0.00144*
	(0.00104)	(0.000881)	(0.000583)	(0.000835)
num_Hos	0.0109***	0.0134***	0.0153***	0.0201***
	(0.00320)	(0.00241)	(0.00205)	(0.00172)

注:同表 3。为节省篇幅,其他控制变量的回归结果没有在这里报告。

　　从分位数回归的整体结果来看,住宅各特征的隐含价格具有相对的稳定性,分位数两端的估计系数依然比较显著,许多变量的标准误差并没有明显变大的迹象,这显示了回归结果具有较强的稳健性。通过对各个分位数变量系数的差异性检验,我们可以发现低收入家庭和高收入家庭对住宅特征的偏好具有一些较为明显的差异。如随着住房价格的提高,对 CBD 距离便利性的偏好逐步降低(系数在不同分位数的差异度检验 F 值为 9.64),对到地铁站距离的偏好逐步降低(F 值为 2.24),住房随着房龄的折旧率越来越低(F 值为 3.3)。在我国居民收入数据相对稀缺的情况下,分位数回归结果可以帮助我们理解不同收入家庭在购房行为中的偏好差异。

　　从本文最关注的居住隔离、邻里效应指标来看,除了 PSchool_density 变量(F 值为 2.22)和 num_Hos 变量(F 值为 3.45)在各个子市场具有显著差异外,其他关键变量在各个住宅子市场间并没有显著的差异。这个结果说明,不管是低收入家庭,还是高收入家庭,居住隔离都是他们购买住房时非常重要的影响因素。然而,在不同收入人群中,居住隔离对其的重要性并不具有显著的差异。

　　(二)空间计量模型

　　住宅价格往往与周围区域住宅价格形成很强的空间依赖性或空间相关性(spatial dependence)。这种"空间相关性"分为两种(Anselin 和 Rey,1991):一种是"空间实质相关"(spatial substantive dependence),反映的是数据现实存在的空间交互作用(spatial interaction effect),具体表现在样本数据在数值上的"空间自相关"(spatial correlation),可以通过解释变量来捕捉;还有一种空间相关性则称为"空间扰动相关"(spatial nuisance dependence),即不能被解释变量所解释的样本随机扰动项之间的空间非随机的结构关系,比如,样本的 OLS 回归残差可能存在"空间异方差"(spatial heteroskedasticity)现象(Bourassa 等,2010)。Chalermpong 和 Wattana(2009)归纳了住宅数据的空间相关性给传统 OLS 特征价格模型带来的影响:(1)空间计量经济模型可以提高模型的拟合优度;(2)空间计量模型的系数一般低于传统 OLS 结果;(3)控制空间自相关可能导致一些变量的显著程度发生变化。空间计量模型最常用的主要有克服空间异方差的空间误差模型(spatial error model,SEM)和克服空间自相关的空间自回归模型(spatial autoregressive regression,SAR)。其中,空间自回归模型又经常被称为空间滞后模型(spatial lag model,SLM)。

　　从本文住宅数据的空间依赖性检验来看(见表 5,以该住宅半径 1 公里作为周围区域),Moran's I 的检验值为 59.9,说明样本数据存在显著的空间依赖性或空间相关性,并同时存在空间滞后性(LM lag 的检验值为 1 441.5)和空间误差性(LM error 的检验值为 2 864.7)的特征。进一步的 Robust LM 检验,发现空间滞后和空间误差检验依然显著,但是 Robust LM test(lag)的值(1 449.8)要远大于 Robust LM test(lag)的值(26.7)。再运用 Akaike info criterion 或 Scharz criterion 指标来筛选适合拟合优度夏佳的模型,SAR 模型和 SEM 模型都优于 OLS 模型,而 SEM 模型又优于 SAR 模型,所以本文最终采用了 SEM(空间误差)模型(Osland,2010)。

表5 住宅数据空间依赖性检验

检验	MI/DF	Value	P 值
Moran's I	0.103	59.9	0
Lagrange Multiplier test (lag)	1	1 441.5	0
Robust LM test (lag)	1	26.7	0
Lagrange Multiplier test (error)	1	2864.7	0
Robust LM test (error)	1	1 449.8	0

表6显示了本文采用空间误差模型的结果。反映空间异方差的 Lambda 系数为 0.765,且非常显著,这意味着周围住房价格每上升100元/平方米,在控制其他变量的情况下,该住宅价格将上升76.5元/平方米。另外,住宅数据的空间性使得传统 OLS 方法中许多变量的系数有所降低,且显著程度发生了变化,这与 Chalermpong 和 Wattana(2009)的研究结果相一致。从本文关注的居住隔离变量来看,居住隔离对住房价格的影响系数有所降低,但依然显著。相关邻里特征变量,如街道幼儿园的丰富程度、6~10 岁儿童中外来儿童比例变量变为不显著,60 岁以上老人比例变量的显著程度也明显降低,而住宅的建筑类特征变量在空间误差模型中的显著程度则基本没有变化。这说明由于房价空间依赖性主要来自临近区域的一些共同特征,所以会影响邻里特征变量的显著性,但住宅建筑特征则受影响相对较小。

表6 居住隔离对住宅价格影响的空间误差模型(SEM)结果

变量	系数	变量	系数
Dindex	−0. 105***	dis_CBD	−0.0696***
	0.0254		0.0143
Dindex_square	−0.0410***	dis_subcenter	−0.0265***
	0.0143		0.00618
Kinder_density	0.0174	dis_rail	−0.00847
	0.0201		0.00579
Pschool_density	0.122***	dis_Supermarket	−0.00281
	0.0329		0.00916
ratio_6to10_migrant	−0.000868	green	0.208***
	0.000948		0.0361
ratio_upsixty	−0.00614*	Lambda(spatial error)	0.765***
	0.00345		0.0199
num_Hos	0.0234***	Observations	8 298
	0.00406	R-squared	0.613

注:同表3。为节省篇幅,其他控制变量的回归结果没有在这里报告。

七、主要结论

我国目前正处于城镇化的关键时期,但城乡二元结构和城镇户籍制度使得外来流动人口尤其是农民工在进入城市后容易集中居住,从而与本地户籍居民在居住空间上相互隔离。有证据表明,我国城市中外来人口与本地居民正在出现越来越严重的居住隔离现象。然而,已有文献中对居住隔离所产生的社会经济效果的研究还很少。

本文以居住隔离对房价的影响为研究切入点,首先在理论上指出,由于住宅市场的空间固定性,外来人口与本地户籍人口的居住隔离会对城市内部局部房地产市场产生一系列复杂的影响,而影响的传导机制包括邻里效应、公共服务资源的拥挤效应、房地产的需求效应、同群效应等。基于2010年9月的上海二手房地产市场的数据,本文结合2010年"六普数据",综合使用基于传统OLS模型、分位数模型和空间误差模型的特征价格分析方法,计量结果都稳健地发现,上海市外环以内主城区户籍居民和非户籍居民的居住隔离程度对住宅价格有显著的影响,但呈现出非线性的关系。

具体而言,我们发现,居住隔离的两种极端情形——外来人口过度聚集或本地居民过度聚集,都会对本区域房价产生负面影响,而当本区域内外来人口与本地居民的居住比例比较平衡时,房价的表现反而是最好的。从分位数回归结果可以看出,不同收入家庭对居住隔离和邻里效应的敏感程度并没有显著差异。在运用空间误差模型控制住宅数据的空间扰动依赖性后,居住隔离对房价的影响也没有发生显著变化。

从本文研究的政策含义来看,在我国大城市老龄化程度日益提高的背景下,像上海、北京这类日趋国际化的大都市,虽然外来人口比重已经很高,但严格的户籍管制以及公共资源的错位配置导致外来人口过度集中在城郊结合区;同时,主城区的外来人口太少。这使得新城区社会管理艰难与旧城区经济缺乏活力并存,后者还会直接导致部分旧城区区域的衰败。为此,我们建议,地方政府应逐步放松针对外地人口的户籍政策,这些年轻的、高素质的外地人口才是城市经济活力的体现。地方政府应努力实现公共福利均等化,将各种公共福利政策逐步覆盖外来常住人口,包括扩大住房保障对外来人口的覆盖面,努力增进本地居民和外来居民在居住空间上的融合,由此引导各类人群在劳动力市场参与、社会交往和心理信任等方面的融合,这对于推动社会和谐、实现以人为本的城镇化发展是至关重要的。具体到街道层面,要根据常住人口,而不是户籍人口来配置公共资源,在加强地方政府的社会管理能力的同时,增强公共资源对常住居民的服务能力。

参考文献:

[1]陈斌开,陆铭,钟宁桦.户籍制约下的居民消费[J].经济研究,2010(消费金融专辑):62—71.

[2]陈钊,陆铭,陈静敏.户籍与居住区分割:城市公共管理的新挑战[J].复旦大学学报,2012,(5):77—86.

[3]冯皓,陆铭.通过买房而择校——教育影响房价的实证证据[J].世界经济,2010(12):89—104.

[4]李强.影响中国城乡流动人口的推力与拉力因素分析[J]中国社会科学,2003(1):125—137.

[5]李志刚,吴缚龙.转型期上海社会空间分异研究[J].地理学报,2006(2):199—211.

[6]孙斌栋,吴雅菲.上海居住空间分异的实证分析与城市规划应对策略[J].上海经济研究,2008

(12):3—10.

[7]汪汇,陈钊,陆铭.户籍、社会分割与信任:来自上海的经验研究[J].世界经济,2009(10):81—96.

[8]吴维平,王汉生.寄居大都市:京沪两地流动人口住房现状分析[J].社会学研究,2002(3):92—110.

[9]叶建亮.公共产品歧视性分配政策与城市人口控制[J].经济研究,2006(11)27—36.

[10]袁媛,许学强.广州市外来人口居住隔离及影响因素研究[J].人文地理,2008(5):61—66.

[11] Anselin, Luc, and Serge Rey(1991). "Properties of Tests for Spatial Dependence in Linear Regression Models". *Geographical Analysis*,23(2):112—131.

[12] Bourassa, Steven C, Eva Cantoni, and Martin Hoesli(2010). "Predicting House Prices with Spatial Dependence: A Comparison of Alternative Methods". *Journal of Real Estate Research*,32(2):139—159.

[13] Chalermpong, S. and K. Wattana.(2009). "Rent capitalization of access to rail transit stations: Spatial hedonic models of office rent in Bangkok". *Journal of the Eastern Asia Society for Transportation Studies*,29(8):914—928.

[14] Davidson, R. and J. G. Mackinnon(2004). *Instructors Manual to Accompany Econometric Theory and Methods*. Oxford University Press.

[15] Duncan, O. D., and B. Duncan(1955). "A Methodological Analysis of Segregation Indices". *American Sociological Review*,20(2):210—17.

[16] Echenique, F. & Fryer, R.G.(2007). "A measure of segregation based on social interactions". *The Quarterly Journal of Economics*,122(2):441—485.

[17] Ellen, I. and Turner, M.(1997). "Does Neighborhood Matter? Assessing Recent Evidence". *Housing Policy Debate*,8(4):833—866.

[18] Glaeser, L.Edward; Sacerdote, I.Bruce and Scheinkman, A.Jose(2003). "The Social Multiplier". *Journal of the European Economic Association*,1(2—3):345 — 353.

[19] Goodman, A.C. and T.G. Thibodeau(1995). "Age-related Heteroskedasticity in Hedonic House Price Equations". *Journal of Housing Research*,6(1):25—42.

[20] Lancaster, K. J.(1966). "A New Approach to Consumer Theory". *Journal of Political Economy*,74(2):132 —157.

[21] Malpezzi, S., L. Ozanne and T. G. Thibodeau(1987). "Microeconomic Estimates of Housing Depreciation". *Land Economics*,63(4):372—385.

[22] Massey, D. S., & Denton, N. A.(1988). "The Dimensions of Residential Segregation". *Social Forces*,67(2):281—315.

[23] Massey, D., A. Gross, and M.Eggers(1991). "Segregation, the concentration of poverty, and the life chances of individuals." *Social Science Research*,20(4):397—420.

[24] Massey, D. S., White, M. J. and Phua, V.(1996). "The dimension of segregation revisited". *Sociological Methods & Research*,24(2):172—206.

[25] Nguyen-Hoanga,P. and J. Yinger(2011). "The capitalization of school quality into house values: A review". *Journal of Housing Economics*,20(1):30—48.

[26] Osland,Liv(2010). "An Application of Spatial Econometrics in Relation to Hedonic House Price Modeling". *Journal of Real Estate Research*,32(3):289—320.

[27] Pollakowski, H. O.(1995). "Data Sources for Measuring House Price Changes". *Journal of Housing Research*,6(3):377—388.

[28] Randolph, W.C.(1998). "Estimation of Housing Depreciation: Short-term Quality Change and

Long-term Vintage Effects[J]." *Journal of Urban Economics*, 23(2):162—178.

[29] Reardon, S. F., & O'Sullivan, D. (2004). "Measures of Spatial Segregation". *Sociological Methodology*, 34(1): 121—162.

[30] Rosen, S. (1974). "Hedonic Prices and Implicit Markets: Product Differentiation in Pure Competition". *Journal of Political Economy*, 82(1):34—55.

[31] Sirmans, G. S., D. A. Macpherson, et al. (2005). "The Composition of Hedonic Pricing Models". *Journal of Real Estate Literature*, 13(1):3—41.

[32] Wong, D. (1996). "Enhancing segregation studies using GIS". *Computers, environment and urban systems*, 20(2):99—109.

[33] Zheng, S., and M. E. Kahn(2008). "Land and Residential Property Markets in a Booming Economy: New Evidence from Beijing". *Journal of Urban Economics*, 63(2):743—757.

[34] Zietz, J., Zietz, E.N. and Sirmans, G.S.(2008). "Determinants of House Prices: a Quantile Regression Approach". *Journal of Real Estate Finance and Economics*, 37(4):317—333.

Residential segregation, neighborhood effect and housing price

Hao Qianjin   Chen Jie

(Qianjin Hao, Associate Professor, PhD, Department of Environmental Science & Engineering, Fudan University; Address: No. 220 Handan Road, Shanghai 200433, China; E-mail: haoqianjin@fudan.edu.cn. Jie Chen(Corresponding author), Professor, PhD, Institue of Real Estate Research (IRER) and School of Public Economics and Administration, Shanghai University of Finance and Economics (SHUFE); Address: Phoenix Building 503, Guoding Road 777, Shanghai 200433, China; E-mail: chen.jie@mail.shufe.edu.cn.)

Abstract: With the rapid urbanization in China, residential segregation between local residents and farmers-turned migrant workers becomes more and more serious in recent years. Based on the data of sixth nationwide population census, this paper describes the level of residential segregation in 2010 in Shanghai and assesses its impacts on neighborhood effect and housing prices. We find that the index of segregation has a significant effect on neighborhood-level average housing price but this impact is nonlinear. This finding is robust to different model assumption and consistent after controlling for the spatial dependence impact of housing data by using spatial econometric tools.

Key words: Residential segregation   Neighborhood effect   Housing price   Quantile regression   Spatial econometrics

再论房价驱动房租效应：
来自香港的进一步证据[*]

周颖刚　　周揽月^{**}

摘　要：本文运用双变量两区制状态空间马尔可夫区制转换模型进一步分析香港房价驱动房租效应，发现若房价上涨1%，房租会跟涨0.21%，若房价下跌1%，房租会跟跌0.33%，而且香港银行同业拆借利率是驱动房价和房租齐涨齐跌的一个重要因素。此外，我们还发现房价短期动量效应，并归因为房价拉动房租而房租进一步推动下一期的房价。从中我们可以得出关于房价泡沫（破裂）和房租通胀（通缩）的政策含义，并关注美联储收水导致香港银行同业拆借利率上升的动态，因为这可能推动房价和房租从持续上涨的状态突然转换到持续下跌的状态。

关键词：房价　房租　因果效应　区制转换　香港

中图分类号：F293.3　F83　F064.1

一、引言

金融危机以来，美联储等四大央行的量化宽松暂时缓解了本国或地区的金融危机，却导致全球资金泛滥，其他国家不得不为严重的通货膨胀和资产泡沫买单。香港是一个典型的小型开放经济并实施联系汇率制度，受到的冲击更为直接和明显，其中房价较2008年初飙升90.9%，以房价和租金比来衡量高估了84%，楼市"泡沫"程度排名世界第一。^①更有意思的是，2009年以来，香港的房租（如图1中实线）亦步亦趋，跟随着房价（如图1中虚线）快速上涨，而且从更长远的历史来看，房价领先房租、房租紧跟房价起落的趋势非常明显（如图1所示）。我们不禁会问，房价泡沫是否传递并如何传递到房租？更一般地，房价的变化是否影响并如何影响房租的变化？若房价可以驱动房租，而房租是否会进一步驱动未来的房价，形成房价的动量效应（momentum effect）？是不是有什么共同因素驱动房价和房租齐涨齐跌呢？本文将在Wang、Yu和Zhou（2013）的基础上就这一问题进行进一步的探讨。

---

　*　【致谢】本文获国家自然科学基金项目（项目批准号：71171173）资助和王诃教授的指导，在此表示感谢。

　**　作者简介：周颖刚，助理教授，香港中文大学商学院，香港中文大学深圳研究院，通信地址：香港中文大学郑裕彤楼718室，沙田，香港；电子邮件：ygzhou@baf.cuhk.edu.hk。周揽月（通讯作者），讲师，对外经济贸易大学国际经济贸易学院，北京市朝阳区惠新东街10号，邮编100029；电子邮件：lanyuezhou@163.com。

　①　参见《经济学家》，2013年8月31日。

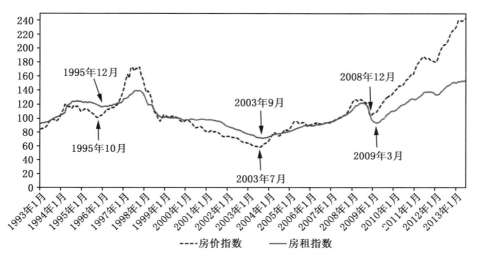

图1　香港房价和房租指数（1993 年 1 月～2013 年 6 月）

二、文献综述和理论假说

传统的观点认为，房租是基本面，而房价是未来所有房租的折现，因而，房租决定房价而不是房价驱动房租。但是，房屋具有耐用消费品和投资品的双重属性，这使得房价与房租的跨市场关系不那么简单。衣食住行都是人们不可或缺的消费，其中最重要的一项耐用消费就是居住，不论是买房还是租房，消费者都要从中得到最大化效用，并与非耐用品的消费一起构成消费者生命周期中的最优化选择（Artle 和 Variya，1978）。买房实际上是用现在的价格购买将来的居住服务（housing service），可以对冲居住成本变动的影响，却引入了资产价格的风险（Sinai 和 Souleles，2005），因为房产又是一个家庭最重要的资产，房价的变化和不确定性可能对消费和财富造成显著的影响（Li 和 Yao，2007）；房产与储蓄、股票、债券及其他金融资产一样可以获得投资收益，包括资本利得和租金收入，在一定程度上规避生命周期中的收入风险（income risk），但其投资风险却较高，特别是高杠杆性和低流动性将会影响到投资者的最优消费和资产组合（Yao 和 Zhang，2005）。Sommer、Sullivan 和 Verbrugge（2013）考察了一个随机生命周期（Aiyagari-Bewley-Hugget）经济中，不同类型家庭面对不可规避的独特收入风险和外生的首付与利率，以及房价和房租是如何被共同内生决定的。

虽然房价和房租都是内生变量，但房屋作为一种资产，是一体化资本市场的一部分，比较容易受到外部因素的影响；相比之下，房屋的租赁市场则因房屋的地点和类型而细分并差异化，主要受当地因素的影响。对于香港这样一个小型开放经济，外部冲击特别是量化宽松的影响往往大于内部因素，所以，我们认为首先受影响的是房价，而房价的变化及不确定性会进而影响到房租，其中的机理可以用不确定条件下的投资（investment under uncertainty）理论来解释，而房租的变化会影响将来的房价，形成动量效应。

由于大多数投资决策具有不可逆性,在不确定条件下,投资者通常会等待时机以获得更多信息,这种对投资时机的选择权本身具有(信息)价值,是一种等待期权(wait options)。等待期权被大量运用在企业投资的研究中,并对投资的微观决策和宏观波动都有显著影响(Henry,1974;Bernanke,1983;Brennan 和 Schwartz,1985;Majd 和 Pindyck,1987;Dixit 和 Pindyck,1994)。近来,Bloom(2009)发现,政府政策的不确定性使企业延迟投资而持有大量的现金和不增加工人雇佣,这是目前美国和世界经济复苏缓慢的重要原因之一。在房地产的文献中,Titman(1985)最早运用等待期权理论考察开发商的投资决策及其对土地价值的影响。Qian(2013)从等待期权的角度分析投资者为什么延迟卖房;进一步地,Wang、Yu 和 Zhou(2013)将等待期权理论拓展到家庭和个人的房地产投资[①],买房者(租户)拥有一个对房价的看跌期权(put),即有权一直租房等待房价跌至某一水平才买房,卖房者(房东)拥有一个对房价的看涨期权(call),即有权一直持有房产并出租等待房价涨至某一水平才卖房,因此,房价的不确定性将影响两者的投资决策,进而影响租房市场的需求、供给和均衡价格(房租)以及未来的房价。

以香港为例,Wang、Yu 和 Zhou(2013)的理论模型可以概括如下:

在香港,房价的快速上涨已经超出许多家庭和个人对房屋的估值,而且房价的变化又具有不确定性,如美联储退出量化宽松,房价可能重蹈 1997 年的覆辙,因而那些没有买房的家庭和个人就会持有看跌期权,延迟购买他们的房产,转而租房居住,即使多付一部分租金也愿意;而从房东的角度来看,面对房价上涨却又有下降的可能,他们会执行看涨期权,尽快卖掉房产,如果不卖而继续出租的话,他们必须提高租金才能维持稳定的风险回报。因此,房价的上涨及其不确定性会影响到双方的决策,随着越来越多的租户延迟买房,租房需求上升,同时越来越多的房东卖房,租房供给下降,进而拉动房租上涨,。

如果将来香港房价快速下降,低于许多房东对房屋的估值或者他们购房时的价位,但房价又有可能反弹,面对这种不确定性,房东往往会持有看涨期权,延迟出售他们的房产,转而出租其房屋,即使少收一部分租金也愿意;从租户的角度来看,面对房价下降却又有上升的可能,他们会执行看跌期权,开始买房,如果不买而继续租房的话,租户会要求降低租金以弥补延迟买房的可能损失。因此,房价的下跌及其不确定性也会影响到双方的决策,随着越来越多的租户买房,租房需求下降,同时越来越多的房东租房,租房供给上升,进而推动房租下降。

Wang、Yu 和 Zhou(2013)用香港的数据来验证理论假说,他们发现香港房价平均上涨(下降)1 个百分点,香港的房租将会平均上涨(下跌)0.28 个百分点,而且此效应随着房屋面积的上升而不断增强,以 160 平方米以上的豪宅为例,1 个百分点的房价上涨可以拉动 0.38 个百分点的房租上涨。同时,房价变化的波动性代表房价的不确定性,它对房租还有额外的影响,当房价上涨时,波动性越大,房租上涨越厉害,而当房价下跌时,波动性越大,房租下跌越明显。本文将进一步运用区制转换模型(regime-switching model)来刻画不确定性,并验证房价与房租在不同区制的相互关系及其共同的驱动因素。

---

① 房地产通常是一个家庭和个人的最大投资,具有不可逆性,对投资时机的选择非常重要。

同时,区制转换模型可以刻画房价短期动量效应(momentum effect),在各个区制中,房价的上涨(下跌)会推动下一期房价的进一步上涨(下跌)。Titman、Wang 和 Yang(2013)从需求方面的持续性和供给的弹性来解释房价短期动量效应。我们提供了一个全新的解释,即房价拉动房租,房租进一步推动下一期的房价。

三、实证模型的设定

如图 1 所示,香港的房价和房租一起大幅涨落,在两大区制之间来回转换,因而我们可以用双变量两区制状态空间(bivariate and two-sate)马尔可夫(Markov)区制转换模型来刻画,其形式一般可以写成:

$$
\begin{aligned}
r_t &= \mu_{it} + \varepsilon_{it} \\
\mu_{it} &= E(r_t \mid S_t = i, F_{t-1}) \\
\varepsilon_{it} &\mid F_{t-1} \sim (0, H_{it})
\end{aligned} \tag{1}
$$

其中,$r_t = (r_t^p, r_t^r)'$ 是一个 2×1 的房价和房租在 t 期的增长率向量;S_t 是不可观测的在 t 期的区制,取值 1 或者 2;$\mu_{it} = (\mu_{it}^p, \mu_{it}^r)'$ 是一个 2×1 的区制 i 下基于过去信息集 F_{t-1} 的均值向量,应该指出的是 F_{t-1} 不包含 S_t 及其滞后值;在本研究中,$\varepsilon_{it} = (\varepsilon_{it}^p, \varepsilon_{it}^r)'$ 是一个 2×1 的 t 时期区制 i 下的创新(innovations)向量;H_{it} 是 区制 i 的条件方差—协方差矩阵,因为

$$
\mathrm{var}(r_t \mid S_t = i, F_{t-1}) = \mathrm{var}(\varepsilon_{it} \mid F_{t-1}) = H_{it}, \quad i \in \{1, 2\} \tag{2}
$$

所隐含的区制通常用一阶的马尔科夫链(first-order Markov chain)来参数化,基于过去信息集 F_{t-1} 的时变转换概率可以写成:

$$
\begin{aligned}
\Pr(S_t = j \mid s_{t-1} = i, F_{t-1}) &= p_{ij,t}, i, j \in \{1, 2\} \\
0 \leqslant p_{ij,t} \leqslant 1, \sum_{j=1}^{2} p_{ij,t} &= 1 \text{ for all } i
\end{aligned} \tag{3}
$$

如果将所有参数用一个向量来表示,那么房价和房租增长率在 t 时期区制 i 下的条件密度函数是:

$$
g_{i,t} = f(r_t \mid S_t = i, F_{t-1}, \theta) \tag{4}
$$

混合的条件密度函数可以用区制概率(state probabilities)为权重来加权平均区制 i 的密度函数:

$$
g_t = \sum_{i=1}^{2} g_{it} p_{it} \tag{5}
$$

其中,$p_{it} = \Pr(s_t = i \mid F_{t-1}, \theta)$ 是条件区制概率,它度量的是给定到 $t-1$ 期的信息,t 期有多大可能是在区制 i 下,其推导是通过以下迭代关系得到:

$$
p_{1t} = (1 - p_{12,t})q_{2,t} + p_{11,t}q_{1t}, \quad p_{2t} = (1 - p_{21,t})q_{1t} + p_{22,t}q_{2t} \tag{6}
$$

其中,$q_{it} = \Pr(S_t = i \mid F_t, \theta)$ 表示的是关于区制 i 概率的贝叶斯推断:

$$
q_{1t} = \frac{g_{1t} p_{1t}}{g_{1t} p_{1t} + g_{2t} p_{2t}}, q_{2t} = \frac{g_{2t} p_{2t}}{g_{1t} p_{1t} + g_{2t} p_{2t}} \tag{7}
$$

对数似然函数可以写成 $l = \sum_{t=1}^{T} g_t$,对 l 进行最优化可以得到参数的准最大似然估计

(quasi maximum likelihood estimates,QMLEs)。

在上述一般化的双变量两区制马尔科夫区制转换模型基础上,笔者将模型设定进一步具体化。首先,条件均值方程设定为:

$$\mu_{it} = \mu_i + \lambda_i r_{t-1}^p + \theta_i r_{t-1}^r, i \in \{1,2\} \tag{8}$$

其中,$\mu_i = (\mu_i^p, \mu_i^r)'$ 是一个 2×1 的区制 i 下常数项向量,r_{t-1}^p 和 r_{t-1}^r 分别是房价和房租的一阶滞后,$\lambda_i = (\lambda_i^p, \lambda_i^r)'$ 是一个 2×1 的区制 i 下回归系数向量,反映的是一阶滞后的房价对现在房价和房租的影响,$\theta_i = (\theta_i^p, \theta_i^r)'$ 是一个 2×1 的区制 i 下回归系数向量,反映的是一阶滞后的房租对现在房价和房租的影响。

如果房价驱动房租,λ_i^r 应该显著不为 0;如果房租驱动房价,θ_i^p 应该显著不为 0。进一步地,我们可以假设 $\lambda_1^r = \lambda_2^r$,用似然比值检验(likelihood ratio test)来分析房价驱动房租效应在不同区制中是否一样。同样地,我们可以假设 $\theta_1^p = \theta_2^p$,用似然比值检验来分析房租驱动房价效应在不同区制中是否一样。

对于条件方差—协方差矩阵,我们假设 ε_{it} 服从一个独立的双变量正态分布。因此,房价和房租增长率的条件分布函数是两个独立双变量正态分布的混合,可以写成如下形式:

$$r_t \mid F_{t-1} \sim \begin{cases} IIN(\mu_{1t}, H_{1t}), & w.p. \quad p_{1t} \\ IIN(\mu_{2t}, H_{2t}), & w.p. \quad p_{2t} \end{cases} \tag{9}$$

因为正态分布的混合可以近似很多分布,所以独立双变量正态分布的假设不算太苛刻。而且,即使在每个区制下方差和相关系数为常数,我们也可以通过区制间的转换得到条件异方差。所以,我们将条件方差—协方差矩阵设定为:

$$H_{it} = D_{it} R_{it} D_{it}, \quad D_{it} = \begin{bmatrix} \sqrt{h_i^p} & 0 \\ 0 & \sqrt{h_i^r} \end{bmatrix}, \quad R_{it} = \begin{pmatrix} 1 & 0 \\ \rho_i & 1 \end{pmatrix}, i \in \{1,2\} \tag{10}$$

其中,h_i^p 和 h_i^r 是区制 i 下房价和房租的固定波动性,ρ_i 是区制 i 下房价和房租的固定相关系数。

简单起见,我们将转换概率设定为常数:

$$p_{ii} = p(S_t = i \mid S_{t-1} = i, F_{t-1}), i \in \{1, 2\} \tag{11}$$

区制 i 持续的长短可以表示为:

$$D_i = 1/(1 - p_{ii}) \tag{12}$$

进一步,我们可以研究驱动房价和房租在两个区制转换的共同因素。香港采取联系汇率制度,香港银行同业拆借利率随美国利率变化而变化,是一个外生的影响因素,而且在香港,大部分住宅按揭是基于银行同业拆借利率的浮动利率贷款,银行同业拆借利率的变化将直接影响房价和租金收益率的变化,因此,我们选取香港 1 个月的银行同业拆借利率(Hong Kong Interbank Offer Rate,HIBOR)来预测区制的转换,并将转换概率设定为:

$$p_{ii,t} = p(S_t = i \mid S_{t-1} = i, F_{t-1}) = \Phi(a_i + b_i \text{HIBOR}_{t-1}), i \in \{1,2\} \tag{13}$$

其中,a_i 和 b_i 是未知参数,Φ 是累计正态分布函数,从而保证 $0 < p_{ii,t} < 1$。这个设定使转换概率与银行同业拆借利率保持单调关系,有利于参数的解释;而似然比值检验可以用来

判断银行同业拆借利率是否显著驱动房价和房租在两个区制转换。

四、实证结果

香港是一个研究房价和房租关系的理想对象,原因有四:首先,香港的二手房市场十分发达,用于买卖的房子和出租的房子具有高度的同质性;其次,香港没有租金的限制,也少有限价限购现象,这使得房价和房租能够反映市场的均衡水平;第三,香港房租指数是根据每个月内生效的新订租约之租金计算,能够迅速反映房屋租赁市场的变化;第四,香港住宅市场的空置率(vacancy)很低,这使得房子的买卖市场和租赁市场的联动关系十分紧密,房价的变化很快地传导到房租。

笔者选取香港政府差饷物业估价署公布的月度房价指数和房租指数,样本期从 1993 年 1 月至 2013 年 6 月。如图 1 所示,香港的房地产市场很波动。从 2009 年开始,香港的房价迅速增长,2013 年一季度的房价指数甚至比发生在 1997 年的最高房价水平还要高出 40%。同时,房租指数也增长了许多,房租在 2009 年第三季度和 2010 年第四季度期间增长了 35%,而房价在同时期增长了 50% 以上。尤为明显的是,香港的房租跟随着房价而变化。1995 年 10 月,房价指数降到低点然后反弹,而两个月以后,房租也在降到低点以后持续上升直到 1997 年底的下跌。在 2003 和 2008 年,我们也能够观察到房租随着房价变化的趋势。

在 1997 年和当前的房地产市场涨跌中,房租上涨和下跌的幅度通常比房价要小。房价在 1995 年四季度到 1997 年三季度不到两年的时间里上涨了 70%,之后在 1997 年底的亚洲金融危机中崩盘。在接下来的 5 年里房价下跌了 65%,房租下跌了 48%。在最近的金融危机中我们也观察到同样的现象,2003 年到 2008 年这 5 年内,房价上涨了一倍多,而房租上涨了 70%。数据表明房租和房价紧密相连,房租随着房价变化但不如房价波动。

房价和房租的年化增长率分别定义为其自然对数的差分再乘以 12,表 1 列示了一些基本统计量和相关系数。首先,在过去 20 年间,香港房价平均增长 5.2%,而房租平均增长 2.5%,约为房价增长的一半;其次,以标准差度量的房价和房租波动性分别为 33.8% 和 19.7%,其波动幅度比较大,说明两个市场面临的不确定性都较大;第三,房价和房租增长率均呈现负偏度和超额峰度,说明两者都具有长尾的特征,不可能出现大幅下跌的小概率事件;第四,房价和房租增长率还均呈现超额峰度,具有尖峰厚尾的特征,说明两者都可能出现大涨或大跌的极端事件。此外,房价和房租增长率各自的自相关系数在滞后一期比较大,分别为 53.7% 和 64.5%,且随时间迅速降低,说明房价和房租的涨跌趋势会持续一段时间,但不会长期上涨或下跌;而银行同业拆借利率在长时间保持较高的自相关系数,具有一贯性(persistent)。房价和房租之间当期的相关系数约为 44.7%,说明两者同涨同跌的可能性还是比较大的,而两者和银行同业拆借利率的相关系数分别为 −30.5% 和 −0.20%,说明银行同业拆借利率上升将驱动房价和房租一起下跌,它可能是一个影响房价和房租的共同因素。

表 1 显示了香港房价和房租年化增长率及香港 1 个月银行同业拆借利率的一些基本

统计量和相关关系。香港 1 个月银行同业拆借利率取自彭博,房价和房租数据来自香港政府差饷物业估价署公布的月度房价指数和房租指数,样本期从 1993 年 2 月至 2013 年 6 月。房价和房租的年化增长率分别定义为其自然对数的差分再乘以 12。

表 1　　　　　　　　　　　　　　香港房价与房租的年化增长率

组 A:基本统计量					
变量	样本量	均值	标准差	偏度	超额峰度
房价的年化增长率	245	0.052	C.338	−0.472	2.153
房租的年化增长率	245	0.025	C.197	−0.824	7.000

组 B:相关系数					
变量	滞后 1 期	滞后 6 期	滞后 12 期	房价的年化增长率	房租的年化增长率	1 个月银行同业拆借利率
房价的年化增长率	0.537	0.138	0.016	1.000		
房租的年化增长率	0.645	0.159	−0.001	0.447	1.000	
月银行同业拆借利率	0.890	0.795	0.723	−0.305	−0.200	1.000

表 2 报告了房价和房租增长率之间格兰杰因果关系(Granger causality)检验的结果。一方面,房价增长率的过去信息可以解释现在房租增长率,这说明在统计意义上,房价增长率驱动房租增长率;另一方面,房价增长率的过去信息不能增加对现在房租增长率的解释能力,因而房租增长率不是房租增长率的格兰杰驱动因素。这个结果初步支持笔者的观点,即对于香港这样一个小型开放经济,首先受外部冲击特别是量化宽松影响的是房价,而房价的变化及不确定性会进而影响到房租。

表 2　　　　　　　　　　　　　　香港房价与房租增长率

滞后期数	房价增长率(x)→房租增长率(y)	房租增长率(x)→房价增长率(y)
$k=1$	56.694***	0.902
$k=2$	72.933***	0.924
$k=3$	103.980***	2.467
$k=4$	104.179***	2.290
$k=5$	103.455***	4.634
$k=6$	102.629***	3.232
$k=7$	104.831***	9.309
$k=8$	107.792***	11.943
$k=9$	113.792***	12.850
$k=10$	113.274***	12.555

表 2 报告房价和房租增长率之间格兰杰因果关系检验的结果。为简单起见，回归方程式设定如下：

$$y_t = a + \sum_{i=1}^{k} b_i y_{t-i} + \sum_{j=1}^{k} c_j x_{t-j} + \varepsilon_t$$

表中的值是检验 x 变量的滞后项是否显著解释 y 变量的卡方 t 值，*、**、和*** 分别代表 10%、5%、和 1% 的显著性。

表 3 给出了房价和房租增长率两区制与固定转换概率状态空间马尔可夫区制转换模型的估计结果。首先，在区制 1，$\mu_i = (\mu_i^p, \mu_i^r)'$ 的估计值显著为正，说明房价和房租显著上涨；相比之下，在区制 2，$\mu_i = (\mu_i^p, \mu_i^r)'$ 的估计值为负但不显著，说明房价和房租呈下跌趋势。同时，从 h_i^p、h_i^r 和 ρ_i 的估计值可以看出，房价和房租在上涨时（区制 1）波动性较小，但两者的相关性较大，而下跌时（区制 2）波动性较大，但两者的相关性较小。更重要的是，λ_i^r 的估计值显著为正，说明房价上涨（下跌）会驱动房租跟涨（跌）；而 θ_i^p 不显著，说明房租没有明显驱动房价的效应。进一步地，似然比值检验显著拒绝 $\lambda_1^r = \lambda_2^r$，说明房价驱动房租效应在不同区制中显著不同，若房价上涨 1%，房租会跟涨0.21%，若房价下跌 1%，房租会跟跌0.33%，其强度大于上涨时的效应；而似然比值检验无法拒绝 $\theta_1^p = \theta_2^p$，说明房租在不同区制中都没有明显不同驱动房价的效应，这再次印证格兰杰因果关系检验的结果。总之，香港房价与房租的跨市场效应是不对称的，即房租的变化不会导致房价的变化，而房价的变化驱动房租的同向变化，尤其是在市场下行的时候。

表 3　香港房价和房租增长率两区制与固定转换概率状态空间马尔可夫区制转换模型的估计结果

	无限制模型		有限制模型		有限制模型	
	区制 1	区制 2	区制 1	区制 2	区制 1	区制 2
μ_i^p	0.032**	−0.046	0.033**	−0.059	0.032**	−0.063
t−值	(2.233)	(−0.597)	(2.258)	(−0.704)	(2.193)	(−0.728)
μ_i^r	0.011*	−0.024	0.010	−0.029	0.011*	−0.023
t−值	(1.677)	(−0.605)	(1.588)	(−0.697)	(1.653)	(−0.576)
λ_i^p	0.613***	0.345**	0.617***	0.309**	0.600***	0.408**
t−值	(13.226)	(2.348)	(13.308)	(2.010)	(12.910)	(2.512)
λ_i^r	0.208***	0.329***	0.226***		0.208***	0.335***
t−值	(8.963)	(6.007)	(11.255)		(9.093)	(5.931)
θ_i^p	−0.015	0.300	−0.014	0.333	0.039	
t−值	(−0.144)	(1.361)	(−0.133)	(1.399)	(0.396)	
θ_i^r	0.405***	0.454***	0.385***	0.554***	0.403***	0.445***
t−stat	(9.526)	(4.432)	(9.152)	(5.550)	(9.184)	(4.209)
h_i^p	0.044***	0.253***	0.044***	0.264***	0.044***	0.267***

	无限制模型		有限制模型		有限制模型	
	区制1	区制2	区制1	区制2	区制1	区制2
t-值	(9.970)	(3.902)	(9.943)	(3.671)	(9.978)	(3.833)
h_i^r	0.009***	0.045***	0.009***	0.049***	0.009***	0.048***
t-值	(11.037)	(5.166)	(10.276)	(5.724)	(10.307)	(5.052)
ρ_i	0.181**	0.088	0.171**	0.093	0.170**	0.099
t-stat	(2.527)	(0.558)	(2.334)	(0.541)	(2.325)	(0.613)
p_{ii}	0.983***	0.910**	0.983***	0.903***	0.983***	0.904**
t-值	(97.160)	(2.142)	(99.634)	(2.192)	(97.834)	(2.206)
似然值	628.862		627.636		628.396	
似然比值检验			2.452**		0.932	

表3的样本期为1993年2月至2013年6月,模型设定为:

$$\begin{bmatrix} r_t^p \\ r_t^r \end{bmatrix} = \begin{bmatrix} \mu_i^p \\ \mu_i^r \end{bmatrix} + \begin{bmatrix} \lambda_i^p \\ \lambda_i^r \end{bmatrix} r_{t-1}^p + \begin{bmatrix} \theta_i^p \\ \theta_i^r \end{bmatrix} r_{t-1}^r + \begin{bmatrix} \varepsilon_{it}^p \\ \varepsilon_{it}^r \end{bmatrix}, \text{其中} \begin{bmatrix} \varepsilon_{it}^p \\ \varepsilon_{it}^r \end{bmatrix} \sim \text{IIN}(0, H_{it})$$

$$H_{it} = D_{it} R_{it} D_{it}, D_{it} = \begin{pmatrix} \sqrt{\sigma_i^p} & 0 \\ 0 & \sqrt{\sigma_i^r} \end{pmatrix}, R_{it} = \begin{pmatrix} 1 & 0 \\ \rho_i & 1 \end{pmatrix}, i \in \{1,2\}$$

转换概率为 $p_{ii} = \Pr(S_t = i | S_{t-1} = i, S_{t-2} = k, \cdots) = \Pr(S_t = i | S_{t-1} = i), i \in \{1,2\}$,其中,$r_t = (r_t^p, r_t^r)'$ 是房价和房租在 t 期的增长率向量,S_t 是不可观测的在 t 期的区制,取值1或者2,h_i^p 和 h_i^r 是区制 i 下房价和房租的固定波动性,ρ_i 是区制 i 下房价和房租的固定相关系数。参数估计是基于最大似然估计。*、**和***分别代表10%、5%和1%的显著性。

从 λ_i^p 的估计值来看,如果房价上涨1%(区制1),下一期房价会进一步上涨0.61%;如果房价下跌1%(区制2),下一期房价会进一步下跌0.35%。这与文献中所发现的房价短期动量效应相吻合,而且我们的证据说明此动量效应具有不对称性,它在房价上涨时表现得尤为强烈。对于房价短期动量效应,Titman、Wang和Yang(2013)从需求方面的持续性和供给的弹性来解释。我们则提供了一个全新的解释,一方面是房价上涨会拉高房租,房租进一步推高下一期的房价;另一方面,房价下跌会拉低房租,房租进一步推低下一期的房价。

从转换概率的估计值来看,若前一期处于区制1而当期仍处于区制1的概率是0.983,由此可以推断出区制1持续的时间为58.8(1/(1−0.983))个月,说明房价和房租上涨可持续约5年的时间;而区制2持续的时间为11.1(1/(1−0.910))个月,说明房价和房租平均可持续下跌约1年的时间。另外,我们还推导出条件区制概率(如图2所示),从中可以明显看出,1997~1998年亚洲金融危机和2008~2009年世界金融危机期间,香港房价和房租处于上涨、波动性较小区制的概率急挫。如今,香港房价和房租在危机过后已经持续上涨近5年的时间,两者下跌、波动性变大的概率会不会急升呢? 这值得我们关注和警惕。

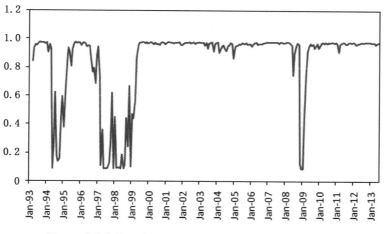

图 2　香港房价和房租处于上涨、波动性较小区制的概率

进一步地,表4给出了用香港1个月银行同业拆借利率预测转换概率的区制转换模型估计结果。首先,似然比值检验显著拒绝转换概率是固定不变的,说明1个月银行同业拆借利率是一个驱动房价和房租在两个区制转换的显著因素。其次,a_i 的估计值在区制1显著为正,但在区制2却不显著,说明当银行同业拆借利率为0或接近0时,房价和房租持续上涨、波动性小的可能性很大,这正是我们在量化宽松的当今时代所看到的。第三,更重要的是,b_i 的估计值在两个区制都显著为负,说明当银行同业拆借利率上升时,房价和房租继续处于与前一期相同区制的概率下降,假设美联储开始收水,香港银行同业拆借利率将上升,则房价和房租继续上涨的可能性降低,反而将进入持续下跌、波动性增大的区制。

表 4　香港房价和房租增长率两区制与时变转换概率空间马尔可夫区制转换模型的估计结果

	区制 1	区制 2
μ_i^p	0.034**	−0.071
t−值	(2.281)	(−0.778)
μ_i^r	0.011	−0.021
t−值	(1.635)	(−0.494)
λ_i^p	0.609***	0.314*
t−值	(12.862)	(1.892)
λ_i^r	0.210***	0.330***
t−值	(8.861)	(5.630)
θ_i^p	−0.004	0.324
t−值	(−0.043)	(1.232)

续表

	区制 1	区制 2
θ_i^r	0.391***	0.473***
$t-stat$	(9.305)	(4.013)
h_i^p	0.044***	0.278***
$t-$值	(9.799)	(3.557)
$h_i^{\ r}$	0.009***	0.049***
$t-$值	(10.120)	(4.734)
ρ_i	0.173**	0.092
$t-stat$	(2.338)	(0.499)
a_{ii}	2.804***	−0.094
$t-$值	(10.828)	(−0.288)
b_{ii}	−0.196***	−0.188***
$t-$值	(−3.419)	(−3.242)
似然值	631.532	
似然比值检验	5.34***	

本表 4 显示了香港房价和房租增长率两区制与时变转换概率状态空间马尔可夫区制转换模型的估计结果。样本期从 1993 年 2 月至 2013 年 6 月,模型设定为:

$$\begin{bmatrix} r_t^p \\ r_t^r \end{bmatrix} = \begin{pmatrix} \mu_i^p \\ \mu_i^r \end{pmatrix} + \begin{pmatrix} \lambda_i^p \\ \lambda_i^r \end{pmatrix} r_{t-1}^p + \begin{pmatrix} \theta_i^p \\ \theta_i^r \end{pmatrix} r_{t-1}^r + \begin{pmatrix} \varepsilon_{it}^p \\ \varepsilon_{it}^r \end{pmatrix}, \text{ 其中 } \begin{pmatrix} \varepsilon_{it}^p \\ \varepsilon_{it}^r \end{pmatrix} \sim \text{IIN}(0, H_{it})$$

$$H_{it} = D_{it} R_{it} D_{it}, D_{it} = \begin{bmatrix} \sqrt{\sigma_i^p} & 0 \\ 0 & \sqrt{\sigma_i^r} \end{bmatrix}, R_{it} = \begin{pmatrix} 1 & 0 \\ \rho_i & 1 \end{pmatrix}, i \in \{1, 2\}$$

和转换概率为 $p_{ii,t} = p(S_t = i \mid S_{t-1} = i, F_{t-1}) = \Phi(a_i + b_i \text{HIBOR}_{t-1}), i \in \{1, 2\}$, 其中, $r_t = (r_t^p, r_t^r)'$ 是房价和房租在 t 期的增长率向量, S_t 是不可观测的在 t 期的区制,取值 1 或者 2, h_i^p 与 h_i^r 是区制 i 下房价和房租的固定波动性, ρ_i 是区制 i 下房价和房租的固定相关系数,HIBOR 是香港 1 个月银行同业拆借利率。参数估计是基于最大似然估计。*、** 和*** 分别代表 10%、5% 和 1% 的显著性。

五、结论

本文在 Wang、Yu 和 Zhou (2013) 的基础上运用双变量两区制状态空间马尔科夫区制转换模型进一步分析香港房价驱动房租效应,主要有三个发现:一是不对称的房价驱动房租效应。若房价上涨 1%,房租会跟涨 0.21%;若房价下跌 1%,房租会跟跌 0.33%。二是不对称的房价短期动量效应。若房价上涨 1%,下一期房价会进一步上涨 0.61%;若房价下跌 1%,下一期房价会进一步下跌 0.35%,我们的解释是房价拉动房租,而房租进一步推动下一期的房价。第三,长期而言,香港银行同业拆借利率是一个重要的共同因素,驱动房价和房租齐涨齐跌并在涨跌之间转换。

我们从中可以得出以下政策含义:第一,房价泡沫可以拉动房租上涨,造成房租通胀(rent inflation),同样地,房价泡沫的破裂将可能导致房租通缩(rent deflation);第二,由于房租在香港物价指数中占有约 30% 的比重,房租的通胀和通缩可能传递到物价指数的通胀与通缩;第三,由于房价的变化是导致房租和物价通胀与通缩的源头之一,政府和金融监管部门应采取措施稳定房价,包括在量化宽松的时期抑制房价过快上涨,并在量化宽松结束时防止房价过快下跌;第四,应该关注美联储收水导致香港银行同业拆借利率上升的动态,因为这可能推动房价和房租从持续上涨的状态突然转换到持续下跌的状态;第五,房价的持续上涨在一定程度上可以归因为其短期动量效应,因此,适当地实施租金控制(rent control)可能有助于抑制楼市泡沫。

本文的分析对其他大城市(如纽约、伦敦、东京以及国内的北京、上海、广州)也有借鉴意义,因为这些大城市通常有很强的向心力(centripetal forces),会吸引许多外来资金来买房,从而在很大程度上推高了房价,使许多在大城市居住的人买不起房子转而租房,当过多的人转向租房市场而导致租赁房源不足时,房东就会"坐地起价"上涨房租,这种现象在国内的一线城市已经出现,并成为拉动 CPI 上涨的主动力,值得我们关注和进一步分析。

参考文献:

[1]Artle R., Varaiya P. Life cycle consumption and homeownership[J].*Journal of Economic Theory*,1978,18(1):38—58.

[2]Bernanke B.S. Irreversibility, uncertainty, and cyclical investment[J]. The Quarterly Journal of Economics, 1983, 98(1): 85—106.

[3]Bloom N. The impact of uncertainty shocks[J].Econometrica, 2009, 77(3): 623—685.

[4]Brennan M. J., Schwartz E. S. Evaluating natural resource investments[J]. Journal of business, 1985: 135—157.

[5]Capozza D. R., Hendershott P. H., Mack C. An anatomy of price dynamics in illiquid markets: analysis and evidence from local housing markets[J]. Real Estate Economics, 2004, 32(1): 1—32.

[6]Case K.,Shiller R. The efficiency of the market for single-family homes[J]. American Economic Review, 1989, 79(1): 125—137.

[7]Dixit A. K. *Investment under uncertainty*[M]. Princeton university press, 1994.

[8]Glaeser E.,Gyourko J., Morales E., Nathanson C. Housing Dynamics. 2011. Available at http://economics.stanford.edu/files/Glaeser5_24Housing_b.pdf.

[9]Henry C. Investment decisions under uncertainty:the "irreversibility effect"[J]. The American Economic Review,1974,64(6):1006—1012.

[10]Li W.,Yao R. The life-cycle effects of house price changes[J]. Journal of Money, Credit and banking, 2007, 39(6):1375—1409.

[11]Majd S.,Pindyck R. S. Time to build, option value, and investment decisions[J]. Journal of financial Economics,1987,18(1):7—27.

[12]Qian W. Why do sellers hold out in the housing market? An option-based explanation[J]. Real Estate Economics,2012,41(2):384—417.

[13]Sinai T.,Souleles N. S. Owner-occupied housing as a hedge against rent risk[J]. The Quarterly

Journal of Economics，2005，120(2)：763—789.

[14]Sommer K. , Sullivan P. , Verbrugge R. The equilibrium effect of fundamentals on house prices and rents[J]. Journal of Monetary Economics, 2013.

[15]Titman S. Urban land prices under uncertainty[J]. The American Economic Review，1985，75 (3)：505—514.

[16]Titman S. , Wang K. , Yang J. The Dynamics of Housing Prices[J]. Available at SSRN 2199115, 2013.

[17]Wang H. , Yu F. , Zhou Y. Rental Rate Under Housing Price Uncertainty：A Real-Options Approach[R].Working Paper, Hong Kong Institute for Monetary Research, 2013.

[18]Yao R., Zhang H.H. Optimal consumption and portfolio choices with risky housing and borrowing constraints[J]. Review of Financial Studies, 2005, 18(1)：197—239.

Causal Effect of House Price on Rent: Further Evidence from Hong Kong

Yinggang Zhou   Lanyue Zhou

（Yinggang Zhou, Assistant Professor, Business School, The Chinese University of Hong Kong. Lanyue Zhou,（Corresponding author），Lecturer, School of International Trade and Economics，University of International Business and Economics.）

Abstract：This paper uses bivariate two-state regime-switching models to further analyze the causal effect of house price on its rent. With unique data from Hong Kong, we find that rent will increase 0.21% if house price increases 1% while rent will decrease 0.33% if house price decreases 1%. Moreover, Hong Kong Interbank offer rate (HIBOR) is an important common factor to drive house price and rent to switch across regimes. We also find the evidence of house price momentum and offer a new explanation that house price drives rent, which will in turn drive future house price in the same direction. The findings carry important policy implications for housing bubble (burst) and rent inflation (deflation) as well as regime switch driven by HIBOR increase due to the Fed tapering.

Key words：House price Rent Causal effect Regime switch Hong Kong

不确定性下最适拥挤费决定因素之探讨

周治邦　洪婉容[*]

摘　要：本文讨论一个具单一城市中心的开放型都市，若存在拥挤外部性及都市土地租金不确定性，则都市规划者应如何课征最适拥挤费。首先，当随机移动的租金超越历史高点，则都市规划者应提高最适拥挤费，并将其适用于所有的居民。其次，若某一都市的地主预期比都市土地租金波动程度较另一都市激烈，则会延迟开发土地，因而导致此都市的边界较窄。如此一来，会降低拥挤外部性的负面效果，从而降低对该都市居民所应课征的最适拥挤费。

关键词：最适拥挤费　成长边界　史塔博格赛局　随机租金

一、前言

近年来，国内外众多城市出现人口移往郊区的都市蔓延（urban sprawl）现象，尤其以美国沿着高速公路带状发展扩张的情况最为明显。都市经济学者指出，驱使都市空间无效率扩张的主要因素包括三项：家户所得成长（导致居住空间需求增加）、运输工具的进步（导致通勤成本下降）以及都市人口激增（导致都市土地不敷使用）（Brueckner，2005）。汽车所造成的拥挤外部性即是结合上述三项因素导致都市往外扩张的主要原因。[①]

随着汽车使用普及化，都市居民对道路的需求远大于道路供给，致使交通拥挤成为近十几年来世界各大都市所面临的共同议题。都市拥挤所造成的负面外部性主要是个人未将对他人所造成的社会成本纳入考虑，以致过度使用道路。针对此问题，Pigou于1920年提出课征拥挤费（congestion tolls）的概念。他认为对使用者收取边际拥挤外部成本的"皮古式租税"（Pigovian tax），可将外部成本加以内部化，从而解决其所造成的市场失灵问题。

面临都市蔓延的议题，各国大多透过执行都市成长边界管制（urban growth boundary，UGB）或课征拥挤费来解决。前者为量的管制，是指都市规划者设定一个都市边界范

---

　　* 作者简介：周治邦，台湾大学国家发展研究所教授；E-mail：jbjou@ntu.edu.tw。洪婉容，台湾大学国家发展研究所硕士；E-mail：r99341073@ntu.edu.tw。

　　① 另外，与都市蔓延有关联的市场失灵还包括：(1)开发者未将都市周围空地美化价值（open-space amenities）纳入开发决策；(2)对开发者未收取公共建设建造费用，致使其负担低于土地开发的社会成本。

围,从而不允许边界外的地主开发土地。此政策能限制土地转换成都市用地的数量,以及促使边界内的都市用地密集开发,从而使都市发展型态更为紧密。例如,美国奥瑞冈州波特兰市和韩国首尔市即是实施此种管制的实例。然而,此管制仅对都市蔓延的症状(symptom)而非其原因进行矫正。本研究则强调面临拥挤外部性时,都市规划者可借由对都市通勤者课征拥挤费,使其负担较高交通成本,以缩减都市空间范围,从而矫正拥挤外部性所造成的市场失灵问题。

世界各国已有多年实施交通拥挤费的经验。新加坡从 1975 年开始使用区域通行收费系统(area licensing scheme,ALS)以调节道路拥挤情况,而自 1998 年起更是实施电子收费系统(electronic road pricing,ERP),使得驾驶人员一旦进入中心商业区,电子收费门架便会依照车辆种类以及不同时段路上拥挤程度的费率予以自动扣款。英国伦敦于 2003 年实施征收交通拥挤费,从星期一到星期五早上 7:00 至下午 6:30,针对进入市中心的车辆收取 10 英镑。瑞典首都斯德哥尔摩于 2007 年执行拥挤收费政策,凡是从星期一到星期五的早上 6:30 分至下午 6:30 分进入市中心的车辆,将依照特定时段区间收取 10～20 瑞典克朗,而每日最高上限为 60 瑞典克朗。这些收费方式都与车辆是否于尖峰或离峰进入市中心有关,而本文则未触及依车流量大小来制订拥挤费的议题。本文所探讨的拥挤费是指矫正由于都市土地开发造成人口增加而产生的拥挤外部性问题。

汽油税(gasoline tax)为另一种借由提高单位通勤成本以降低车流量,进而改善拥挤现象的价格管制政策。然而,汽油税的课征并未区分时段,因而对于降低尖峰时刻车流量的效果并不大。例如,台湾省目前所课征的汽车燃料费为通过对各型号汽车每月的耗油量进行推估来制定费额的随车征收方式,因而与道路使用量的多寡无关。此外,台湾针对移动污染源所课征的空气污费随油征收(目前为每公升 0.2 元)。此政策鼓励民众多搭乘大众运输,因而类似汽油税政策,但并未直接影响驾驶人员对用路时间与开车路线的选择。

目前,国内外针对拥挤费的研究大多集中于道路定价和交通运输拥挤定价的设定,并未触及都市土地租金不确定性下的影响效果。本文则讨论一个具单一城市中心的开放型都市,若存在拥挤外部性及都市土地租金不确定性,都市规划者应如何课征最适拥挤费。

本文结构如下:第二部分先回顾国内外相关文献。第三部分以序列赛局建构模型,处理都市成长边界及最适拥挤费制订的问题。此赛局模型假设地主为跟随者,其选定何时开发空地,而都市规划者为领导者,其预期地主的开发决策,并据此制定最适拥挤费。其后分别讨论竞争均衡下地主选定的开发时机和都市边界,以及将负面外部性内部化的都市规划者,其选择的开发时机和其所制订的效率边界,从而推导出最适拥挤费。第四部分使用合理的参考数值来进行数值分析,以印证前一节的理论推演结果。最后一部分为结论与对后续研究的建议。

二、文献探讨

本文讨论的土地开发是指农业用地转换成都市用地的过程,而此过程具有不可逆转性与可延迟性的特色。Titman(1985)最先将实质选择权的概念运用到土地开发决策上,其利用土地评价模型来解释土地选择权价值,并提出当房价的不确定性增加时,未开发土地的价值将上涨,因而会降低地主立即开发土地的诱因。Titman 的上述论点也受到后续研究(如 Capozza 和 Helsley,1990;Williams,1991;蔡进国,1997)等的支持。Capozza 和 Sick (1994)进一步结合竞租模型(bid rent model)与未开发土地之实质选择权模型,并假设都市租金遵循"算数布朗运动"(arithmetic Brownian motion),再推导出土地价值以及地主开发时机的决策。

在都市经济研究中,讨论到农地转换成都市用地之土地开发议题时,并无法规避外部性的问题。[①] 虽然讨论外部性的文献相当多,但以都市经济学角度来探讨的文献并不多,其中以 Brueckner(1990)为典型代表。该文以开放城市宁适(amenity-based)模型为基础,将人口外部性纳入竞租模型中。换言之,该文假设人口过多所产生的交通拥挤、空气污染以及犯罪问题等将降低生活质量与都市土地租金。该文认为,在动态开放城市环境中,当管制者进行出乎预期的边界管制政策时,将降低人口增长的趋势,并提升城市生活的质量,从而提高都市土地租金及已开发土地的价值。

Brueckner(1990)一文已触及都市成长边界管制(UGB)的议题。该管制为抑制都市蔓延的一个政策工具,其规划出距离市中心的特定边界为开发上限,超越此分界线便限制土地的开发。目前,著名的执行案例包括美国奥瑞冈州、明尼苏达州以及田纳西州。Jou(2012)则扩展了 Brueckner(1990)一文,将都市土地租金的不确定性纳入考虑,以探究都市规划者如何制定效率成长边界。该文认为,一旦都市土地租金超越历史高点,则都市规划者应放宽都市成长边界的管制。

Ding、Knaap 和 Hopkins(1999)更进一步探讨了当公共财政采用平均成本定价以平衡政府预算时,都市规划者如何订定效率都市边界。此时都市边界会大于根据公共财政边际成本定价所达到的社会最适水平,因此,都市规划者可设立一个允许在特定日期以前,让都市边界随着都市土地租金的增长自然向外扩张,而后于特定日期设定一个固定都市边界的"效率成长边界"政策。不过 Jou(2013)表示,若都市土地租金随时间随机移动,则此政策无法付诸施行。

与拥挤费有关的文献,可略分为道路定价模型以及分析实施拥挤费与其他政策工具间优、劣比较的都市经济模型两类。前者大多是以政策执行者的角度来衡量不同假设下(如交通容量、道路使用情况及收费政策等)如何收费以极大化社会福利。例如,Boardman 和 Lave (1977)认为,最适拥挤费额取决于不同时段车流量的时间价值以及速度—流量曲线;而 Small (1983)一文则以"一般化之拥挤函数"(GCF)法,利用个体交通方式的选择模型来估计拥挤费额;郑淑颖(1996)针对多组起迄目的的用路者分析比较不同拥挤税的课征方案;褚志鹏和叶奎升(2001)讨论拥挤税之定价理论,其考虑不同道路及异质用路者间之关系,并探讨政府在采取不同收费政策下,异质用路者之旅次变化及福利增减的情形;王世桦(2012)利用两阶段赛局探讨政府如何制定拥挤费;Michel、André、Moez 和 Serge (2012)探讨单一城市中心以及多城市中心两种情形下,课征拥挤费对于都市型态、交通流量以及能量消耗的影响。上述所有文献在讨论拥挤费时,纵使有将拥挤外部性纳

_____

① 有关外部性的讨论,可参考 Tresch(2002)。

入交通成本函数中考虑,但并未探讨哪些因素会影响拥挤费的设定。

利用都市经济模型来分析拥挤费之文献,其所探讨的重点为拥挤费与其他政策工具,如都市成长边界管制、楼地板面积比率(FAR)管制及建筑物高度(building height)管制等不同政策工具间的效率性比较。例如,Anas 和 Rhee(2006)比较了执行拥挤费与都市边界管制的抑制都市蔓延效果。该文显示,都市边界管制无法合乎边际成本定价的效率性原则,因而并非替代拥挤费的次佳政策。Brueckner (2007)的模拟分析也得到类似的结果。Anas 和 Rhee (2007)假设一个城市具备多个市中心(polycentric),而其居民可自行选择工作地与居住地。该文的仿真分析显示,当居民都在相同地区通勤时,都市边界管制为课征拥挤费的次佳替代政策;否则,都市边界管制政策会较无效率。Pines 和 Kono (2012)在假设都市为封闭的情形下,推导出最适拥挤费必须合乎的一阶条件式。该文认为楼地板面积管制不是取代拥挤费的次佳工具。上述所有文献虽考虑拥挤外部性,然而,其探讨重点大多为比较都市边界管制与拥挤费两种政策间的社会福利差异,因而并未触及拥挤费的决定因素。

三、模型设定及理论内涵

(一)模型假设

本文系延伸 Jou(2012)一文,但与该文有以下不同之处:首先,Jou (2012)考虑到人口负面外部性的影响,因而视通勤成本为外生给定。反观本文考虑拥挤外部性的影响,因而单位距离通勤成本随人口增加而增加。其次,本文虽考虑土地与资本两种生产要素,且假设两者间完全不可替代,因而生产函数为 Leontief 的形态,而非如 Jou (2012)所考虑的 Cobb-Douglas 形态。[①] 另外,本文假定地主在面临随机的都市土地租金时,必须决定其开发时机,而该文则假定地主必须同时决定土地开发时机以及资本密集度。[②] 最后,该文主要研究在面临人口外部性及随机性租金时,都市规划者应如何设定效率都市边界。反观本文除了讨论效率都市边界之制订外,同时探讨了都市规划者应如何课征最适拥挤费。

本文假设都市型态为开放的单一城市中心,也即都市土地利用呈现单一中心对称的圆形放射性结构,且中心商业区为市内主要商业、工作及购物的集中地。假定某都市于 $t=0$ 时建立,此时的都市边界为 0。都市内所有居民皆为承租者,[③]而都市土地全为风险中立的不在地地主(即开发者)所有,且其折现率为 ρ。每位地主拥有一单位土地,且必须于 $t \geqslant 0$ 时考虑是否要开发这块土地。若决定开发则花费成本 F,且此决策为不可逆转。若未开发土地,则每个时间点可得到农地租金 $\gamma(\geqslant 0)$。

在开放城市的假设下,所有居民皆拥有相同的效用函数 $h(c,l)$,其中,c 为基准商品,l 为都市土地。距离市中心 D 地的都市居民收入为 $y(t)$,其必须支付基准商品 c、地租 R 及交通成本 $(\theta+v)D$,其中,θ 为每单位距离的通勤成本($\theta \geqslant 0$),而 v 为拥挤费(conges-

---

① 参考 McDonald 和 Siegel (1935) 对 Leontief 生产函数的讨论。

② 参考 Capozza 和 Li (1994) 一文。该文探讨当地主同时选择开发时机及资本密集度时,都市土地租金不确定性及财产税如何影响这两种决策。

③ 本文系从开发者的角度来考虑其开发决策,因而并未考虑厂商的劳动需求决策。

tion tolls）。Brueckner（2011）一文曾提出若存在拥挤外部性，则单位通勤成本会随着都市人口的增加而增加。因此，在不考虑大众运输建设扩增的前提下，本文假设通勤成本与人口外部性有关，即：

$$\theta = \varepsilon P^\lambda = \varepsilon (\pi \overline{D}^2)^\lambda$$

其中，ε 为影响负面外部性系数的水平因子，λ 为影响负面外部性幂次方的因子，P 为人口，且 $P = \pi \overline{D}^2$，$\overline{D}$ 代表都市边界。[①]

为了简化分析，本文假设每位居民只消费一单位已开发土地，因此，其预算限制式为 $y(t) = c + R + (\theta + v)D$。而代表性承租户的效用函数为：

$$h(c,l) = h(c,l) = u(t) \tag{1}$$

(1)式代表在开放城市的假设下，居民的效用水平 $u(t)$ 为外生给定。[②] 在进一步假设效用函数为准线性的情况下，效用函数 $u(t) = h(c,l) = c$。将 $u(t) = c$ 代入预算限制式后，可得到每单位都市土地之竞租函数为：

$$R(D, x(t)) = x(t) - (\theta + v)D \tag{2}$$

其中，$x(t) = y(t) - u(t)$，且 $x(t)$ 随时间随机波动，并服从算数布朗运动，[③]其变动为

$$dx(t) = \alpha dt + \sigma d\Omega(t) \quad (\alpha > 0, \sigma > 0) \tag{3}$$

(3)式中，α 为漂移（drift）参数，σ 为标准偏差参数，而 $d\Omega(t)$ 为标准 Wiener 过程的增量。

为了讨论都市规划者如何制定最适拥挤费，本文假设位于 D_0 的地主与都市规划者间进行动态的 Stackelberg 赛局。其中，地主为跟随者，其选定何时开发空地，而都市规划者为领导者，其预期地主之开发时机，并据此制定最适拥挤费。更进一步假设位于 $D_1(> D_0)$ 的地主尚未开发其所拥有的空地，但会预期到都市规划者未来会调整最适拥挤费，而位于 D_1 的地主与都市规划者所进行的赛局模式如同上述一般。类似的序列赛局将会不断重复进行，直到位于都市边界的地主开发其所拥有的空地为止。

(二)模型推导

1. 竞争均衡下地主开发时机的选定(x^*)与都市边界(D_d^*)

假设都市规划者在都市刚建立时($T=0$)已制定拥挤费 v。因此，位于 D 地的地主在决定开发时机时，会考虑此决策的影响，而未来都市规划者在必要时，也会调整此拥挤费。假定都市刚建立时 $x(0) = x$，T 为地主决定的开发时间，则位于 D 地的地主必须决定何时开发其所拥有的土地，以极大化下式所显示的期望净现值：

[①] 本文假设都市规划者所课征的拥挤费是指使用在大众运输投资以外的用途，如用来改善政府预算赤字。

[②] Brueckner（1990）假设都市边界扩张会导致人口增加，从而降低生活质量。在开放城市的假设下，都市成长边界管制并不会影响都市居民的效用（因为管制导致人口减少所造成生活质量的改善会与租金上涨的效果相互抵消）。倘若假设此都市为封闭型城市，则此政策只会将人口缩小在更小范围。然而，由于都市人口固定，因此，都市成长边界管制并不会改变都市居民的生活质量。因此，为了讨论如何制定最适拥挤费来使竞争均衡下的都市边界与效率都市边界一致，有必要采取开放型都市模型。

[③] 假设 $y(t)$ 与 $u(t)$ 服从联合算数布朗运动，则(2)式中的随机租金 $x(t)$ 是由外生给定的 $u(t)$ 与服从算数布朗运动的 $y(t)$ 所构成（Jou, 2012）。此外，Williams（1991）认为都市土地租金若低于维护成本，则其净现金流量有可能为负值，而实证数据显示，都市土地实质租金趋近于常态分配。因此，本文参考 Williams（1991）以及 Capozza 和 Li（1994）两篇文章，假设都市土地租金遵循算术布朗运动，也就是在时间点 t，其平均数为 αt，而变异数为 $\sigma^2 t$。

$$E_0\left[\int_0^T e^{-\rho\tau}\gamma d\tau + \int_T^\infty e^{-\rho\tau}(x(\tau)-(\theta+v)D)d\tau - e^{-\rho T}F\right] \tag{4}$$

(4)式代表位于 D 地的地主预期开发一单位空地的净现值为开发前土地报酬的期望现值加上开发后都市土地租金的期望现值,再扣除开发成本的期望现值。

(4)式可改写成:

$$\frac{\gamma}{\rho} + E_0\left[\int_T^\infty e^{-\rho\tau}(x(\tau)-(\theta+v)D-\gamma)d\tau - e^{-\rho T}F\right] \tag{5}$$

(5)式中,首项代表农地租金的预期现值,其余项表示地主延后开发的选择权价值。因此,地主所面临的问题等同于选定何时开发,以极大化下式所显示的选择权价值:

$$V(x) = \max_T E_0\left[\int_T^\infty e^{-\rho\tau}[x(\tau)-(\theta+v)D-\gamma]d\tau - e^{-\rho T}F\right] \tag{6}$$

其中,$V(x)$ 的解必须符合如下所示的最适停止(optimal stopping)的基本微分方程式(参考 Dixit 和 Pindyck,1994;Harrison,1985):

$$\frac{1}{2}\sigma^2\frac{\partial^2 V(x)}{\partial x^2} + \alpha\frac{\partial V(x)}{\partial x} - \rho V(x) = 0 \tag{7}$$

(7)式方程式的一般解为 $e^{\beta x}$,将其代入(7)式可得到下列二次方程式:

$$\varphi(\beta) = -\frac{1}{2}\sigma^2\beta^2 - \beta\alpha + \rho = 0 \tag{8}$$

因此,(7)式的解为:

$$V(x) = A_1 e^{\beta_1 x} + A_2 e^{\beta_2 x} \tag{9}$$

其中,A_1 与 A_2 为待估计的常数,而 β_1 与 β_2 分别由(8)式求得如下:

$$\beta_1 = -\frac{\alpha}{\sigma^2} + \frac{1}{\sigma^2}\sqrt{\alpha^2+2\rho\sigma^2} > 0 \text{ ,且 } \beta_2 = -\frac{\alpha}{\sigma^2} - \frac{1}{\sigma^2}\sqrt{\alpha^2+2\rho\sigma^2} < 0 \tag{10}$$

位于 D 地的地主所选择的开发时机以 x^* 表示,其代表开发土地的 x 临界值。此临界值及(9)式的 A_1 与 A_2 可由下列三个边界条件(boundary conditions)求得:

$$\lim_{x\to-\infty} V(x) = 0 \tag{11}$$

$$\frac{\gamma}{\rho} + V(x^*) = \frac{x^*}{\rho} + \frac{\alpha}{\rho^2} - \frac{(\theta+v)D}{\rho} - F \tag{12}$$

和

$$\frac{\partial V(x^*)}{\partial x} = \frac{1}{\rho} \tag{13}$$

(11)式为临界条件(limit condition),代表当都市居民对都市土地的需求极少,也即随机租金因子 x 接近负无穷大时,地主所获得开发土地的选择权价值微不足道。(12)式为等价条件(value-matching),代表开发日当天,位于 D 地的地主对于是否开发其土地并无偏好,也即其选择权价值加上农地租金收入的预期现值等于开发空地的净价值。(13)式为平滑条件(smooth-pasting),表示若地主偏离选定的开发日,并不会有套利情况发生。

按照(11)~(13)式求解可得:

$$A_1 = \frac{1}{\rho\beta_1} e^{-\beta_1 x^*} \tag{14}$$

$$A_2 = 0 \qquad (15)$$

和

$$x^*(D,\overline{D}) = \gamma + \rho F + \frac{1}{\beta_1} - \frac{\alpha}{\rho} + (\theta + v)D \qquad (16)$$

将(14)式及(15)式所求得的 A_1 与 A_2 代入(9)式,可解出地主延后开发的选择权价值如下:

$$V(x) = \frac{1}{\rho \beta_1} e^{\beta_1 (x - x^*(D,\overline{D}))} \qquad (17)$$

将(12)式中 x^* 替换成 x 后,则由该式的左、右(最后一项除外)两边可分别求得如下未开发土地(农地)与都市土地的价值:

$$V_a(x,D,\overline{D}) = \frac{\gamma}{\rho} + \frac{1}{\rho \beta_1} e^{\beta_1 (x - x^*(D,\overline{D}))} \text{,当且仅当 } x < x^*(D,\overline{D}) \qquad (18)$$

$$V_u(x,D,\overline{D}) = \frac{x}{\rho} + \frac{\alpha}{\rho^2} - \frac{(\theta + v)D}{\rho} \text{,当且仅当 } x \geqslant x^*(D,\overline{D}) \qquad (19)$$

在(16)式中,依据 Capozza 和 Helsley (1990),将 $x(t)$ 替代 x^* ,并且以 $D_d^*(x(t),v)$ 取代 D 后,可得到下式:

$$(\varepsilon(\pi D_d^{*2}(x(t),v)^\lambda + v)D_d^*(x(t),v) = x(t) - \gamma - \rho F - \frac{1}{\beta_1} + \frac{\alpha}{\rho} \qquad (20)$$

(20)式代表随机租金移动因子 $x(t)$,与离 CBD 的距离 D 的关系如下:若 $x(t)$ 大于(16)式中的 x^* ,则某些地主会开发距离 CBD 更远的土地,导致 D 增加直到 x^* 提高至 $x(t)$ 为止。换个角度来看,若某一地主之土地离 CBD 的距离 D 小于(20)式的 $D_d^*(x(t),v)$,则介于两者间的空地会被开发,直到 D 增加至 $D_d^*(x(t),v)$ 为止。因此, $D_d^*(x(t),v)$ 为竞争均衡下时间 t 的都市均衡边界。

将(16)式中地主的开发时机 $x^*(D,\overline{D})$ 与(20)式中竞争均衡下的都市边界 $D_d^*(x(t),v)$ 对各外生变数微分后,可得到推论 1。

推论 1 在下列情况下,与另一都市相比较,某一都市的地主将会延后开发土地($x^*(D,\overline{D})$ 增加),且此都市的边界会较窄($D_d^*(x(t),v)$ 下降):

(1)若其地主收到的农地租金较高(γ 增加);

(2)若其地主预期都市土地租金波动程度较大(σ 增加);

(3)若其地主预期每年都市土地租金成长率较低(α 下降);

(4)若其地主耗费的开发成本较高(F 增加);

(5)若其居民被课征较高的拥挤费(v 增加);

(6)若其居民面临较大的负面外部性(ε 增加)。

证明:除了 σ 与 α 以外,其他外生变量对 $x^*(D,\overline{D})$ 的变动影响都相当明显。将(16)式中的 $x^*(D,\overline{D})$ 对 σ 微分可得:

$$\frac{dx^*(D,\overline{D})}{d\sigma} = \frac{-1}{\beta_1^2} \frac{d\beta_1}{d\sigma} > 0 \qquad (A1)$$

其中

$$\frac{d\beta_1}{d\sigma} = \frac{\partial\phi(\beta_1)/\partial\sigma}{-\partial\phi(\beta_1)/\partial\beta_1} = \frac{-\sigma\beta_1^2}{\sigma^2\beta_1+\alpha} < 0 \qquad (A2)$$

且 $\phi(\beta)$ 定义于(8)式。由(8)式可得知：$\beta_1\beta_2 = \frac{-2\rho}{\sigma^2}$，$\beta_1+\beta_2 = \frac{-2\alpha}{\sigma^2}$。因此，$\frac{1}{\beta_1} - \frac{\alpha}{\rho}$ $= -\frac{1}{\beta_2}$。将(16)式中的 $x^*(D,\overline{D})$ 对 α 微分可得：

$$\frac{dx^*(D,\overline{D})}{d\alpha} = \frac{1}{\beta_2^2}\frac{d\beta_2}{d\alpha} < 0 \qquad (A3)$$

其中

$$\frac{d\beta_2}{d\alpha} = \frac{\partial\phi(\beta_2)/\partial\alpha}{-\partial\phi(\beta_2)/\partial\beta_2} = \frac{-\beta_2}{\sigma^2\beta_2+\alpha} < 0 \qquad (A4)$$

除了 σ 与 α 以外，其他外生变量对 $D_d^*(x(t))$ 的变动影响相当明显。令

$$G(D_d^*, \cdot) = x(t) - \gamma - \rho F - \frac{1}{\beta_1} + \frac{\alpha}{\rho} - (\varepsilon(\pi D_d^{*2}(x(t))^\lambda + v)D_d^*(x(t)) = 0$$

$$(B1)$$

而

$$\frac{dD_d^*}{d\sigma} = \frac{\dfrac{\partial G}{\partial\sigma}}{-\dfrac{\partial G}{\partial D_d^*}} < 0 \qquad (B2)$$

其中

$$\frac{\partial G}{\partial D_d^*} < 0, \frac{\partial G}{\partial\sigma} = \frac{1}{\beta_1^2}\frac{\partial\beta_1}{\partial\sigma} < 0 \qquad (B3)$$

另外

$$\frac{dD_d^*}{d\alpha} = \frac{\dfrac{\partial G}{\partial\alpha}}{-\dfrac{\partial G}{\partial D_d^*}} > 0 \qquad (B4)$$

其中

$$\frac{\partial G}{\partial D_d^*} < 0, \frac{\partial G}{\partial\alpha} = \frac{1}{\beta_1^2}\frac{\partial\beta_1}{\partial\alpha} > 0 \qquad (B5)$$

得出上述结果是由于在决定是否要开发土地时，地主必须比较其开发土地前的价值，即(18)式的 V_a（包含农地租金的期望现值及延迟开发土地的选择权价值），以及开发土地后的净价值，即(19)式的 V_u 扣除开发成本 F。因此，若土地开发前的价值较高[如情形(1)、(2)]，或土地开发后的净价值较低[如情形(3)～(6)]，则地主将延迟开发其土地，导致此都市的边界较窄。例如，若某一城市的地主预期都市土地租金波动幅度(σ)较另一城市大，则此城市地主的等待选择权会更有价值，因而会延后开发土地，导致此城市的均衡边界会较另一城市窄。

2. 都市规划者开发时机的选定(x^{**})与效率都市边界(D_c^*)

　　都市规划者所选定的最适拥挤费是指使竞争均衡的都市边界与其所想要的效率都市边界一致。因此，有必要先讨论都市规划者所面临的问题。本文采取开放城市模型，因而消费者的效用函数为外生。因此，都市规划者会将拥挤负面外部性对都市土地租金的影响纳入考虑，从而选定一个最有效率的边界管制，以极大化扣除开发成本后的土地总净价值。为求得土地总净价值，必须在(4)式中对都市规划者的管辖范围(所有 D)做积分。因此，都市规划者的目标函数为

$$
\begin{aligned}
W(x,D_c) = \underset{\{D_c(\tau)\}}{\operatorname{Max}} E_0 \Bigg[& \int_0^{D_c(\tau)} 2\pi D V_u(x(\tau), D, D_c(\tau)) dD \\
& + \int_{D_c(\tau)}^{B} 2\pi D V_a(x(\tau), D, D_c(\tau)) dD \\
& - \int_0^{D_c(\tau)} 2\pi D F dD - 2\pi D_c(\tau) e^{-\rho\tau} q dD_c(\tau) \Bigg], dD_c(\tau) \geqslant 0 \quad (21)
\end{aligned}
$$

其中，$D_c(\tau)$ 为在时间 τ 都市规划者订定的都市边界，B 为其管辖的边界，且 $B > D_c(\tau)$。(21)式中，$dD_c(\tau)$ 代表都市规划者执行边际界线管理政策 (marginal boundary policy control)。若于时间 τ 微量放宽管制，则其值大于 0；否则，其值等于 0。

　　(21)式括号内，第一项代表都市土地总价值，第二项代表农地总价值，第三项代表总开发成本，最后一项代表放宽管制的行政成本期望现值，而 q 代表每单位土地的行政成本(包含资料收集成本、预测土地开发需求成本等)。当 $q=0$ 时，代表都市规划者可将外部性全部内部化，因此，其选择的都市边界将达到最佳状态；反之，若 $q > 0$，则此时都市规划者所选择的都市边界只能达到次佳状态。

　　(21)式表示，都市规划者与地主间进行 Stackelberg 赛局。都市规划者预期位于 D 地的地主的开发决策，因而充分了解其土地开发后的价值 $V_u(\bullet)$ 与开发前的价值 $V_a(\bullet)$。将所有地主的决策纳入考虑后，都市规划者便能随时间动态调整效率都市边界，以使社会福利达到最大。

　　本研究将 Bertola 和 Caballero (1994) 一文应用到都市规划者所面临的瞬间控制 (instantaneous control) 问题，因而将 $W(x,D_c)$ 分解成两部分：非选择权价值项 $W_n(x,D_c)$ 与选择权价值项 $W_0(x,D_c)$，其中，执行管制的瞬间价值为非选择权价值项。将 $W_n(x, D_c)$ 对 D_c 偏微分，可得到立即放宽边界管制的边际价值：

$$
\begin{aligned}
\frac{\partial W_n(x,D_c)}{\partial D_c} = & \, 2\pi D_c V_u(x, D_c, D_c) - 2\pi D_c V_a(x, D_c, D_c) - 2\pi D_c F \\
& - \int_0^{D_c} \frac{4\varepsilon\lambda\pi^{\lambda+1} D_c^{2\lambda-1}}{\rho} D^2 dD \\
& - \int_{D_c}^{B} \frac{4\varepsilon\lambda\pi^{\lambda+1} D_c^{2\lambda-1}}{\rho} D^2 e^{\beta_1(x-x^*(D,D_c))} dD - 2\pi D_c(\tau) q \quad (22)
\end{aligned}
$$

　　(22)式显示，当都市规划者放宽边界管制(D_c 增加)时，将造成社会福利增加或减少的状况。等号右边前三项代表将位于 D_c 的农地开发为都市用地所产生的净价值(第一项为都市土地增加所获得的利益，第二项为空地减少所损失的价值，第三项为开发成本)；第四项为都市土地拥有者因人口不断移入都市而导致其所收取租金下跌的损失；第五项为都市规划者放宽边界管制时，地主因延后开发(因为 $\partial x^*(D,D_c)/\partial D_c > 0$)所损失的选择

权价值;最后一项为行政成本。假设此都市规划者能将外部性全部内部化,也即行政成本 $q=0$,则此时所选择的都市边界为最佳状态。

至于都市规划者延迟执行边界管制的选择权价值,则必须符合下列微分方程式:

$$\frac{1}{2}\sigma^2 \frac{\partial^2 (\partial W_0(x,D_c)/\partial D_c)}{\partial x^2} + \alpha \frac{\partial (\partial W_0(x,D_c)/\partial D_c)}{\partial x} - \rho \frac{\partial W_0(x,D_c)}{\partial D_c} = 0 \quad (23)$$

$$\frac{\partial W_0(x,D_c)}{\partial D_c} = d_1 e^{\beta_1 x} + d_2 e^{\beta_2 x} \quad (24)$$

其中,d_1 和 d_2 为待求解的常数,而 β_1 与 β_2 合乎(10)式的定义。将触发都市规划者执行边界控制的临界值 x 以 x^{**} 表示,则 x^{**} 与(24)式中的 d_1 与 d_2 可由下列三个边界条件求得:

$$\lim_{x \to \infty} \frac{\partial W_0(x,D_c)}{\partial D_c} = 0 \quad (25)$$

$$\frac{\partial W_0(x^{**},D_c)}{\partial D_c} = \frac{\partial W_n(x^{**},D_c)}{\partial D_c} \quad (26)$$

和

$$\frac{\partial^2 W_0(x^{**},D_c)}{\partial D_c \partial x} = \frac{\partial^2 W_n(x^{**},D_c)}{\partial D_c \partial x} \quad (27)$$

(25)式为临界条件,代表当对都市土地的需求极少时,都市规划者延迟执行边际界线管制的选择权毫无价值;(26)式为平滑条件;(27)式为超接触条件(super-contact condition),代表即使都市规划者偏离平滑条件,也不会出现套利情况。

依照(25)~(27)式求解,则可得出在社会最适情况下,都市规划者所选定的开发时机 x^{**} 为:

$$x^{**} = \gamma + \rho F + \frac{1}{\beta_1} - \frac{\alpha}{\rho} + (\varepsilon \pi^\lambda D_c^{2\lambda+1})(1 + \frac{2}{3}\lambda) \quad (28)$$

依据 Capozza 和 Helsley(1990),在(28)式中,将 $x(t)$ 替代 x^{**} 并将效率都市边界 $D_c^*(x(t))$ 取代 D_c 后,则可得:

$$D_c^*(x(t)) = \left\{ \frac{x(t) - \gamma - \rho F - \dfrac{1}{\beta_1} + \dfrac{\alpha}{\rho}}{\varepsilon \pi^\lambda (1 + \dfrac{2}{3}\lambda)} \right\}^{\frac{1}{(2\lambda+1)}} \quad (29)$$

将(28)式中都市规划者所选定的开发时机 x^{**} 与(29)式中的效率都市边界 $D_c^*(x(t))$ 对各外生变数微分后,可得到推论2。

推论 2 与另一都市相比较,下列因素将造成某一都市之规划者较早开发土地($x^{**}(D,D_c)$ 较低)从而制订较宽的效率都市边界($D_c^*(x(t))$ 增加):

(1)若其得到的农地租金较低(γ 减少);

(2)若其预期都市土地租金波动幅度较和缓(σ 减少);

(3)若其预期每年都市土地租金成长率较高(α 增加);

(4)若其耗费的土地开发费用较低(F 减少);

(5)若其面临的负面外部性较小(ε 减少)。

证明： 由(16)式和(28)式可以得知，外生变量（除了 v 外）对 x^* 的影响与对 x^{**} 的影响一致，因此，x^{**} 的比较静态分析与附录 A 的 x^* 相同。

由(20)式和(29)式可以得知，外生变量（除了 v 外）对 D_d^* 的影响与对 D_c^* 的影响一致，因此，推论 D_c^* 的比较静态分析与附录 B 的 D_d^* 相同。

由推论 2 可知，都市规划者在决定是否要开发土地时，必须比较土地开发前与开发后的价值。若都市规划者面临开发土地前的价值较低[如(1)及(2)两种情况]，或开发后的净价值较高[如(3)～(5)的情况]，则将提前开发土地，并因此制订较宽松的效率边界。

（三）最适拥挤费的决定因素

在未课征拥挤费的情况下，若任由地主决定开发时机，则竞争均衡下的都市边界会比都市规划者将拥挤外部性内部化情况下的效率都市边界宽阔。利用(20)式与(29)式可得知，竞争均衡下的都市边界 D_d^* 为效率都市边界 D_c^* 的 $\left(1+\dfrac{2\lambda}{3}\right)^{2\lambda+1}$ 倍。由于 $\lambda>0$，因此，$D_d^*>D_c^*$。如此一来，都市规划者可借由制定一个最适拥挤费 v^*，以使竞争均衡下的都市边界 D_d^* 缩减到与都市规划者所想要的效率都市边界 D_c^* 一致。通过(20)式与(29)式可解出最适拥挤费 v^* 为：

$$v^* = \frac{2\varepsilon\lambda}{3}(\pi D_c^{*2})^\lambda \tag{30}$$

在(30)式中，将 v^* 对所有外生变量微分后，可得出推论 3。

推论 3 相较于另一个都市，下列因素将使某一都市的规划者制定较高的最适拥挤费（v^* 增加）：

(1) 若其地主收到的农地租金较低（γ 减少）；
(2) 若其地主预期都市租金波动幅度较和缓（σ 减少）；
(3) 若其地主预期每年都市土地租金成长率较高（α 增加）；
(4) 若其地主耗费的开发成本较低（F 减少）；
(5) 若其地主面临的负面外部性较大（ε 增加）。

证明：

由(30)式可知影响 D_c^* 的外生变量也影响最适拥挤费 v^*，且两者呈现正相关。因此，推论 3 的 v^* 比较静态分析与推论 2 相同（除了 ε 外）。

由(30)式得知，影响效率都市边界 D_c^* 的因素也影响最适拥挤费 v^*，且两者呈现正相关（除了 ε 外）。其原因如下：当都市规划者放宽效率边界管制时，都市人口也随之增加，因而应提高最适拥挤费。

由于最适拥挤费的制定是为了使竞争均衡下的都市边界 D_d^* 缩减至都市规划者想要的效率都市边界 D_c^*。因此，为讨论推论 3，有必要先讨论各外生变量对两者的影响。由推论 1 和推论 2 可知，如果负面外部性程度 ε 增加，将同时降低 D_d^* 和 D_c^*，但前者下降的幅度小于后者，因而都市规划者必须提高最适拥挤费 v^*。上述讨论也适用于其他外生变量：当农地租金较低（γ 减少）、都市土地租金波动幅度较小（σ 减少）、每年都市土地租金预期成长率较高（α 增加）以及开发费用较低（F 减少）时，由推论 1 和推论 2 可知，D_d^* 和 D_c^* 都会增加，但由于前者增加之幅度超过后者，因而，都市规划者应提高最适拥挤费 v^*。

虽然租金移动因子 $x(t)$ 与 v^* 之间呈现正相关,但其影响较复杂,现说明如下:随着人口扩张,对都市土地之需求也将增加。然而,只有当随机租金移动因子超越其历史高点时($x(t) > x^{**}$),都市规划者才应放宽都市边界管制(D_c^* 增加)。由(30)式得知,D_c^* 与最适拥挤费 v^* 两者呈现正相关,因此,都市规划者应提高最适拥挤费 v^*,并将其适用于都市边界内所有的居民,以确保不同区位的消费者都能获得同样的效用满意度。

四、数值分析

为了更清楚地解释在都市居民对都市土地的需求随时间上下波动时都市规划者应如何制定最适拥挤费,本文假设影响负面外部性的水平因子 ε 为 0.01,影响负面外部性的幂次方因子 λ 为 0.5,开发成本 F 为 1,农地租金 γ 为 0.01,都市土地租金预期成长率 α 为每年 3%,都市土地租金波动幅度 σ 为每年 10%,而折现率 ρ 为每年 5%。将这些参数值代入(20)式、(29)式与(30)式中,可求得图1以显示动态调整过程。图1呈现都市土地租金随时间移动的路径对未课征拥挤费下的竞争均衡都市边界 D_d^*、效率都市边界 D_c^* 以及最适拥挤费 v^* 的影响。假设在起始日($t = 0$)时,随机租金起始点 $x(0) = 0$,此时未课征拥挤费下的竞争均衡都市边界、效率都市边界与最适拥挤费都为 0。到了 $t = 1.3$ 年时,随机租金 $x(1.3)$ 超越起始点 $x(0)$,此时未课征拥挤费下的竞争均衡都市边界向外扩张至 $D_d^* = 2.18$,而此边界大于都市规划者所希望的效率都市边界 $D_c^* = 1.89$。因此,都市规划者应提高最适拥挤费至 $v^* = 0.0112$。到了 $t = 1.5$ 年时,随机租金 $x(1.5)$ 超越历史高点 $x(1.3)$,此时未课征拥挤费下的竞争均衡都市边界向外扩张至 $D_d^* = 2.33$。由于此边界与都市规划者所希望的效率都市边界 $D_c^* = 2.02$ 差距更大,因而都市规划者应提高最适拥挤费至 $v^* = 0.0119$。到了 $t = 1.5$ 年后,都市规划者只有在随机租金超越其历史高点,也即在 $t = 1.9$、2.3、3.1、8.4、9.3、9.4、9.5 年时,才应提高最适拥挤费;否则,都市规划者不应调整最适拥挤费。

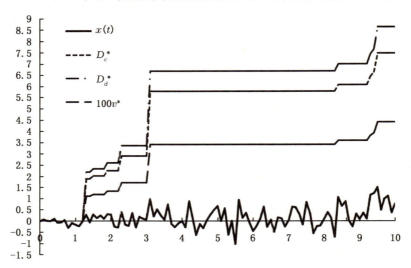

图1 租金因子 $x(t)$ 随时间移动的路径对未课征拥挤费下的竞争均衡
都市边界 D_d^*、效率都市边界 D_c^* 以及最适拥挤费 v^* 的影响

本文与 Jou(2012)都针对都市土地需求的不确定性进行探讨。Jou(2012)考虑人口外部性如何影响效率成长边界的订定,其认为一旦都市土地租金超越历史高点,都市规划者应放宽都市成长边界管制;若都市土地租金波动程度增加,则应紧缩都市成长边界。本文则将拥挤外部性纳入考虑,以讨论最适拥挤费的决定因素。本文发现,当都市土地租金超越其历史高点时,都市规划者应提高最适拥挤费;而若都市土地租金波动程度增加,则应降低最适拥挤费。

五、结论与建议

本文探讨当都市规划者面临下列两种情况时应如何制定最适拥挤费,以使都市边界达到其所希望的效率边界:(1)对都市土地需求增加,使得土地开发后人口增加,导致都市居民的单位通勤成本上升;(2)都市居民对都市土地需求随时间呈现上下波动。本研究提供两个政策建议给都市规划者用作参考。第一,相较于另一个都市,若某个都市地主面对的农地租金较低、耗费的土地开发费用较低、预期对都市土地的需求波动程度较小以及预期每年对都市土地的需求成长率较高,则都市规划者应对该地居民课征较高的拥挤费。第二,为当某一都市居民对都市土地的需求高过以往的所有情况,则都市规划者也应提高最适拥挤费,并将其适用于所有的都市居民;否则,都市规划者不应调整最适拥挤费。

未来可从下列几个方向来延伸本文:(1)本文采用开放都市模型,即假设人口压力和对都市土地之超额需求并未影响都市成长边界。未来可考虑采用 Brueckner(1995)的封闭都市下的“供给—限制模型”(supply-restriction model)来进行讨论。(2)本文假定土地不再为地主所拥有,而都市居民都是承租者。之后或许可考虑如 Brueckner 和 Lai(1996)一文来放宽此假设,即考虑屋主自住(owner-occupied)的情况。(3)本文并未考虑公共建设投资的情况,因而未来可考虑如 Brueckner(1997)一文,将其纳入讨论。(4)本文假设都市型态为单一城市中心,且中心商业区为市内主要商业、工作及购物的集中地,因此,并未考虑都市居民的就业选择。未来可延伸 Ross 和 Yinger(1995)一文,以讨论厂商劳动需求决策对最适拥挤费的影响。

参考文献:

[1]王世桦. 道路拥挤税与停车费之探讨[D].台湾台北大学都市计划研究所,硕士论文,2012.

[2]褚志鹏,叶竺升.道路拥挤收费政策在考虑异质旅次之静态分析[J].运输计划季刊,2001,30(1):33—61.

[3]蔡进国.实质选择权在土地评价上之应用——传统评估方法与实质选择权法之分析比较[D].台湾大学财务金融所,硕士论文,1997.

[4]郑淑颖.高速公路拥挤税之分析[D].东吴大学经济学研究所,硕士论文,1996.

[5]Anas, A. and Rhee, H.-J.(2006)."Curbing excess sprawl with congestion tolls and urban boundaries."*Regional Science and Urban Economics*,36:510—541.

[6]Anas, A. and Rhee, H.-J.(2007)."When are urban growth boundaries not second-best policies to congestion tolls?"*Journal of Urban Economics*,61:263—286.

[7]Boardman, A. E. and Lave, L. B.(1977)."Highway congestion and congestion tool."*Journal of urban Economics*,4:340—359.

[8]Brueckner, J. K.(1990)."Growth controls and land values in an open city."*Land Economics*,66(3):237—248.

[9]Bertola, G. and Caballero, R. J.(1994)."Irreversibility and aggregate investment."*Review of Economic Studies*,61:223—246.

[10]Brueckner, J. K.(1995)."Strategic control of growth in a system of cities."*Journal of Public Economics*,57:393—416.

[11]Brueckner, J. K. and Lai, F.-C.(1996)."Urban growth with resident landowners."*Regional Science and Urban Economics*,26:125—143.

[12]Brueckner, J. K.(1997)."Infrastructure financing and urban development:the economics of impact fees.,*Journal of Public Economics*,66:383—407.

[13]Brueckner, J. K.(2005)."Transport subsidies, system choice and urban sprawl."*Regional Science and Urban Economics*,35:715—733.

[14]Brueckner, J. K.(2007)."Urban growth boundaries:an effective second—best remedy for unpriced traffic congestion?"*Journal of Housing Economics*,16:263—273.

[15]Brueckner, J. K.*Lectures on Urban Economics*.The MIT Press, 2011.

[16]Capozza, D. and Helsley, R.(1990)."The stochastic city."*Journal of Urban Economics*,28:187—203.

[17]Capozza, D. and Sick, G. A.(1994)."The risk structure of land markets."*Journal of Urban Economics*,35(3):297—319.

[18]Capozza, D. and Li, Y.(1994)."The intensity and timing of investment:the case of land."*American Economic Review*,84(4):889—904.

[19]Dixit, A. K. and Pindyck, R. S.*Investment under Uncertainty*.Princeton, NJ: Princeton University Press, 1994.

[20]Ding, C., Knaap, G. J. and Hopkins, L. D.(1999)."Managing urban growth with urban growth boundaries: a theoretical analysis."*Journal of Urban Economics*,46:53—68.

[21]Harrison, J. M.*Brownian Motion and Stochastic Flow Systems*.New York: John Wiley and Sons, 1985.

[22]Jou,J.-B.(2012)."Efficient growth boundaries in the presence of population externalities and stochastic rents."*Quarterly Review of Economics and Finance*,52:349—357.

[23]Jou, J.-B.(2013)."Determinants of efficient growth boundaries with balanced budgets and stochastic rents."forthcoming in *Spatial Economic Analysis*.

[24]Mcdonald,R.L.and Siegel, D. R.(1985)."Investment and the valuation of firms when there is an option to shut down."*International Economic Review*,26(2):331—349.

[25]Michel, D. L., Andréd. P., Moez K., and Serge, P.(2013)."Congestion pricing and long term urban form: application to Paris region."*Regional Science and Urban Economics*,43(2):282—295.

[26]Pines, D. and Kono, T.(2012)."FAR regulations and unpriced transport congestion."*Regional Science and Urban Economics*,42:931—937.

[27]Ross, S. and Yinger, J.(1995)."Comparative static analysis of open urban models with a full labor market and suburban employment."*Regional Science and Urban Economics*,25:575—605.

[28]Small, K. A.(1983)."The incidence of congestion tolls on urban highways."*Journal of Urban Economics*,13:90—111.

[29]Titman, S.(1985)."Urban land prices under uncertainty."*American Economics Review*,505—514.

[30]Tresch, R. W.*Public Finance: A Normative Theory*(Second edition), Academic Press, 2002.

[31]Williams, J. T.(1991)."Real estate development as an option."*Journal of Real Estate Finance and Economics*,4(2):191—208.

Determinants of Optimal Congestion Tolls Under Uncertainty

Jyh-Bang Jou   Wan-Rong Hong

(Jyh-Bang Jou, Professor, Graduate Institute of National Development, National Taiwan University. E-mail: jbjou@ntu.edu.tw. Wan-Rong Hong, Master, Graduate Institute of National Development, National Taiwan University.E-mail:r99341073@ntu.edu.tw.)

Abstract: This article investigates how the congestion externality interacting with uncertainty in urban rents affects the determinants of optimal congestion tolls in a monocentric open city. Urban planners can design congestion tolls so as to reduce the urban growth boundary in a competitive equilibrium to the efficient growth boundary which they desired by them. We derive two main policy implications for urban planners. First, when the demand for housing increases with the expansion of population such that the stochastic urban rents pass their historically high levels, urban planners should then raise the optimal congestion tolls and apply them to all residents. Second, as compared to another city, when a city's landowner expects the urban rents to be more volatile, the city's landowners will develop their vacant land at a later date, thus contracting the urban boundary. As a result, the city's planner should impose lower optimal congestion tolls as a result of a smaller negative effect of the congestion externality.

Key words: Congestion tolls   Growth boundaries   Stackelberg game   Stochastic rents

房价下跌对我国商业银行信用风险的影响研究
——基于改进的宏观压力测试模型分析 *

董纪昌 林 睿 李秀婷 吴 迪 **

摘 要: 房价变化对我国商业银行的信用风险具有重要影响。本文对基本的宏观压力测试模型进行改进,考虑了压力情境变量对其他解释变量的影响,并引入了压力情境因子来表征外部压力冲击,通过线性规划求解,考察基期时刻到压力情境时刻所有变量的动态变化水平。实证结果显示,房价在未来一年分别下跌30%、40%和50%的情境下对商业银行不良贷款率的影响均不是很大,但是随着房价下跌水平的增大,商业银行不良贷款率增幅较大。进一步研究发现,不同变化方式的外部压力冲击都会使得商业银行不良贷款率在末期较大幅度的增加,但变化方式存在较大不同。外部压力冲击的急剧变化会对商业银行资产质量带来相对更大的不利影响。

关键词: 房价下跌 商业银行 信用风险 宏观压力测试

中图分类号: F832.2 F832.4 F293.3

一、引言

信用风险是商业银行面临的最重要的风险之一。根据巴塞尔银行监管委员会(BCBS)的资料显示,银行面临的风险中以信用风险的比例最高,约占 60%(Svoronos,2002)。世界重大金融事件,如日本房地产泡沫破裂、东南亚金融危机以及美国次贷危机,究其发生原因,均与银行信用风险管理失当密切相关。同时,这些重大事件表明银行业受房地产市场波动影响重大,一旦房地产价格出现系统性下降,银行体系必将面临信贷危机,从而影响本国国民经济乃至世界经济的健康发展。

房地产发展对资金有大量需求,房地产贷款在整个银行金融体系中占据了重要地位。在我国,商业银行参与房地产从开发到销售的全过程,通常房地产自有资金只占 10%~25%,剩余部分都是靠银行贷款垫起来的。事实上,由于产业关联等因素,我国房地产业通过各种渠道从银行实际获得的资金比例更大。我国房地产业资金过分依赖

---

* 【致谢】本文获得国家自然基金项目"我国房地产市场区域差别与调控政策差异化研究"(编号:71173213)资助。

** 作者简介:董纪昌,教授、博士生导师,中国科学院大学管理学院;电子邮件:jcdonglc@ucas.ac.cn。林睿(通讯作者),博士研究生,中国科学院大学管理学院;电子邮件:linrui0704@163.com,通讯地址:北京市海淀区中关村东路80号青年公寓7号楼108室。李秀婷,博士后,中国科学院大学管理学院;电子邮件:lixiuting@ucas.ac.cn。吴迪,讲师,中国科学院大学管理学院;电子邮件:diwu@ucas.ac.cn。

银行,实际相当于将自身部分风险转嫁给了银行,从而大大增加了银行所承担的信用风险。与此同时,近年来我国房价不断攀升,也使我国房地产市场的风险不断增大。商业银行的信用风险主要来源于其持有的风险资产,而贷款是最主要的风险资产,因为银行发放出去的住房抵押贷款、房地产开发商贷款和个人住房按揭贷款都是以现在的高房价为基础设定的额度,一旦房价下跌,银行的信贷风险就会完全暴露出来,将把银行置于呆账、坏账增多的风口上。另外,2010 年以来,国家为抑制过快上涨的房价出台了一系列新的政策。其中被广泛关注的包括个人住房转让营业税调整、"国十条"、"新国五条"、个人房贷二套房认定标准的明确、物业税与房产税、"国八条"以及多次调整存款准备金率等。严厉的房地产调控政策向市场释放房价下跌的信号,主导着人们对房价走势的预期。

基于以上事实,本文将对基本的宏观压力测试模型进行改进,并根据银监会的最新要求,设定三种压力测试情景,就房价下跌对我国商业银行信用风险的影响进行宏观压力测试。

二、文献综述

从 20 世纪 90 年代至今,压力测试(stress testing)已成为国际性银行所普遍采用的风险预警重要工具。巴塞尔银行监管委员会(2009)指出压力测试是用来检测银行在压力市场(极端恶劣的经济状况或信用状况,如遭遇金融危机)情况下,公司所拥有的金融资产部分对公司可能产生的影响。压力测试的优势就在于它能够较好地模拟与预测金融机构在极端情况下的价值估算和风险。

近年来,国际金融组织和国内外学者对压力测试的应用和研究越来越重视。Cihak(2004,2006)、Swinbume(2007)等总结了 IMF(国际货币基金组织)压力测试系统演进历程,对微观压力测试与宏观压力测试进行了区分和比较。Sorge(2004)试图将压力测试对金融稳定性的分析引入货币政策的制定过程中。Drehmann(2004,2005)、Haldane(2007)则对英国银行系统构建了压力测试模型并进行评测;奥地利央行的 Ross 等(2006)也对本国银行进行了压力测试分析;美国 FDIC 的 Krimminger(2007)、欧洲央行的 Lind(2007)、挪威央行的 Moe(2007)、西班牙央行的 Sanrina(2007)和澳大利亚储备银行的 Ryan(2007)也分别总结了各国压力测试系统构建经验。

银行信用风险受宏观经济因素波动的影响重大。20 世纪 80 年代以来,各国银行不稳定的现象尤其是银行危机频频发生,国际组织和国内外学者对此进行的大量理论和实证研究表明,宏观经济因素波动是导致各国银行不稳定的重要原因之一。McKinnon(1994)认为,当宏观经济稳定时,银行经营行为是保守、谨慎的,不会出现不顾风险单方面追求效益的现象。但在出现实际汇率波动、意料外通货膨胀等宏观经济不稳定的情况时,政府或明或暗的存款担保会导致银行产生以高利率对高风险项目贷款的风险行为。Pesola(2001)利用芬兰的数据建立了宏观经济与贷款违约的模型,并就二者之间的关系进行定量分析,检验银行系统危机对宏观经济因素波动的敏感性。Froyland 和 Larsen(2002)利用挪威央行的宏观经济模型 RIMINI,通过设置宏观经济因素波动的情境,对银行不良贷款进行了压力测试。Virolainen(2004)针对芬兰金融风险建立了宏观信贷模型并进行宏观压力测试,实证评估结果揭示了芬兰银行系统贷款违约风险与宏观经济波动的高度相关性。Bernhardsen(2005)就银行破产和不良贷款与宏观经济因素的关系建立模型,并利用欧洲国家的面板数据进行了实证检验。Erlenmaier 和 Gersbach(2005)建立了评估贷款违约率的宏观信贷方程,并利用挪威央行的宏观经济模型 RIMINI 对总体审慎指标的趋势与发展进行预测。Deventer(2005)运用线性回归分析对澳大利亚银行、日本三菱银行及韩国、美国的多家大型银行进行分析,结果表明,宏观经济因素影响银行信贷利差,从而影响其信用风险。

在宏观信贷模型的理论研究领域,Wilson(1997a,1997b)以宏观模拟为基础建立的 Credit Portfolio View 模型(简称"CPV 模型")考虑了宏观经济因素对信贷违约情况的影响,是最早将宏观压力测试与信贷模型结合起来的研究。随后,Aoki、Proudman 和 Vlieghe(2001)累加英国银行体系的企业违约概率,通过建模得出结论:在影响违约率的宏观经济因素中,GDP、实际利率和真实工资水平解释能力最为显著。Boss M.(2002)通过累加澳大利亚的企业违约率,建立宏观经济信贷模型,通过设置银行部门的压力情境得出结论:通货膨胀率、名义短期利率、工业产值、股票指数和油价均是违约概率的决定因素。Sorge M.和 Virolainen K.(2006)分别就澳大利亚银行部门和芬兰银行体系建立了宏观经济信贷模型,并设定了压力情境进行压力测试。Wong、Choi 和 Fong(2006,2008)在 Wilson 模型的基础上引入宏观经济变量香港 GDP、香港银行同业拆借利率、房地产价格指数等,评估了香港银行体系贷款资产及住房抵押贷款的风险暴露。

国内学者谢赤、徐国暇(2006)及程掸娟、邹海波(2009)认为 CPV 模型有利于提高信用风险度量的精确性。2008 年,美国次贷危机使因房价下跌导致的银行坏账增加,引起了国内业界的担忧与重视。王宏新、王昊(2009)应用压力测试方法针对房地产价格变动对我国商业银行的影响进行了实证分析,发现一旦房价出现全面下跌这种小概率事件,商业银行不良贷款率将可能成倍增加,这会对商业银行造成较大冲击,甚至影响到整个国民经济健康发展。华晓龙(2009)、沈阳和冯望舒(2010)将贷款违约率作为评估银行系统信用风险的指标,使用 Logit 模型将贷款违约率转化为综合指标,与宏观经济因素进行多元回归,并通过假设情境法进行宏观压力测试,来定量分析宏观经济波动对银行贷款违约率的影响。汤婷婷、方兆本(2011)以不良贷款率度量信用风险,在宏观经济变量中特别加入了房地产销售价格指数这一变量,建立了宏观压力测试模型。

综上,国内外已有研究表明,宏观经济因素波动对银行信用风险影响重大,目前已有大量关于宏观经济因素对银行信贷违约情况影响的相关研究,压力测试在此类研究中得到了广泛研究和应用。对于现有研究,一方面,不同国家的学者针对相同或不同银行的信贷风险构建宏观压力测试模型时,所选取的宏观经济变量有所不同,宏观压力测试模型和情境设定的具体方法也有所不同;另一方面,专门针对房价对银行信贷风险影响的压力测试研究还相对较少。事实上,压力测试对房地产调控中银行业的经营,乃至对整个经济的稳定,都是有其积极意义的。商业银行通过对房价下跌对其信用风险的影响做压力测试,也可以看出在房价下跌情况下自身的风险控制能力。

三、宏观压力理论模型及其改进

(一)基本的宏观压力测试模型构建

本文在 Wilson(1998)、Boss(2002)和 Virolainen(2004)的模型基础上,参考 Hoggarth G.、Sorenen S.和 Zicchino L.(2005)的模型,构建房价下跌对我国商业银行信用风险影响的宏观压力测试模型,并对其进行模型检验和参数估计。

(1)先设定不良贷款率和宏观经济变量之间的非线性关系。利用 Logit 变换将商业银行不良贷款率转换成一个综合指标,并假设此综合指标与各宏观经济变量之间服从线性关系。如式(1)所示:

$$Y_t = \ln \frac{p_t}{1 - p_t} \ , \ t = 1,\ 2, \cdots, N \tag{1}$$

其中,p_t 表示 t 时刻我国商业银行的不良贷款率;$p_t/(1-p_t)$ 表示 t 时刻我国商业银行不良贷款发生比;Y_t 表示 t 时刻的综合指标,用以反映商业银行不良贷款率与各宏观经济变量的关系,与 p_t 一一对应;N 表示样本容量,即观测值的个数。

由式(1)可以看出,由于 Logit 函数在其定义域内是严格单挑递增的,所以综合指标 Y_t 的变化趋势与 p_t 相同。此外,通过 Logit 函数将商业银行不良贷款率 p_t 转换成综合指标 Y_t 后,可以更好地反映各宏观经济变量对于不良贷款率的影响,增强模型的解释能力。

(2)将综合指标作为因变量、各宏观经济变量作为自变量,构建多元线性回归模型,采用最小二乘法(OLS)估计综合指标与宏观经济变量之间的关系。如式(2)所示:

$$Y_t = \alpha_0 + \alpha_1 X_{1,t} + \cdots + \alpha_k X_{k,t} + \beta_1 Y_{t-1} + \cdots + \beta_m Y_{t-m} + \mu_t \ , \ \mu_t \sim i.i.d.N(0, \sigma^2) \tag{2}$$

其中,$X_{i,t}$ 表示 t 时刻第 i 个宏观经济变量的值;Y_{t-m} 表示 t 时刻综合指标 Y_t 滞后 m 期的值;μ_t 表示独立同正态分布的随机误差项,σ^2 表示 μ_t 的方差;$\alpha_0, \alpha_1, \cdots, \alpha_k$ 和 $\beta_1, \beta_2, \cdots, \beta_m$ 都是宏观压力测试模型中待估计的参数。由于宏观经济时间序列通常都具有时滞性,所以本文中的宏观压力测试模型考虑了前期不良贷款率对于当前不良贷款率 Y_t 的影响,将 Y_t 的滞后变量 $Y_{t-1}, Y_{t-2}, \cdots, Y_{t-m}$ 引入到宏观压力测试模型之中,用来反映时间序列 $\{Y_t\}$ 的时滞效应,从而使模型与实际情况更为相符。

(3)将压力情境变量作为因变量,压力情境变量和综合指标各自的滞后项作为自变量,构建 $n(n \leqslant k)$ 个欲作为压力情境变量的宏观经济变量的回归模型,为压力测试的设定做准备。具体形式如式(3)所示:

$$X_{i,t} = \varphi_{i,0} + \varphi_{i,1} X_{i,t-1} + \cdots + \varphi_{i,p} X_{i,t-p} + \phi_1 Y_{t-1} + \cdots + \phi_m Y_{t-m} + \varepsilon_{i,t} \ , \ i = 1,2,\cdots,n$$
$$\varepsilon_{i,t} \sim i.i.d.N(0, \omega^2) \tag{3}$$

$X_{i,t}$ $(i=1,2,\cdots,n)$ 表示 t 时刻第 i 个宏观经济变量的值,n 为欲作为压力情境变量的宏观经济变量的个数;$\varepsilon_{i,t}$ 表示独立同正态分布的随机误差项,ω^2 表示 $\varepsilon_{i,t}$ 的方差;$\{\varphi_{i,0}, \varphi_{i,1}, \cdots, \varphi_{i,p}\}$ 和 $\phi_1, \cdots, \phi_m$ 都是待估计的参数。

(二)改进的宏观压力测试模型设定

在基本的宏观压力测试模型基础上,传统的压力测试方法一般是先设定所有解释变量未来的压力情境,然后利用多元线性回归模型估算出不良贷款率的期望值。这样的模型没有考虑模型各个解释变量之间的相关性。

本文对基本的宏观压力测试模型进行扩展:一是在构建的房价下跌对商业银行信用风险影响的宏观压力测试模型中,考虑模型中各个解释变量之间的相关性。先是选择某一解释变量(如房价)作为压力情境变量,设定其在未来某一时点的压力情境;然后通过回归分析估计出该压力情境变量对于其他解释变量的影响,从而计算出其他解释变量的估计值;最后利用宏观压力测试模型计算出不良贷款率的估计值。二是对于压力情境变量在未来某一时点的压力情境的设定上,本文特别引入了压力情境因子来表征外部压力冲击,并通过考虑压力情境因子在时间维度上的不同变化方式来考察压力情境变量对不良贷款率估计值的影响。三是对于模型中不同变量未来的变化,本文引入了线性规划的方法,设定某一解释变量(如房价)未来某一时点变动的幅度为规划目标,通过规划求解得到其他变量在未来某一时点的数值。

综合而言,相较于传统的宏观压力测试模型,改进的模型在设定上更符合现实复杂情况,更具科学性。具体步骤如下:

(1)选定宏观压力测试模型中的某一宏观经济变量 X_t(如房价)作为压力情境变量。对其进行如下压力情境设定:以时刻 t 为基期,设 X_t 在 T 期后的值为 X_{t+T},即 $X_{t+T}=\theta X_t$(θ 为 X_t 的变动幅度,即设定的压力情境)。

(2)对于压力情境变量,在式(3)的回归模型中引入一个压力情境因子 M_t,以此来建立压力情境变量的变动模型,结果如式(4)所示:

$$X_t=\varphi'_0+\varphi'_1 X_{t-1}+\cdots+\varphi'_p X_{t-p}+\phi'_1 Y_{t-1}+\cdots+\phi'_m Y_{t-m}+M_t+\varepsilon'_t$$
$$\varepsilon'_t \sim i.i.d.N(0,\omega_1^2) \tag{4}$$

压力情境因子 M_t 用以表征压力情境变量除压力情境变量的滞后项和综合指标各自的滞后项所解释以外的压力变动情况,相当于压力情境变量的外部压力冲击。M_t 既可能是一个常量,即在压力测试基期未来 T 期每期的值相同;也可能不是常量,即在压力测试基期未来 T 期每期的值呈现一定的变化趋势;X_t 为压力情境变量在第 t 期的值;Y_{t-m} 为综合指标在第 $t-m$ 期的值;ε'_t 表示独立同正态分布的随机误差项,ω_1^2 表示 ε'_t 的方差;$\varphi'_0,\varphi'_1,\cdots,\varphi'_p$ 和 $\phi'_1,\cdots,\phi'_m$ 都是待估计的参数。

(3)对于宏观压力测试模型中除压力情境变量 X_t 以外的 $k-1$ 个其他宏观经济变量 $X_{i,t}$($i=1,2,\cdots,k-1$),以 $X_{i,t}$ 作为被解释变量,X_t、X_t 的滞后项和 $X_{i,t}$ 的滞后项为解释变量进行线性回归。如式(5)所示:

$$X_{i,t}=\varphi''_0+\lambda X_t+\varphi''_1 X_{t-1}+\cdots+\varphi''_p X_{t-p}+\phi''_1 X_{i,t-1}+\cdots+\phi''_m X_{i,t-m}+\varepsilon''_{i,t}$$
$$i=1,2,\cdots,k-1 ; t=1,2,\cdots,T ; \varepsilon''_{i,t} \sim i.i.d.N(0,\omega_2^2) \tag{5}$$

X_t 为压力情境变量在第 t 期的值;$X_{i,t-m}$ 为第 i 个非压力情境变量在 $t-m$ 期的值;$\varepsilon''_{i,t}$ 表示独立同正态分布的随机误差项,ω_2^2 表示 $\varepsilon''_{i,t}$ 的方差;$\varphi''_0,\varphi''_1,\cdots,\varphi''_p$ 和 $\phi''_1,\cdots,\phi''_m$ 都是待估计的参数。

(4)将步骤(2)和(3)中得到的各宏观经济变量的估计值或者预测值代入多元线性回归方程式(2)中,得出综合经济指标 Y_t 的估计值。

(5)对于 $t+1,\cdots,t+T$ 时期重复步骤(2)~(4),最终得到 X_{t+T}、$X_{i,t+T}$ 和 Y_{t+T}。以

$X_{t+T} = \theta X_t$ 为目标,M 为可变变量,进行线性规划并求解,得到 X_{t+T}、$X_{i,t+T}$ 和 Y_{t+T} 的数值解。

(6)利用 Y_{t+T} 的估计值,通过 Logit 变换得到不良贷款率 p_{t+T} 的估计值。

四、实证研究与结果分析

(一)宏观压力测试模型变量和数据选取

1. 变量选取

考虑到我国银行系统的实际情况,本文选取我国商业银行的不良贷款率作为评估我国商业银行信用风险的指标,从而评估商业银行的信用风险损失。其中,商业银行包括大型商业银行、股份制商业银行、城市商业银行、农村商业银行和外资银行。在我国,不良贷款是指在评估银行贷款质量时,贷款五级分类中的次级、可疑和损失三类;不良贷款率是指银行不良贷款额占总贷款余额的比率。不良贷款率的高低能够体现我国商业银行的风险水平以及可能面临的风险损失。不良贷款率高,金融机构收回贷款的风险就大;反之亦然。

在对银行不良贷款率构成冲击的宏观经济变量的选取方面,本文根据已有的国内外实证经验,结合我国宏观经济特点以及银行业发展形势,选取 9 个宏观经济变量作为解释变量(见表 1)。

表 1 各种宏观压力测试变量

变量	变量缩写	变量名
解释变量	GDP	国内生产总值
	CPI	居民消费价格指数
	URDI	城镇居民家庭人均可支配收入(元)
	CCI	企业景气指数
	HP	商品房均价(元/平方米)
	DRR	存款准备金率
	LR	1~3 年期贷款的基准利率
	IE	进出口总额(千美元)
	UE	城镇登记失业率
被解释变量	p	不良贷款率

选取这些解释变量的原因如下:GDP 是反映整个社会宏观经济形势最直接的指标,宏观经济形势的好坏直接影响各经济部门的生产和销售情况,从而影响到其还贷能力。CPI 是衡量通货膨胀最重要的指标,在反映宏观经济的同时,直接影响个人的消费水平,而 URDI 反映了个人收入水平,它们都直接影响到个人的贷款偿还能力。CCI 是根据企业负责人对本企业综合生产经营情况的判断与预期而编制的指数,综合反映企业的生产经营状况。DRR 将直接影响银行能够贷出款数的额度以及其自身对贷款质量控制的态度;LR 水平的高低将直接影响企业和个人的债务负担水平,从而影响银行的贷款收回情况。IE 则反映了整个国家的对外贸易水平,IE 水平的高低直接影响到一些企业,特别是外贸型企

业的生产经营状况,所以 IE 会对这些企业的还贷能力产生影响。此外,因为本文的研究目的是做房价下跌对我国商业银行信用风险影响的压力测试,所以特别选取了商品房价格(商品房价格=商品房销售额/商品房销售面积)这一指标。银行的贷出款项中有很大比例是住房抵押贷款、房地产开发商贷款和个人住房按揭贷款,房地产价格的变化将直接影响到这部分贷款的质量,从而影响到银行的不良贷款率。

2. 数据选择及处理

中国人民银行和银监会公布的最早的不良贷款率数据是 2004 年第一季度的数据,而且是按季度统计的。因此,本文出于对数据的可得性以及宏观经济统计特征的考虑,选取 2004 年第一季度至 2012 年第一季度的季度数据作为各个变量的样本。其中,所有数据均来自中经网统计数据库和中国银监会网站(www.cbrc.gov.cn)。

选择了各变量的样本数据之后还要对样本数据进行处理。首先,按 1990 年第一季度为基期(1990Q1=100)计算 CPI 的值(CPI1)及其增长率(CPI1Z)。其次,对于价格单位的变量,如 GDP、URDI、IE 和商品房均价,分别除以 CPI1,得到实际 GDP(RGDP)、实际 URDI(RURDI)、实际进出口总额(RIE)和实际商品房均价(RHP)。存款准备金和 1~3 年期的贷款基准利率则分别减去 CPI1Z,得到平减后的存款准备金率(DE_DRR)和平减后的 1~3 年期贷款基准利率(DE_LR)。再次,样本数据是月度数据的宏观经济变量,取每个季度中三个月度数据的算术平均数来代替季度数据。存款准备金(DRR)和 1~3 年期的贷款基准利率(LR)存在某一个季度中出现多次调整的情况,但由于调整幅度较小,故以季末值代替季度值。至于不良贷款率(NPLR)的季度数据,则可以直接从中国银监会网站得到,并按式(1)进行 Logit 变换后得到综合指标 Y。经过处理后的数据均能在 10% 显著性水平下通过平稳性检验(ADF 单位根检验)。宏观压力测试模型各变量如表 2 所示。

表 2 数据处理后的宏观压力测试变量

变量	变量缩写	变量名
解释变量	RGDPZ	实际国内生产总值增长率
	CPI1	居民消费价格指数(1990Q1=100)
	URDI	实际城镇居民家庭人均可支配收入(元)
	CCI	企业景气指数
	RHP	实际商品房均价(元/平方米)
	DE_DRR	存款准备金率
	DE_LR	实际 1~3 年期贷款的基准利率
	RIE	实际进出口总额(千美元)
	UE	城镇登记失业率
被解释变量	Y	综合指标

(二)宏观压力测试模型参数估计及检验

1. 基本宏观压力测试模型的参数估计及检验

在对宏观压力测试模型的变量进行数据处理后,各变量在 10% 显著性水平下均能通过平稳性检验(ADF 单位根检验),将处理后的各宏观经济变量平稳数据以及综合指标数据代入宏观压力测试模型(式(2))进行参数估计并检验。

由于本文构建的宏观压力测试模型引入了综合经济指标 Y_t 的滞后变量,而且经济指标的滞后期一般是 1 年,同时又因为本文选择的是季度数据,因此,分别代入各解释变量以及 Y_t 的一阶、二阶、三阶、四阶滞后值与 Y_t 进行多元线性回归建模。利用 Eviews 软件对模型进行参数估计后发现,模型的大部分变量在 95% 的置信水平下都未通过 t 检验,说明在此模型中有一部分解释变量并不适合用来解释 Y_t,需要进行变量剔除和模型调整。由于回归中含有因变量的滞后项,DW 检验失效,因此,本文选择 AIC 标准、SC 标准以及 R^2 作为模型筛选的标准,进行反复建模和筛选。具体而言,因为本文是要研究房价下跌对商业银行信用风险影响的压力测试,所以模型中一定要包含房价变量,因此,在保留房价变量的前提下,最多考虑每个变量的滞后 4 期,反复建模和筛选变量,最终使模型的 R^2 相对较高,AIC 和 SC 值相对较小,从而确定模型参数。最终确定的模型参数估计结果如表 3 所示。

表 3   变量筛选后的多元线性回归模型参数估计结果

解释变量	参数估计值	估计量标准差	t 统计量	Sig 值
常数项	10.176 37	2.800 078	3.634 316	0.001 7
Y_{t-3}	0.340 513	0.122 220	2.786 079	0.011 4
RGDPZ	−0.453 965	0.095 649	−4.746 139	0.000 1
LOG(RHP)	−1.914 602	0.315 809	−6.062 531	0.000 0
LOG(DE_LR)	1.375 181	0.373 714	3.679 766	0.001 5
CCI	0.011 812	0.004 042	2.922 614	0.008 4
CPI1	−0.019 946	0.005 939	−3.358 709	0.003 1
R-squared	0.992 211			
Adjusted R-squared	0.989 874			
F-statistic	424.621 1			
Akaike info criterion	−1.756 591			
Schwarz criterion	−1.420 633			

由表 3 可以发现,多元线性回归模型最后只留下 RGDPZ、LOG(RHP)、LOG(DE_LR)、CCI、CPI1 以及 Y_{t-3} 作为解释变量,其中的 LOG(RHP) 和 LOG(DE_LR) 分别是解释变量 RHP 和 DE_LR 的对数形式。取对数的好处在于,可以消除模型异方差,同时由于在本模型中被解释变量也是对数形式,取对数后的解释变量系数具有弹性性质。最终模型的各个参数估计值都能通过 t 检验,模型各个参数估计值所对应的 t 统计量的 Sig.值均小于 0.05,因此拒绝参数为零的原假设,认为模型各参数都不为 0,即解释变量 RGDPZ、LOG(RHP)、LOG(DE_LR)、CCI、CPI1 以及 Y_{t-3},对于 Y_t 的影响是显著的。此外,最终

模型的调整后 R^2 统计量和 F 统计量的取值分别为 0.99 和 424.62,且 F 检验的 Sig.值为 0.0000,这说明:Y_t 的波动可以由解释变量 RGDPZ、LOG(RHP)、LOG(DE_LR)、CCI、CPI1 以及 Y_{t-3} 解释 99%,并且模型的回归效果是显著的。

进一步对模型进行自相关性检验和异方差检验。其中,自相关性检验采用 Breush-Godfrey LM 检验(4 阶),异方差性检验采用 White(Include White cross terms)检验。检验结果如表4~表5所示。通过检验结果可以看出,对于自相关检验,F 值对应的概率值大于 0.05,接受原假设,即模型不存在自相关性。对于异方差性检验,Obs×R-squared 值对应的概率值大于 0.05,接受原假设,即模型不存在异方差性。综上可以看出,模型效果较好。

表4   **基本宏观压力测试模型(式2)的自相关检验结果**

Breusch-Godfrey Serial Correlation LM Test			
F-statistic	1.566538	Prob. F(4,19)	0.2238
Obs×R-squared	7.440173	Prob. Chi-Square(4)	0.1144

表5   **基本宏观压力测试模型(式2)的异方差检验结果**

Heteroskedasticity Test:White			
F-statistic	1.729385	Prob. F(27,2)	0.4323
Obs×R-squared	28.76780	Prob.Chi-Square(27)	0.3722
Scaled explained SS	12.93061	Prob.Chi-Square(27)	0.9897

2. 压力情境变量模型的参数估计及检验

下面对筛选出来的解释变量中欲设为压力情境变量的 LOG(RHP)变量,按照前文式(3)建立回归模型。在回归模型的参数估计过程中,变量滞后阶数的确定方法仍然以 AIC、SC 以及 R^2 作为标准。具体而言,也是最多考虑每个变量的滞后 4 期,通过反复建模和筛选变量,最后优先考虑 R^2 较大的模型,但同时也要保证 AIC 和 SC 标准值较小。在确定 LOG(RHP)回归模型之后,得到其参数估计结果如表6所示。

表6   **LOG(RHP)变量的回归模型参数估计结果**

解释变量	LOG(RHP)
常数项	—
Y_{t-1}	−0.217689*** (0.0028)
Y_{t-2}	0.221514*** (0.0023)
LOG(RHP)$_{t-1}$	0.496845*** (0.0020)
LOG(RHP)$_{t-2}$	0.507871*** (0.0018)
R-squared	0.866359

解释变量	LOG(RHP)
Adjusted R-squared	0.851510
Akaike info criterion	−2.686520
Schwarz criterion	−2.501489

注:***、**和*分别表示在1%、5%和10%水平下显著;括号内数值为对应参数估计 t 检验的 Sig.值。

由表 6 可知,各回归模型解释变量的 Sig.值都小于 0.05,也就是在 0.05 的显著性水平下,压力情境变量 LOG(RHP)和 LOG(DE_LR)各自根据其自身滞后项和综合指标的滞后项建立的回归模型是显著的。

进一步对模型进行自相关性检验(Breush-Godfrey LM 检验,4 阶)和异方差检验(White,Include White cross terms)。检验结果表明,模型不存在自相关性和异方差性。综上可以看出,模型效果较好。

3. 其他解释变量模型的参数估计及检验

根据前文压力测试设定的步骤(3),以 RGDPZ、LOG(DE_LR)、CPI1 和 CCI 分别为被解释变量,解释变量除了 LOG(RHP)及其滞后项以外,在模型的估计过程中,适当引入各解释变量自身的滞后变量。利用最小二乘方法对线性回归模型进行估计,然后根据 t 检验值和拟合优度检验值对模型解释变量进行筛选,以确定各模型中最合适的解释变量。其中,对于各解释变量滞后阶数的确定,也是最多考虑每个解释变量的滞后 4 期,通过反复建模和筛选变量,最后优先考虑 R^2 较大的模型,但同时也要保证 AIC 和 SC 标准值较小。

RGDPZ、LOG(DE_LR)、CPI1 和 CCI 各自作为被解释变量的模型结果见式(8)～式(11)。结果发现 LOG(RHP)对于 CPI1 和 CCI 具有较强的解释能力,而对 LOG(DE_LR)和 RGDPZ 的解释能力不强。进一步对模型式(8)～式(11)进行自相关性检验(Breush-Godfrey LM 检验,4 阶)和异方差检验(White,Include White cross terms)。检验结果均表明,各模型基本不存在自相关性和异方差性,模型效果较好。

至此,宏观压力测试模型的参数估计以及模型检验已基本完成,估计出的宏观压力测试模型表示如下:

$$Y_t = 10.1764 - 0.4540 RGDPZ_t - 1.9146 LOG(RHP)_t + 1.3752 LOG(DE\_LR)_t$$
$$+ 0.0118 CCI_t - 0.0199 CPI1_t - 0.3405 Y_{t-3} \tag{6}$$

$$LOG(RHP)_t = -0.2177 Y_{t-1} + 0.2215 Y_{t-2} + 0.4968 LOG(RHP)_{t-1}$$
$$+ 0.5079 LOG(RHP)_{t-2} \tag{7}$$

$$LOG(DE\_LR)_t = -0.5000 + 1.2666 \times LOG(DE\_LR)_{t-1}$$
$$- 0.4464 \times LOG(DE\_LR)_{t-2} \tag{8}$$

$$RGDPZ_t = 1.0188 \times RGDPZ_{t-4} \tag{9}$$

$$CPI1_t = 1.2560 \times CPI1_{t-1} - 0.3675 \times CPI1_{t-2} - 14.0053 \times LOG(RHP)_{t-1}$$
$$+ 23.7230 \times LOG(RHP)_{t-2} \tag{10}$$

$$CCI_t = 1.3964 \times CCI_{t-1} - 0.4884 \times CCI_{t-2} + 39.1838 \times LOG(RHP)_t$$
$$- 35.3154 \times LOG(RHP)_{t-2} \tag{11}$$

由于 Logit 函数在其定义域内是严格单挑递增的,因此,综合经济指标与不良贷款率具有相同的涨跌趋势。基于此,由式(6)可以看出:

第一,$RGDPZ_t$、$LOG(RHP)_t$、$CPI1_t$ 和 Y_{t-3} 的系数为负,说明实际 GDP 增长率、对数化实际商品房均价、居民消费价格指数和综合经济指标的三阶滞后对综合经济指标的影响是负向的,即商业银行不良贷款率将随实际 GDP 增长率、对数化实际商品房均价、居民消费价格指数和综合经济指标的三阶滞后的上升而下降。这一结果与实际情况是相符的:如果 GDP 增长率上升,预示着整个社会的宏观经济越景气,且经济处于上升繁荣期、房地产开发企业和房贷个人还款能力较好,银行的不良贷款率将越低;如果房价下跌,房屋就会贬值,而银行发放出去的住房抵押贷款、房地产开发商贷款和个人住房按揭贷款都是以现在的高房价为基础设定的额度,这样的情况下,开发商和按揭购房者就存在很大可能会违约,银行的不良贷款率就会上升;通货膨胀越厉害,企业和个人所拥有财产的账面价值就越高,越有能力偿还之前的贷款,银行的不良贷款率就越低;而在一年周期范围内,银行受国家政策限制,为了保证一年的整体不良贷款率不致太高,如果银行前期的不良贷款率越高,就会努力降低后期的不良贷款率。

第二,$LOG(DE\_LR)_t$ 和 CCI_t 的系数为正,说明对数化平减后的 1～3 年期贷款基准利率和企业景气指数对综合经济指标的影响是正向的,即商业银行不良贷款率将随对数化平减后的 1～3 年期贷款基准利率和企业景气指数的上升而上升。这一结果与实际情况也是相符的:对数化平减后的 1～3 年期贷款基准利率水平的高低将直接影响到企业和个人的债务负担水平,从而也就影响银行的贷款收回情况。贷款利率越高,表示房地产开发企业融资成本越高,房贷个人还款压力越大,违约的可能性就越大,不良贷款率就越高。企业经济指数越高,说明企业综合生产经营情况越好,银行对企业就会持乐观态度,就越容易向企业贷出款项,从而潜在增加不良贷款率。

第三,模型各解释变量系数绝对值的大小反映了其相应变量单位变动对综合经济指标影响程度的相对高低,系数绝对值越大表示相应解释变量单位变动对综合经济指标的影响相对越大。对综合经济指标的相对影响程度从高到低次序为:对数化实际商品房均价、对数化平减后的 1～3 年期贷款基准利率、实际 GDP 增长率、综合经济指标的三阶滞后、居民消费价格指数和企业景气指数。对数化实际商品房均价变量的系数为 −1.9146,表示实际商品房均价变动 1 个单位将会引起不良贷款发生比反向变动约 1.9 个单位;对数化平减后的 1～3 年期贷款基准利率的系数为 1.3752,表示其变动 1 个单位将会引起不良贷款发生比同向变动约 1.4 个单位。

(三)压力情境设定

本文做房价下跌对商业银行信用风险影响的宏观压力测试,根据银监会最新要求,设置房价下降的情境(如表 7 所示)。同时,考虑到大多数危机的冲击期会持续 4 个季度,并且本文中宏观压力测试模型各变量的样本区间为 2004 年第一季度到 2012 年第一季度,因而假定 2012 年第一季度为基期,设置未来一年后也就是 2013 年第一季度的压力情境,来估计 2013 年第一季度的不良贷款率的变化情况。具体设定的压力测试情景如表 7 所示。

表 7	房价下跌的压力测试情景设定
	房价下跌幅度
情景 1	↓30%
情景 2	↓40%
情景 3	↓50%

由于本文所选数据是季度数据,压力情境变量从 2012 年第一季度到 2013 年第一季度的变动方式不同也将影响最终的压力测试结果,本文的压力测试的设定按照前文改进的宏观压力测试模型设定的步骤进行。

(四)压力测试及结果分析

利用回归方程(6)~(11),按照前文压力测试设定的步骤,假定房价下跌压力情境因子 M_t 为常量 M(即在压力测试基期未来 T 期每期的值相同)[①],建立线性规划并求解,对压力测试 3 种房价下跌情景下 GDPZ、LOG(DE_LR)、CPI1 和 CCI 的取值进行估计,各宏观经济变量的估计结果如表 8 所示。

表 8			房价下跌压力情境下各宏观经济变量的估计结果			
房价下跌	LOG(RHP)	LOG(DE_LR)	RGDPZ	CPI1	CCI	房价下跌压力情境因子 M
30%	2.6995	−2.7660	−0.2870	267.0744	96.2176	−0.1190
40%	2.5454	−2.7660	−0.2870	267.5876	81.4428	−0.1680
50%	2.3631	−2.7660	−0.2870	268.1946	63.9681	−0.2259

由表 8 可以看出,随着房价下降幅度的增加,CPI1 呈现上升趋势,说明其与房价之间存在负相关性;CCI 呈现下降趋势,说明其与房价之间存在正相关性。由于 LOG(RHP) 对于 LOG(DE_LR) 和 RGDPZ 的解释能力不强,房价的变动不能对其造成显著影响,而且 LOG(DE_LR) 和 RGDPZ 在压力情境下的估计值是基于自回归模型的预测值,因此 LOG(DE_LR) 和 RGDPZ 在表 8 中的估计值是保持不变的。

房价下跌情境下不良贷款率的压力测试估计结果如图 1 和表 9 所示。从图 1 和表 9 可知,在本文的压力情境设定下,由宏观压力测试模型预测出的不良贷款率都呈现出先小幅上升,再小幅下降,最后大幅上升的趋势。房价在未来一年分别下跌 30%、40% 和 50% 的情境下对商业银行不良贷款率的影响均不是很大,一年后商业银行不良贷款率分别为 1.144%、1.308% 和 1.533%,但是随着房价下跌水平的增大,商业银行不良贷款率增幅呈现较大增长,分别为 27.140%、45.375% 和 70.295%。

---

① 这里为了简化研究,先假定房价下跌压力情境因子为常量,本文后面将专门针对不同房价压力情境因子进行进一步研究。

表 9 压力测试的不良贷款率估计

房价下跌	Y_t	不良贷款率(p_t)	p_t 相对基期增幅
30%	−4.4589	1.144%	27.140%
40%	−4.3232	1.308%	45.375%
50%	−4.1627	1.533%	70.295%

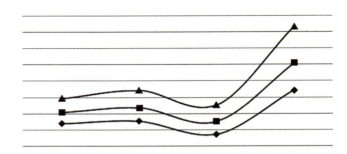

	2012Q2	2012Q3	2012Q4	2013Q1
◆ 30%	0.939%	0.953%	0.874%	1.144%
■ 40%	1.007%	1.036%	0.952%	1.308%
▲ 50%	1.095%	1.143%	1.053%	1.533%

图 1　压力测试结果

五、不同房价下跌压力情境因子下的分析

本文在前述实证研究部分设置的房价下跌压力情境因子为常量,即在压力测试基期未来 T 期每期的值相同。事实上,造成房价下跌的外部压力冲击有很多种,不同外部压力冲击的强度和变化速度在时间维度上对房价影响程度也有所不同。基于此,本文将设定 4 种基本的压力情境因子来表征不同的外部压力冲击,这些压力情境因子在时间维度上的不同变化方式恰好刻画了现实情况中不同种类的外部压力冲击所引起变量的不同变动,最终达到考察现实情况中不同种类外部压力冲击对银行信用风险的不同影响程度的目的。

(一)压力测试模拟与分析

本文在前述的基础上,仍然设置房价下跌 30%、40% 和 50% 三种压力测试情景,假定 2012 年第一季度为基期,设置未来一年后也就是 2013 年第一季度的压力情境,来估计 2013 年第一季度的不良贷款率的变化情况。本文设置房价下跌压力情景因子的四种不同变动方式,如表 10 和图 2~图 5 所示,压力测试的其他设定部分按照前文改进的宏观压力测试模型设定的步骤进行。

表 10   房价下跌压力情境因子四种不同变动方式的设定

（1）	$\alpha_{1t}=e^t$	标准化后 α_{1t}	（2）	$\alpha_{2t}=e^{t0-t}$	标准化后 α_{2t}
$M_{1t}=\alpha_{1t}M_1$	EXP(1)＝2.7183	0.0321	$M_{2t}=\alpha_{2t}M_2$	EXP(5−1)＝54.5982	0.6439
	EXP(2)＝7.3891	0.0871		EXP(4−1)＝20.0855	0.2369
	EXP(3)＝20.0855	0.2369		EXP(3−1)＝7.3891	0.0871
	EXP(4)＝54.5982	0.6439		EXP(2−1)＝2.7183	0.0321
（3）	$\alpha_{3t}=\ln(t)$	标准化后 α_{3t}	（4）	$\alpha_{4t}=e^{t0-t}$	标准化后 α_{4t}
$M_{3t}=\alpha_{3t}M_3$	LN(1.1)＝0.0953	0.0268	$M_{4t}=\alpha_{4t}M_4$	LN(5.5−1.1)＝1.4816	0.4163
	LN(2.2)＝0.7885	0.2215		LN(5.5−2.2)＝1.1939	0.3354
	LN(3.3)＝1.1939	0.3354		LN(5.5−3.3)＝0.7885	0.2215
	LN(4.4)＝1.4816	0.4163		LN(5.5−4.4)＝0.0953	0.0268

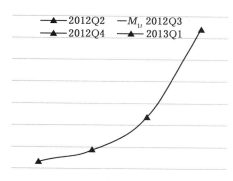

图 2　压力情境因子 M_{1t} 变动方式

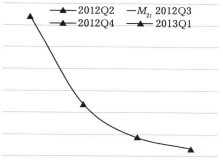

图 3　压力情境因子 M_{2t} 变动方式

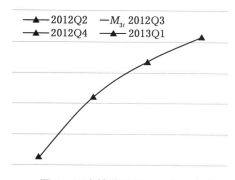

图 4　压力情境因子 M_{3t} 变动方式

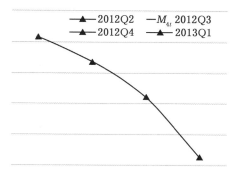

图 5　压力情境因子 M_{4t} 变动方式

由图 2～图 5 可知，M_{1t} 和 M_{3t} 的变动方式代表外部压力冲击对房价的影响程度随时间逐步加大，但外部压力冲击的变化速度有所不同，M_{1t} 表示外部压力冲击力度急剧加大，M_{2t} 表示外部压力冲击力度增加相对缓慢；同样，M_{2t} 和 M_{4t} 的变动方式代表外部压力冲击对房价的影响在期初时很大，随着时间影响减弱，但减弱的速度有所不同。

在四种房价下跌压力情境因子设定的情况下,不良贷款率的压力测试结果如图6~图9所示。由图6~图9以及表11可知,在四种外部压力冲击变化模拟中,商业银行不良贷款率(即信用风险)在末期均会出现较大幅度的增加,但变化方式有所不同。当外部压力冲击的影响随着时间由小变大时,商业银行不良贷款率均不断上升;外部压力冲击的影响变大得越快,商业银行不良贷款率上升得越快。而当外部压力冲击的强度随着时间逐渐变弱时,商业银行不良贷款率均先不断下降,而在末期会有较大幅度的上升;外部压力冲击的强度减弱得越快,商业银行不良贷款率下降得越快,并且在末期商业银行不良贷款率上升的幅度相对越小。在外部冲击轻度变化相对缓慢的情况下,商业银行在应对房价下跌的各种情境中会有一定的缓冲时间,若及时调整资金投放策略或是实施其他应对措施,也有可能避过或是减弱末期的资产质量恶化。

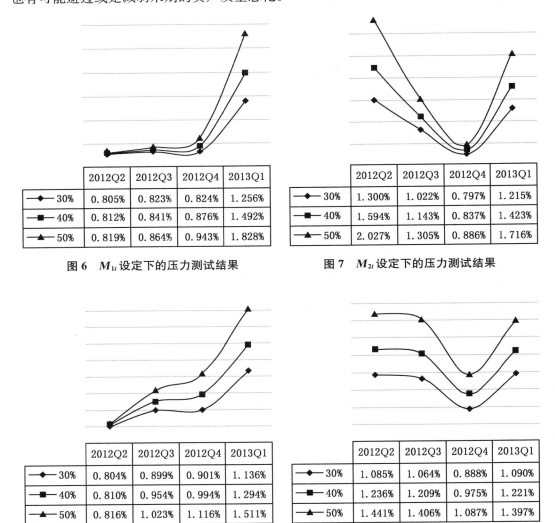

	2012Q2	2012Q3	2012Q4	2013Q1
30%	0.805%	0.823%	0.824%	1.256%
40%	0.812%	0.841%	0.876%	1.492%
50%	0.819%	0.864%	0.943%	1.828%

图6 M_{1t} 设定下的压力测试结果

	2012Q2	2012Q3	2012Q4	2013Q1
30%	1.300%	1.022%	0.797%	1.215%
40%	1.594%	1.143%	0.837%	1.423%
50%	2.027%	1.305%	0.886%	1.716%

图7 M_{2t} 设定下的压力测试结果

	2012Q2	2012Q3	2012Q4	2013Q1
30%	0.804%	0.899%	0.901%	1.136%
40%	0.810%	0.954%	0.994%	1.294%
50%	0.816%	1.023%	1.116%	1.511%

图8 M_{3t} 设定下的压力测试结果

	2012Q2	2012Q3	2012Q4	2013Q1
30%	1.085%	1.064%	0.888%	1.090%
40%	1.236%	1.209%	0.975%	1.221%
50%	1.441%	1.406%	1.087%	1.397%

图9 M_{4t} 设定下的压力测试结果

表 11 不同房价下跌压力情境因子下的不良贷款率估计

房价下跌	房价下跌压力情境因子	Y_t	不良贷款率(p_t)	p_t 相对基期增幅
30%	M_{1t}	−4.3646	1.256%	39.561%
	M_{2t}	−4.3983	1.215%	34.981%
	M_{3t}	−4.4667	1.136%	26.170%
	M_{4t}	−4.5083	1.090%	21.084%
40%	M_{1t}	−4.1900	1.492%	65.773%
	M_{2t}	−4.2377	1.423%	58.163%
	M_{3t}	−4.3341	1.294%	43.815%
	M_{4t}	−4.3929	1.221%	35.712%
50%	M_{1t}	−3.9836	1.828%	103.081%
	M_{2t}	−4.0478	1.716%	90.682%
	M_{3t}	−4.1774	1.511%	67.846%
	M_{4t}	−4.2564	1.397%	55.278%

（二）经济与政策含义分析

现实中造成房价下跌的外部压力冲击很多，比如：（1）政府突然出台严厉的房地产调控政策；（2）住房需求方预期调整，"观望情绪"日益加大；（3）大量开发商资金链断裂；（4）开发商获取土地的门槛突然提高；（5）因新房大量竣工而造成的住宅供应量的骤然增大；（6）国际国内经济形势恶化等。不同外部压力冲击依据其对房价在时间维度上影响的强度和变化速度的不同，可以归入房价下跌压力情境因子的四种基本类型或者其衍生的类型①。通过观察不同压力测试的结果，银行对不同的外部压力冲击可以采取差别化的应对措施，有助于调整措施的实施时机和力度；而政府也可以据此作为制定调控政策的参考。归类情况如表 12 所示②。

表 12 不同外部压力冲击的归类情况

不同的外部压力冲击	房价下跌压力情境因子	压力测试结果分析及应对
政府突然出台严厉的房地产调控政策（假设政策是有效的）	M_{1t}	商业银行不良贷款率不断上升，前期上升的不明显，到后期可能会骤然提高，加大银行控制其信用风险的难度。
开发商获取土地的门槛突然提高（开发商有一定的土地存储）		
大量开发商资金链断裂（抛售房屋换取现金流）	M_{2t}	商业银行不良贷款率先不断下降，而在末期会有较大幅度的上升（恶性反弹）；银行在前期不应该放松警惕，而应该做好后期信用风险增加的应对准备。
住房需求方预期调整，"观望情绪"日益加大	M_{3t}	商业银行不良贷款率不断上升，但外部压力冲击所带来的影响相对较缓和，商业银行应对信用风险上升的压力相对较小。
国际、国内经济形势恶化		

---

① 依据对房价下跌压力情境因子设定不同的函数，可以衍生出针对不同外部压力冲击的各种压力测试。

② 因为这部分不是本文研究的重点，因此只是粗略地对不同外部压力冲击进行了归类。

续表

不同的外部压力冲击	房价下跌压力情境因子	压力测试结果分析及应对
因新房大量竣工而造成的住宅供应量的骤然增大	M_{4t}	商业银行不良贷款率均先不断下降,而在末期会有较大幅度的上升,但这种上升不算恶性反弹,因此商业银行只要做好应对准备就行,压力相对较小。

就银行而言,可以结合经验和定量分析将外部压力冲击归到房价下跌压力情境因子的四种基本类型或者其衍生的类型中。通过观察不同压力测试结果(不良贷款率)在时间维度上的变化情况,可以帮助商业银行更为细致地预估未来信用风险的变化情况,从而制定差别化的应对措施,并能够较好地把调控措施的实施时机和力度。这也将在很大程度上提高商业银行防范信用风险的效率,降低防范信用风险的成本。

就政府而言,每制定一项降低房价的调控措施,假设措施在未来是有效的,那么通过对政策效果的预判,同样可以将不同调控措施所带来的外部压力冲击归到房价下跌压力情境因子的四种基本类型或者其衍生的类型中。通过观察不同压力测试结果(不良贷款率)在时间维度上的变化情况,可以帮助政府预先估计调控政策对商业银行信用风险影响的程度,从而有针对性地对政策进行调整。此外,这也可以作为政府合理制定和实施房地产调控政策的有价值的参考,比如房价下跌压力情境因子的四种基本类型表明,政府在实施房地产调控时,应该着力构建长期调控机制,坚持政策的一贯性和针对性,尽量避免调控政策的急剧调整对房地产市场和金融经济环境造成的不利冲击。

六、结论

银行业面临的主要风险是信用风险,就房价下跌对我国商业银行信用风险的影响进行压力测试具有重要的现实意义。本文运用宏观压力测试的方法进行建模发现,在所选的宏观经济变量中对数化实际商品房均价(一)、对数化平减后的 1～3 年期贷款基准利率(十)、实际 GDP 增长率(一)、综合经济指标的三阶滞后(一)、居民消费价格指数(一)和企业景气指数(十),对综合经济指标的影响显著,即显著影响到银行的信用风险水平,并且单位变动的影响程度由高到低。

相较于传统的宏观压力测试模型,改进的模型在设定上更符合现实复杂情况,更具科学性。运用改进后的模型进行实证发现,随着房价的下降,居民消费价格指数呈现上升趋势,说明其与房价之间存在负相关性;企业景气指数呈现下降趋势,说明其与房价之间存在正相关性。由于对数化实际商品房均价对于对数化平减后的 1～3 年期贷款基准利率和实际 GDP 增长率的解释能力不强,房价的变动不能对其造成显著影响。此外,房价在未来一年分别下跌 30%、40%和 50%的情境下对商业银行不良贷款率的影响均不是很大,一年后商业银行不良贷款率分别为 1.144%、1.308%和 1.533%,但是随着房价下跌水平的增大,商业银行不良贷款率增幅呈现较大增长,分别为 27.140%、45.375%和 70.295%。

本文还进一步设定了四种基本外部压力冲击变化情况。研究结果发现,商业银行不良贷款率在末期均会出现较大幅度的增加,但变化方式有所不同。当外部压力冲击的影响随着时间由小变大时,商业银行不良贷款率均不断上升;而当外部压力冲击的影响随着时间由大变小时,商业银行不良贷款率均先不断下降,在末期突然大幅上升。相比已有的研究,本研究在一般压力测试的基础上,通过引入压力情景因子进行分类模拟,所得结果可以帮助商业银行更为及时而细致地预估其信用风险未来的变化情况,并为其采取措施控制风险提供依据,同时也可为监管机构监控房地产市场变化的影响,并合理实施房地产调控提供参考。本文所改进的宏观压力测试模型除了对不同外部压力冲击可以模拟外,还可以进一步设定更长时间长度进行模拟,这也是本文后续将开展的研究。

参考文献:

[1]程婵娟,邹海波. CPV 模型在银行贷款违约概率计算中的应用研究[J]. 当代经济科学,2009,31 (5):15—20.

[2]华晓龙. 基于宏观压力测试方法的商业银行体系信用风险评估[J]. 数量经济技术经济研究,2009,(4):117—128.

[3]沈阳,冯望舒. 宏观经济变量与银行信用风险的实证研究——基于宏观压力测试的分析[J]. 会计之友(上旬刊),2010,(8):88—91.

[4]汤婷婷,方本. 商业银行信用风险与宏观经济——基于压力测试的研究[J]. 当代经济科学,2011,33(4):66—71.

[5]王宏新,王昊. 房价变动的情景测试与商业银行风险规避[J]. 改革,2009,(3):131—135.

[6]谢赤,徐国叚. 银行信用风险度量与 Credit MetricsTM 模型与 CPV 模型比较研究[J]. 湖南大学学报(自然科学版),2006,33(2):135—137.

[7]Aoki K., Proudman J., Vlieghe J.(2001)."Why House Prices Matter".*Bank of England Quarterly Bulletin*, 12(3):460—468.

[8]Basel Committee on Banking Supervision.(2009)."Principles for Sound Stress Testing Practices and Supervision". Bank for International Settlement, Basel.

[9]Bernhardsen T.(2005)."Real-time data for Norway:Challenges for monetary policy."*The North American Journal of Economics and Finance*, 16(3):333—349.

[10]Boss M.(2002)."A macroeconomic credit risk model for stress testing the Austrian credit portfolio". Financial stability report, 4:64—82.

[11]Bunn P.,Cunningham A., Drehmann M.(2005)."Stress testing as a tool for assessing systemic risk".Bank of England Financial Stability Review, 18, 116—26.

[12]Cihak M.(2004)."Stress Testing:A Review of key concepts". CNB International Research and Policy Note.

[13]Cihak M.(2006)."How do central banks write on financial stability?"IMF Working Paper,No. 163.

[14]Deventer D. V., Kenji I.*Credit risk models and the Basel Accords*. Beijing:RENMIN University of China Press,2005:25—31.

[15]Drehmann M., Hoggarth G., Logan A., Zicchino L.(2004)."Macro stress testing UK banks." Unpublished working paper,Bank of England.

[16]Erlenmaier U., Gersbach H.(2005)."Default Probabilities and default correlations."Norway: University of Heidelberg.

[17]Erlenmaier U.(2004)."Correlations models in Credit Risk Manage". Norway: University of Heidelberg.

[18]Froyland E., Larsen K.(2002)."How vulnerable are financial institutions to macroeconomic changes? Analysis based on Stress Testing."Economic Bulletin, 3(11):127—169.

[19]Haldane A., Hall S., Pezzini S.(2007)."A New Approach to Assessing Risks to Financial Stability."*Bank of England Financial Stability Paper*.

[20]Hoggarth G., Sorenen S., Zicchino L.(2005)."Stress Tests of UK Banks Using a VAR Approach". Bank of England.

[21]Krimminger M.H.(2008)."The resolution of cross-border banks: Issues for deposit insurers and proposals for cooperation".*Journal of Financial Stability*,4(4):376—390.

[22]McKinnon R.(1994)."Financial Growth and Macroeconomic Stability in China, 1978—1992: Implications for Russia and Other Transitional Economies."*Ch*, 13:187—216.

[23]Pesola J.(2001)."The role of macroeconomic shocks in banking crises."Bank of Finland.

[24]Sorge M, Virolainen K.(2006)."A comparative analysis of macro stress-testing methodologies with application to Finland".*Journal of financial stability*,2(2), 113—151.

[25]Sorge M.(2004)."Stress-testing Financial Systems: An Overview of Current Methodologies". BIS Working Paper, No. 165.

[26]Svoronos J. P. *Operational Risks in Financial Services*. London: Institut International D'études Bancaires, 2002.

[27]Swinburne M.(2007)."The IMF's experience with macro stress-testing".Conference Report on Stress-testing and Financial Crisis Simulation Exercises.

[28]Virolainen K.(2004)."Macro Stress Testing with a Macroeconomic Credit Risk Model for Finland."Bank of Finland.

[29]Wilson T. C.(1997a)."Portfolio Credit Risk I."*Risk*, 10(9):111—125.

[30]Wilson T. C.(1997b)."Portfolio Credit Risk II."*Risk*, 10(10):56—61.

[31]Wong J, Choi K., T.Fong(2008)."A framework for macro stress testing the credit risk banks in Hong Kong."*The Journal of Risk Model Validation*, 2(1):3—23.

Research on the Impact of the Falling House Price on the Credit Risk of Commercial Banks in China

Jichang Dong　Rui Lin　Xiuting Li　Di Wu

(Jichang Dong, Professor, School of Management, University of Chinese Academy of Sciences. E-mail: jcdonglc@ucas.ac.cn. Rui Lin, PhD student, School of Management, University of Chinese Academy of Sciences, E-mail: linrui0704@163.com. Xiuting Li, Post-Doctor, School of Management, University of Chinese Academy of Sciences, E-mail: lixiuting@ucas.ac.cn. Di Wu. Lecturer, School of Management, University of Chinese Academy of Sciences, E-mail: diwu@ucas.ac.cn.)

Abstract: The change of house price has an important influence on the credit risk of commercial banks in China. In this paper, an improved macro stress-testing model is proposed, in which the impact of the stress situation variables on other explanatory variables is considered when setting the stress testing, and a stress situation factor is constructed. The linear programming is also employed to study the dynamic changes of all variables from the base moment to the stress situation moment. It finds that the house prices' falling by 30%、40% and 50% in the coming year would all have no comparatively big impact on the non-performing loan ratio of commercial banks. And with the increase of the house price falling level, the non-performing loan ratio of commercial banks increases greatly. Furthermore, the non-performing loan ratio of commercial banks would change at different patterns, when the external stresses change at different speeds, though the non-performing loan ratios would all increase substantially in the final. Sudden change of external stresses would negatively impact the asset quality of commercial banks to a greater extent.

Key words: Falling house price　Commercial banks　Credit risk　Macro stress-Testing

《不动产研究》稿约

　　1.《不动产研究》是世界华人不动产学会(GCREC)官方中文专业学术出版物,是学会传播学科前沿知识、促进会员学术交流的主要平台。《不动产研究》的筹备工作进展顺利,已经进入正式出版阶段,在2014年出版1辑,每辑8篇文章。以后逐步扩大每年出版的册数。我们现在在向海内外学者和专业研究人士约请为本册撰写优秀的原创论文稿件。敬请赐稿!

　　2.《不动产研究》目前设有"不动产市场"、"不动产政策"、"不动产金融"、"项目管理与运营"四大栏目,并选登少量的书评与短论,请投稿时候参考。只要是与不动产问题相关的稿件,原则上我们都欢迎并考虑,具体题材不限。

　　3. 本出版物官方网站的网址是:http://jre.shufe.edu.cn/portal/rer/index.aspx。投稿请直接给编辑部电子邮箱(JRE@shufe.edu.cn)发送文章。

　　4. 本出版物期待的稿件篇幅希望在9 000~16 000字(包括注解、图表和参考文献)之间。稿件的具体要求敬请参考本刊官方网站的"投稿须知"页;也可通过本出版物官方网站的"投稿指南"栏目及最新发表论文来了解出版要求及动态。投稿前请务必阅读本出版物"《不动产研究》文稿体例"的要求,尤其注意文章封面页和正文相区分的要求,以及对文章封面页的信息要求。

　　5. 本出版物对所有稿件都实行双向匿名审稿制度。我们郑重承诺,您所投稿件一定在最短时间内给予答复,一定安排与文章主题最合适的匿名评委进行审稿并及时通报最新的审稿进展。

《不动产研究》编辑委员会

2014年4月

《不动产研究》投稿须知

　　本出版物所有投稿都将经历双匿名审稿过程。本出版物只接受电子投稿。投稿方式请查阅本出版物网站：http://jre.shufe.edu.cn/portal/rer/index.aspx，或直接给编辑委员会电子邮箱（JRE@shufe.edu.cn）发送文章。

　　投稿文章前请务必阅读本出版物网站上的"《不动产研究》文稿体例"要求，尤其注意文章封面页和正文相区分的要求，以及对文章封面页的信息要求。

　　文章必须是原创研究，并且未在其他出版物正式发表过。投稿时该文章不可在任何其他杂志同时审稿，也不可与其他正在审稿中的文章高度雷同。编委会将根据同行审稿人的建议决定文章是否发表，但根据我们的宗旨与目标，编委会对文章发表具有最终决定权。文章一旦被采纳，《不动产研究》自动拥有该文章的知识产权以实现知识传播最大化的目标。

　　注意事项：

　　1. 请切勿"重复投稿"，务必仔细检查稿件信息填写正确、封面页与稿件正文都已经上传，确认后再投稿。作者务必遵守学术道德规范，阅读"投稿须知"后再进行投稿，即默认承诺该稿件从未公开发表和专投本出版物。如果经本出版物检查或经举报发现论文存在"一稿多发"或"一稿多投"现象，本出版物将第一时间将论文从网站撤稿，并在我们的网站上对这种行为予以曝光。

　　2. 稿件一经编辑部讨论并确认采用，即通过电子邮箱通知作者。同时通过电子邮箱发送版权转让协议书，由全部作者或全部作者授权的通讯作者签字扫描后以 PDF 格式发回编辑部。只有收到作者签字的版权转让书后，稿件才能进入编辑状态。

《不动产研究》编辑委员会

2014 年 4 月

《不动产研究》文稿体例

1. 论文分为封面页和稿件正文。有关作者的个人信息,以及可能披露作者信息的致谢基金号等请放在封面页中,不要出现在稿件正文中。一旦稿件录用,本刊编辑会将有关信息放到论文中合适的地方。

2. 稿件的封面页,应该控制在一页之内,应包括以下信息:

(1)文章标题,正标题一般不超过20个汉字,必要时可加副标题;

(2)作者姓名与单位,格式如下:

张三[1],李四[2]*

(1:复旦大学经济学院;2:上海财经大学公共经济与管理学院)

(3)作者署名右上方以 * 标注,在对应脚注中注明作者简介,包括所有作者的姓名、性别、单位、职称、职务(如果有)、电子邮件。通讯作者还需提供电话号码(只为编辑部联系时候使用,正式出版时隐去)及其通讯地址和邮编。如一个作者有多个单位,可分别列出。作者简介的脚注格式如下:

* 张三,男,复旦大学经济学院经济学系副教授。电子邮件:××。

李四(通讯作者),男,上海财经大学公共经济与管理学院投资系教授。电子邮件:××。电话:××,手机:××。通讯地址:××,邮编:××。

(4)摘要是对论文内容的简短陈述,一般是用极简要的语言将论文的主要研究途径、主要观点与结论加以概括和提炼。字数在250字左右。

(5)关键词又称主题词。选取原则是最能表达论文中心内容和标志论文主题的若干单词、词组或术语。关键词一般选择3～5个,按检索范围趋大的顺序排写。

(6)中图分类号。2～3个。

(7)致谢。对基金或所得到的帮助的致谢。

(8)英文标题。需与中文标题一致。

(9)英文的作者姓名。

(10)英文的作者单位(Affiliations)。需与中文作者单位信息一致。

(11)英文摘要(Abstract)。需与中文摘要一致。一般在200 words左右。

(12)英文关键词(Key words)。需与中文关键词一致。

(13)英文JEL。2～3个。

3. 本书为中文出版物,稿件应以中文写作。**繁体文字请预先转换成简体字编码。**稿件正文的第一页应提供以下信息:文章标题、中文摘要、关键词、中图分类号。这些信息应该与封面页一致。

4. 稿件长度：全文长度一般不超过 1.6 万字符数。每幅图表按照 800 个字符计算。

5. 稿件格式：文章封面页和稿件正文都须以 Word 格式提交。稿件大小限制在 10M 以内。

6. 稿件层级：文章正文的标题、表格、图、等式以及脚注都必须分别连续编号。正文要求结构合理、条理清晰、观点明确、文字流畅。正文需分层次叙述的，可设置如下目（根据需要，可以越层）：

一、××××　　　　　　　　（一级标题，无标点）
（一）××××　　　　　　　（二级标题，无标点）
1. ×××××××　　　　　　（三级标题，无标点）
（1）××××××。　　　　　（四级标题，有标点）
①××××××。　　　　　　（五级标题，有标点）

一级标题居中，二级及以下标题左对齐。前三级独占一行，不用标点符号，四级及以下与正文连排。

7. 图表：来稿若含有数学公式、表格、曲线图及其他图表，请用计算机编写相关内容，并务必保证其中的符号、数字、文字、图线清晰规范，以便本刊排录时直接按原样扫描。图表请勿使用彩色和阴影背景，务必标明名称和资料来源；请使用黑白图，不使用边框，每张图必须达到出版质量。图片和表格直接插入稿件正文。行文中对每张图表的初次引用，不能距离图表位置太远。表格尽可能采用三线开放式。

8. 页边距：上、下、左、右均不小于 2.54cm；每页不超过 41 行且每行不超过 42 汉字符。

9. 字体与段落：普通文字段落，中文请以五号宋体，英文请用 **Times New Roman 11 号**字体；段落全部用 **1.25** 倍行距编排。段落——段前段后都为零行，取消定义文档网格；缩进——左侧右侧都为零字符，无特殊格式。

10. 图表中的说明文字：均采用六号宋体、单倍行距编排；半栏图幅宽不能超过 7cm，通栏图幅宽不能超过 15cm。段落：行距为单倍行距，段前段后都为零行，取消定义文档网格。缩进：左侧右侧都为零字符，特殊格式一无（取消首行缩进）。

11. 公式：推荐以普通文字形式输入或采用 Microsoft Office 自带的公式编辑器输入数学公式。

12. 脚注：脚注（页末注）是对论文正文文句的注释，一般设置在须注释部分的当页页脚。脚注以数字加圆圈（如①）作为序号依次排列。每页脚注序号均从①开始排列。对于引用、参考、借鉴其他文献之处，不反映在脚注中，一律以文后参考文献注明。

13. 参考文献：所列参考文献必须是公开发表并在文章正文中实际引用——以"（×××，年份）"或"（×××等，年份）"形式——标注的文献，"（×××等，年份）"适用于参考文献作者在两个以上（不包括两个）的情况。如果是对原文表述的直接引用，建议明确页码或起止页码，可采取"（×××，年份：页码—页码）"的格式。参考文献按照中文参考文献在前，英文参考文献在后的次序在正文（如有注释，在注释）后面列出。中文文献按姓氏笔划排列，英文文献按姓氏字母顺序（A—Z）。英文文献作者姓名采用姓在前、名在后的顺序列出，名字一律用首字母表示；参考文献请在题名后注明文献类别（专著[M]、论文集[C]、报纸文章[N]、期刊文章[J]、学术论文[D]、论文报告[R];如是电子书、论文集、报纸、期刊、学术论文或论文报告,则用[M/OL]、[C/OL]、[N/OL]、[J/OL]、[D/OL]或[R/OL],并且还应提供引用日期以及获取和访问路径。参考文献中文部分请以五号宋体;英文部分请用 Times New Roman 11 号字体;段落全部用 1 倍行距编排。

文献格式示范如下:

(1)期刊文章:

中文期刊参考文献按下例书写:

[1]刘芍佳,孙霈,刘乃全.终极产权论、股权结构及公司绩效[J].经济研究,2003(4):51—61.

英文期刊参考文献按下例书写(如注明文献类别,期刊名称则用斜体):

[2] Fan, Longzhen, Shu Tian, and Chu Zhang. (2012). "Why are excess returns on China's treasury bonds so predictable? The role of the monetary system." *Journal of Banking and Finance*, 36(1): 239—248.

(2)著作:

[序号]主要责任者.文献题名[M].版本.出版地(城市):出版者,出版年份.

中文著作格式示范:

[1] 马克思,恩格斯.马克思恩格斯全集:第 44 卷.北京:人民出版社,1982.

英文著作格式示范:

[2] Stewart T. A. Intelligent capital: The new wealth of organizations[M]. London: Nicholas Bready,1997.

(3)译著:

[序号](国家或地区名)主要责任者.文献题名[M].译者.出版地(城市):出版者,出版年份.

示范:

[美]约翰·H.魏格摩尔.世界法概览[M].何勤华等译.上海:上海人民出版社,2004.

(4)报纸文章:

[序号]主要责任者.文献题名[N].报纸名,出版日期(版次).

示范:

张三.房地产市场前景看空[N].人民日报,2010—10—10A1 版.

(5)著作章节/论文集析出文章:

[序号]析出文献主要责任者.析出文献题名[A].原文献主要责任者.原文献题名[C].出版地(城市):出版者,出版年份:析出文献起止页码。

英文论文集引文举例:

[3]Hewison, K. Emerging social forces in Thailand[A]. In Robison R and Goodman D S G(Eds.). The new rich in Asia: Mobile phones, McDonald's and middle-class revolution[C]. London: Routledge,1996: 137—140.

14. 数据要求：需要提醒，在一些特定情况下，如审稿人提出有查证的需要，又得到责任编辑认同，作者有义务提交文章实证研究所依据的原始数据以及关键程序文件，以压缩文件 Zip、Rap 格式上传。这种情况不会很多，但作者需要提前做好这方面的准备。

附录：

文献类型和标志代码：

普通图书	M	报告	R
会议录	C	标准	S
汇编	G	专利	P
报纸	N	数据库	DB
期刊	J	计算机程序	CP
学位论文	D	电子公告	EB

电子文献载体和标志代码：

磁带（magnetic tape）	MT
磁盘（disk）	DK
光盘（CD-ROW）	CD
联机网络（online）	OL